Revisão Contratual

Revisão Contratual
ONEROSIDADE EXCESSIVA
E MODIFICAÇÃO CONTRATUAL EQUITATIVA

2020

Francisco Paulo De Crescenzo Marino

REVISÃO CONTRATUAL
ONEROSIDADE EXCESSIVA E MODIFICAÇÃO CONTRATUAL EQUITATIVA
© Almedina, 2020
AUTOR: Francisco Paulo De Crescenzo
DIAGRAMAÇÃO: Almedina
DESIGN DE CAPA: FBA
ISBN: 9788584935819

Dados Internacionais de Catalogação na Publicação (CIP)
(Câmara Brasileira do Livro, SP, Brasil)

Marino, Francisco Paulo De Crescenzo
Revisão contratual : onerosidade excessiva e
modificação contratual equitativa /
Francisco Paulo
de Crescenzo Marino. – São Paulo : Almedina, 2020.

Bibliografia.
ISBN 978-85-8493-581-9

1. Contratos (Direito civil) 2. Contratos -
Modificação equitativa 3. Legitimidade (Direito)
4. Onerosidade excessiva 5. Revisão contratual
I. Título.

19-32105   CDU-347.44

Índices para catálogo sistemático:

1. Direito dos contratos : Direito civil 347.44

Maria Paula C. Riyuzo - Bibliotecária - CRB-8/7639

Este livro segue as regras do novo Acordo Ortográfico da Língua Portuguesa (1990).

Todos os direitos reservados. Nenhuma parte deste livro, protegido por copyright, pode ser reproduzida, armazenada ou transmitida de alguma forma ou por algum meio, seja eletrônico ou mecânico, inclusive fotocópia, gravação ou qualquer sistema de armazenagem de informações, sem a permissão expressa e por escrito da editora.

Fevereiro, 2020

EDITORA: Almedina Brasil
Rua José Maria Lisboa, 860, Conj.131 e 132, Jardim Paulista | 01423-001 São Paulo | Brasil
editora@almedina.com.br
www.almedina.com.br

*À Daniela
e às nossas filhas, Mafê e Gabi*

AGRADECIMENTOS

Este livro é fruto de tese de livre docência, apresentada em junho de 2018 e defendida em dezembro do mesmo ano, na Faculdade de Direito da Universidade de São Paulo. Conquanto escrever uma tese seja, sempre, um ato solitário, o fardo da livre docência foi menor, graças à amizade e à generosidade de diversas pessoas. Aos meus pais, agradeço pelo apoio incondicional e, à minha mãe, agradeço ainda pela preciosa revisão do texto. Pelo auxílio na coleta do material bibliográfico utilizado, agradeço a Asenate Xavier de Almeida, Eduardo José Mercante Aguiar, Márcia Gomes dos Santos, Maria Lúcia Beffa, Mércia Maria Costa da Fonseca, Rosangela Aparecida Ventura Pupo e Sérgio Carlos Novaes – incansáveis membros do serviço de biblioteca e documentação das Arcadas –, bem como a Alex Sousa, Aline Graziela Barbosa Samofalov e Edison Barbosa dos Santos. Também muito contribuíram os amigos Bruno Meyerhof Salama, Jozi Uehbe, André Seabra, Cláudio Daólio, Adriana Sarra, Tiago Muñoz, Kleber Zanchim, Cristiano Zanetti, Osny da Silva Filho e Pedro Ricardo e Serpa, bem como os professores António Pinto Monteiro e Enrico Gabrielli. Tive a oportunidade de debater algumas das ideias expostas na tese com João Alberto Schützer Del Nero, Heitor Vitor Mendonça Sica, Luis Guilherme Aidar Bondioli e Eduardo Henrik Aubert, por cujas sugestões sou extremamente grato. Por fim, agradeço à Daniela, companheira e incentivadora de todas as horas, pelo fundamental apoio no período dedicado à tese em detrimento do convívio familiar, sobretudo nos meses finais.

SUMÁRIO

INTRODUÇÃO   13

CAPÍTULO I – LEGITIMIDADE PARA A OFERTA
DE MODIFICAÇÃO EQUITATIVA   21
1. A Controvérsia Quanto à Revisão por Iniciativa do Devedor   21
2. Sentido e Alcance do Art. 317 do Código Civil   24
3. Princípio da Conservação   32
4. Equilíbrio Econômico, Função Social do Contrato e Boa-fé   39
5. Isonomia Entre Credor e Devedor   45
6. Argumento *a maiore ad minus*   50
7. Regime de Certos Contratos Típicos   52
8. Doutrina Italiana Contemporânea   59
9. Legitimidade Exclusiva do Credor   71

CAPÍTULO II – NATUREZA JURÍDICA DA OFERTA
DE MODIFICAÇÃO EQUITATIVA   75
10. Doutrina Italiana   75
11. Décadas de 1940 a 1960   78
12. Décadas de 1970 e 1980   90
13. Décadas de 1990 e 2000   92
14. Doutrina Italiana Contemporânea   101
15. Doutrina Nacional   104
16. Apreciação Global e Indicação de Sequência   105

CAPÍTULO III – DIREITO À MODIFICAÇÃO EQUITATIVA   107
17. Direito Potestativo   107
    17.1. Origem e Terminologia   107

17.2. Conceito, Poder e Sujeição 111
17.3. Natureza Jurídica 115
18. Natureza do Direito à Modificação Equitativa 118
18.1. Duas Interpretações Possíveis 118
18.2. Análise e Tomada de Posição 120
19. Função do Direito à Modificação Equitativa 123
20. Controle do Direito à Modificação Equitativa 127

CAPÍTULO IV – ATO DE MODIFICAÇÃO EQUITATIVA: NATUREZA E CLASSIFICAÇÃO 131

21. Natureza Jurídica do Ato de Modificação Equitativa 131
21.1. Exercício de Direitos Potestativos 131
21.2. Negócio Jurídico e Ato Jurídico *Stricto Sensu* – As Declarações Não Negociais de Vontade 135
21.3. Natureza Negocial do Ato de Exercício do Direito à Modificação Equitativa 141
22. Classificação do Negócio Jurídico de Modificação Equitativa 146
22.1. Negócio Unilateral e Receptício 146
22.2. Negócio Solene – A Questão da Oferta Extraprocessual 149
22.3. Negócio de Segundo Grau com Eficácia Modificativa – *Ius Variandi* 151
22.4. Negócio Potestativo, Negócio Motivado e com Fim Predeterminado 155

CAPÍTULO V – NEGÓCIO DE MODIFICAÇÃO EQUITATIVA: EXISTÊNCIA, VALIDADE E EFICÁCIA 159

23. Existência 159
23.1. Interface com o Processo 159
23.2. Conteúdo (Modificações Possíveis) 162
24. Validade 170
24.1. Fator Temporal 170
24.2. Nulidade da Oferta Iníqua 173
24.3. Oferta Determinada ou Determinável 174
24.3.1 Graus de Determinação do Conteúdo 174
24.3.2 Nulidade da Oferta Genérica 178
24.3.3 Validade da Oferta Determinável 187
25. Eficácia – O Sentido da Modificação Equitativa 191

CAPÍTULO VI – PRONÚNCIA JUDICIAL DA MODIFICAÇÃO
        EQUITATIVA   199
26. Teorias Sobre a Natureza da Sentença que Acolhe a Oferta Equitativa   199
    26.1. Natureza Constitutiva   200
    26.2. Natureza Declaratória   202
    26.3. Natureza Variável   204
    26.4. Sentença que Acolhe Exceção   206
27. Jurisprudência Italiana   208
    27.1. Posição Original   208
    27.2. Decisão de 1972 e Tendência Atual   210
28. Presença do Tema na Doutrina Brasileira   216
29. Exercício Processual de Direitos Potestativos   218
30. Direito Potestativo e Tutela Constitutiva   223
31. Eficácia Constitutiva da Sentença   226

CONCLUSÕES   233

REFERÊNCIAS   239

Introdução

Uma das principais inovações do Código Civil de 2002 foi a previsão expressa da excessiva onerosidade superveniente no âmbito do direito contratual (arts. 478 a 480[1]). Muito embora a questão da alteração das circunstâncias não fosse ignorada antes do Código, inexistia, até então, um regime geral tratando dos requisitos e dos efeitos das superveniências perturbadoras das relações contratuais.

A figura conheceu notável repercussão doutrinária, impulsionada pela sua vinculação a um dos que se convencionou denominar "novos princípios contratuais" – o princípio do equilíbrio econômico –, e pelo ambiente propício à funcionalização dos institutos jurídicos e à mitigação do *pacta sunt servanda*. Nesse contexto, contudo, os dois remédios predispostos no Código Civil – a resolução e a modificação equitativa (revisão) da relação contratual – não foram valorados de modo uniforme. Ao passo que o mecanismo revisional, consagrado no art. 479 do Código Civil e, em menor amplitude, no art. 317[2] do mesmo Código,

---

[1] "Art. 478. Nos contratos de execução continuada ou diferida, se a prestação de uma das partes se tornar excessivamente onerosa, com extrema vantagem para a outra, em virtude de acontecimentos extraordinários e imprevisíveis, poderá o devedor pedir a resolução do contrato. Os efeitos da sentença que a decretar retroagirão à data da citação."
"Art. 479. A resolução poderá ser evitada, oferecendo-se o réu a modificar equitativamente as condições do contrato."
"Art. 480. Se no contrato as obrigações couberem a apenas uma das partes, poderá ela pleitear que a sua prestação seja reduzida, ou alterado o modo de executá-la, a fim de evitar a onerosidade excessiva."
[2] "Art. 317. Quando, por motivos imprevisíveis, sobrevier desproporção manifesta entre o valor da prestação devida e o do momento de sua execução, poderá o juiz corrigi-lo, a pedido da parte, de modo que assegure, quanto possível, o valor real da prestação."

rapidamente alcançou o *status* de solução prioritária, a resolução foi tida como solução inadequada ao direito contratual moderno.

Levou-se a cabo, então, por obra da doutrina majoritária, verdadeira "revisão doutrinária" das normas legais pertinentes. Travestida de interpretação, a proposta doutrinária não teve por base a necessária compreensão acerca da oferta de modificação equitativa atribuída ao credor da prestação tornada excessivamente onerosa. No afã da crítica aberta ao propalado anacronismo do Código de 2002, descurou-se de uma análise orientada à compreensão do sentido e dos limites do art. 479. Propugna-se a generalização de uma posição jurídica de vantagem legalmente conferida apenas ao credor, sem esclarecer a sua natureza e a sua inserção na dinâmica dos remédios previstos em lei.[3] O resultado é insatisfatório quanto ao método e incerto quanto aos efeitos práticos.

A presente obra alinha-se à corrente minoritária, que preserva o sentido original da norma em comento. Ao lado dessa questão preliminar, por assim dizer, ligada, em última análise, à legitimidade para realizar a oferta de modificação equitativa, busca-se examinar os principais aspectos da disciplina da oferta. A tarefa, como se verá, ganha em complexidade haja vista o laconismo do referido dispositivo legal, que prevê a figura sem propriamente fixar o seu regime.

O tema insere-se, por fim, no quadro mais amplo dos limites da intervenção judicial na autonomia privada, a qual continua a ser a pedra angular do direito contratual.

* * *

A despeito da inevitável ligação da modificação equitativa do contrato com o contexto em que vem inserida – a excessiva onerosidade superveniente –, optou-se por tratar desta apenas e tão somente no limite necessário ao correto desenvolvimento do tema. Não é propósito deste trabalho, designadamente, cuidar dos requisitos para a configuração da excessiva onerosidade superveniente – alguns expressamente previstos

---

[3] Soa significativa a afirmação contida em recente obra: "Não se deve contornar, por acrobacias hermenêuticas, o fato evidente de que o legislador brasileiro atribuiu, no art. 478 do Código Civil, ao contratante que sofra a excessiva onerosidade em contrato bilateral o direito a 'pedir a resolução do contrato'." (SCHREIBER, Anderson. Equilíbrio contratual e dever de renegociar. São Paulo: Saraiva, 2018, p. 263).

INTRODUÇÃO

no art. 478 do Código Civil e outros sistematicamente inferidos –, tampouco abordar as vicissitudes e os efeitos da resolução contratual disciplinada no mesmo dispositivo, pois tais questões já foram, em boa medida, trabalhadas pela doutrina nacional.[4]

O recorte do objeto, de um lado, impôs-se naturalmente pela própria aptidão do tema a suscitar reflexões específicas e, de outro, pela ausência, na literatura jurídica nacional, de tratamento monográfico[5] ou de aprofundamento, em obras gerais ou naquelas dedicadas à excessiva onerosidade superveniente, das diversas questões a ele pertinentes.

O trabalho está circunscrito, ademais, ao regime do Código Civil. Cuida, pois, exclusivamente da modificação de contratos civis e empresariais. Não há, no Código do Consumidor, norma análoga àquela disposta no art. 479 do Código Civil. A previsão contida no art. 6º, inciso V da Lei n. 8.078/90[6] não reproduz o "jogo de poderes" em torno do qual gravitam os arts. 478 e 479 e do qual defluem muitas das questões abordadas nesta tese.

A oferta de modificação equitativa prevista no art. 479 do Código Civil poderia ser estudada conjuntamente com as ofertas modificativas de contratos passíveis de anulação por lesão e por erro (arts. 144[7] e 157, §2º[8] do mesmo Código). Parte da doutrina italiana adota essa perspectiva mais ampla, ora reunindo as ofertas relacionadas à lesão e à excessiva onerosidade superveniente, ora agrupando as três ofertas de modificação mencionadas. Há até mesmo quem amplie ainda mais o estudo,

---

[4] Veja-se, a respeito, a vasta bibliografia referida no Capítulo I, à qual se remete.

[5] Na Itália, ao revés, registram-se duas monografias recentes sobre a oferta de modificação equitativa: DATTOLA, Francesca Panuccio. L'offerta di riduzione ad equità. Milano: Giuffrè, 1990; e D'ANDREA, Stefano. L'offerta di equa modificazione del contratto. Milano: Giuffrè, 2006. Sobre elas, cf. os itens 13.1 e 13.2 infra.

[6] "Art. 6º São direitos básicos do consumidor: [...] V – a modificação das cláusulas contratuais que estabeleçam prestações desproporcionais ou sua revisão em razão de fatos supervenientes que as tornem excessivamente onerosas; [...]"

[7] "Art. 144. O erro não prejudica a validade do negócio jurídico quando a pessoa, a quem a manifestação de vontade se dirige, se oferecer para executá-la na conformidade da vontade real do manifestante."

[8] "Art. 157. Ocorre a lesão quando uma pessoa, sob premente necessidade, ou por inexperiência, se obriga a prestação manifestamente desproporcional ao valor da prestação oposta. [...]
§ 2º Não se decretará a anulação do negócio, se for oferecido suplemento suficiente, ou se a parte favorecida concordar com a redução do proveito."

cuidando, no mesmo contexto, também da convalidação de negócios anuláveis.[9]

Dentre as abordagens possíveis, optou-se pelo estudo isolado da figura prevista no art. 479, pois ela apresenta contornos próprios, tais como a amplitude da modificação contemplada, com reflexos na valoração judicial da respectiva equidade. A despeito de inegáveis questões comuns – v.g., a natureza da posição jurídica conferida ao credor –, julgou-se preferível não agrupar figuras pertinentes a espectros tão distintos como o erro, a lesão e a excessiva onerosidade superveniente, situados em planos apartados de análise. A despeito disso, também foi consultada a literatura que traz aportes às questões comuns a todas as ofertas modificativas, mesmo quando o tenha feito no contexto específico das demais figuras não abordadas neste trabalho.

*　*　*

A obra está estruturada em seis capítulos. No primeiro, cuida-se da legitimidade para a oferta de modificação equitativa. Expõe-se a controvérsia atinente à extensão, ao devedor, do remédio revisional conferido por lei ao credor, seguida da análise dos argumentos empregados pela doutrina majoritária e da tomada de posição quanto ao assunto.

No segundo, estuda-se a evolução da doutrina italiana sobre a oferta de modificação equitativa, desde os primeiros escritos, da década de 1940, até os dias atuais. Em seguida, é examinada a doutrina nacional. O objetivo desse capítulo é aferir a posição dos autores sobretudo no que diz respeito à natureza jurídica da oferta.

O terceiro capítulo aborda o direito à modificação equitativa. Nele, busca-se averiguar a natureza jurídica e a função da posição jurídica de vantagem atribuída ao credor. Fecham o capítulo algumas considerações acerca do controle do exercício do direito em questão.

Em seguida, a atenção é voltada ao ato de exercício do direito à modificação equitativa. Investiga-se a sua inserção no quadro dos fatos jurídicos, com destaque para os negócios jurídicos e as declarações não negociais. Assentada a natureza negocial do ato em tela, o quarto capítulo enfoca a sua classificação.

---

[9] É a perspectiva de Quadri, Enrico. La rettifica del contratto. Milano: Giuffrè, 1973.

INTRODUÇÃO

O penúltimo capítulo cuida do exame do negócio jurídico de modificação equitativa à luz da tripartição de planos de análise. No plano da existência, a análise é voltada para o sentido da interface da figura com o direito processual, bem como para o conteúdo possível da declaração negocial (as modificações passíveis de ser implementadas). No item dedicado ao plano da validade, a primeira questão estudada é a oferta iníqua. Em seguida, aborda-se o importante tema da classificação das ofertas quanto ao grau de determinação do seu conteúdo, investigando-se a admissibilidade, no sistema jurídico brasileiro, da oferta genérica e da oferta com conteúdo indeterminado, porém determinável. Fecha o capítulo a exposição do sentido a ser atribuído à equidade, no contexto da modificação equitativa.

O sexto e último capítulo lida com a questão da pronúncia judicial da modificação equitativa. São abordadas as quatro principais teorias sobre a natureza da sentença que acolhe a oferta modificativa do credor, tais como expostas na doutrina e jurisprudência italianas e na doutrina nacional. Encerra o capítulo a tomada de posição sobre esse problema.

* * *

A principal fonte deste trabalho foi a literatura jurídica brasileira e italiana. A consulta à doutrina italiana é impositiva, na medida em que os arts. 478 e 479 do Código Civil brasileiro são, em grande medida, reproduções do art. 1.467, 1 e 3 do Código Civil italiano.[10]

Dos demais sistemas jurídicos que ostentam maior proximidade com o nosso, o português e o francês possuem normas que, grosso modo, regulam os mesmos remédios (resolução e modificação do contrato) presentes nos arts. 478 e 479 do Código Civil brasileiro.

---

[10] "Art. 1467. Contratto con prestazioni corrispettive.
[1] Nei contratti a esecuzione continuata o periodica ovvero a esecuzione differita, se la prestazione di una delle parti è divenuta eccessivamente onerosa per il verificarsi di avvenimenti straordinari e imprevedibili, la parte che deve tale prestazione può domandare la risoluzione del contratto, con gli effetti stabiliti dall'articolo 1458.
[2] La risoluzione non può essere domandata se la sopravvenuta onerosità rientra nell'alea normale del contratto.
[3] La parte contro la quale è domandata la risoluzione può evitarla offrendo di modificare equamente le condizioni del contratto."

O art. 437º, 1 do Código português[11], contudo, atribui à parte lesada não somente o direito de pleitear a resolução da relação contratual, mas também a sua "modificação segundo juízos de equidade". O art. 437º, 2, por sua vez, permite ao credor opor-se a eventual pedido resolutório, "declarando aceitar" a modificação equitativa do contrato. A doutrina portuguesa, no entanto, diversamente do que se passou na Itália, não demonstrou maior interesse pela modificação equitativa a cargo do credor, quiçá pela amplitude de poderes conferidos ao devedor.

Já no direito francês, historicamente refratário à consagração legislativa da teoria da imprevisão, o panorama foi radicalmente alterado por força da reforma de 2016[12], que introduziu a revisão dos contratos por imprevisão no art. 1.195 do *Code Civil*.[13] No novo sistema do direito francês, a parte afetada pela excessiva onerosidade pode pleitear, frente à contraparte, a renegociação do contrato. Em caso de recusa de renegociar, ou de renegociação frustrada, as partes podem convencionar a resolução do contrato, ou pedir ao juiz, de comum acordo, a sua adaptação. À falta de acordo, o juiz poderá, a pedido de qualquer das partes, rever ou resolver o contrato, nas condições que vier a fixar. Como se vê, a solução acolhida no Código francês difere daquela consagrada nos direitos italiano e brasileiro.

---

[11] "Artigo 437º (Condições de admissibilidade).
1. Se as circunstâncias em que as partes fundaram a decisão de contratar tiverem sofrido uma alteração anormal, tem a parte lesada direito à resolução do contrato, ou à modificação dele segundo juízos de equidade, desde que a exigência das obrigações por ela assumidas afecte gravemente os princípios da boa fé e não esteja coberta pelos riscos próprios do contrato.
2. Requerida a resolução, a parte contrária pode opor-se ao pedido, declarando aceitar a modificação do contrato nos termos do número anterior."
[12] Ordonnance n. 2016-131, de 10 de fevereiro de 2016.
[13] "Si un changement de circonstances imprévisible lors de la conclusion du contrat rend l'exécution excessivement onéreuse pour une partie qui n'avait pas accepté d'en assumer le risque, celle-ci peut demander une renégociation du contrat à son cocontractant. Elle continue à exécuter ses obligations durant la renégociation.
En cas de refus ou d'échec de la renégociation, les parties peuvent convenir de la résolution du contrat, à la date et aux conditions qu'elles déterminent, ou demander d'un commun accord au juge de procéder à son adaptation. A défaut d'accord dans un délai raisonnable, le juge peut, à la demande d'une partie, réviser le contrat ou y mettre fin, à la date et aux conditions qu'il fixe."

***

Optou-se por designar o ato, praticado pelo credor no contexto de demanda de resolução do contrato contra ele movida pelo devedor, visando a evitar a extinção contratual por meio da revisão dos termos da avença, de "oferta de modificação equitativa". Esta é uma das expressões consagradas na literatura e na jurisprudência italianas (*offerta di equa modificazione*), em que também se alude a "oferta de recondução à equidade" (*offerta di riduzione ad equità*). Na doutrina nacional, também é usual aludir à "oferta" do credor.

A opção se justifica não somente em virtude de sua difusão, mas também por fins práticos, já que a designação, ao guardar proximidade com os termos empregados no art. 479 do Código Civil – "[...] oferecendo-se o réu a modificar equitativamente [...]" –, permite uma cômoda identificação do objeto do estudo.

A escolha terminológica não traduz, contudo, uma especial tomada de posição quanto à natureza jurídica do ato em questão, justamente uma das questões enfrentadas na tese. Notadamente, a palavra "oferta" vem empregada em sentido amplo, sem representar a recondução do ato do credor ao campo mais restrito da proposta de contratar. A possibilidade de qualificar o ato *sub examine* como oferta de contrato *stricto sensu* será objeto de análise no momento oportuno.[14]

As expressões "modificação contratual" e "revisão contratual", a despeito de suas possíveis nuances terminológicas, foram empregadas como sinônimas, em atenção ao uso que delas faz a doutrina italiana e nacional corrente.

As raízes remotas da *reductio ad aequitatem* prendem-se à figura da lesão. A possibilidade de o comprador conservar a coisa vendida, entregando ao vendedor o montante faltante para complementar o justo preço, surge já no texto da Lei Segunda, de 285, cuja autenticidade, contudo, é intensamente disputada.[15] Sob os influxos da cláusula *rebus sic*

---

[14] Cf. o item 18.2 *infra*.
[15] Sobre a questão, fundamental a consulta a DEKKERS, René. La lésion énorme: introduction a l'histoire des sources du droit. Paris: Librairie du Recueil Sirey, 1937. Na literatura nacional, a história da lesão foi dissecada por PEREIRA, Caio Mário da Silva. Lesão nos contratos. 6. ed. Rio de Janeiro: Forense, 1999.

stantibus, no período medieval, o remédio teria sido estendido aos contratos cuja execução se prolonga no tempo.[16]

Optou-se por falar em "recondução" do contrato à equidade, e não em "redução" do contrato, como por vezes se lê na doutrina nacional, dado que não se trata de reduzir, propriamente, mas sim de repor algo (o contrato) ao estado anterior.[17]

---

[16] GANDUR, José Félix Chamie. La adaptación del contrato por eventos sobrevenidos: de la vis cui resisti non potest a las cláusulas de hardship. Bogotá: Universidad Externado de Colombia, 2013, p. 220-222.

[17] Do verbo latino reduco, reducere, derivaram "reduzir" e seus cognatos. No verbete reduco do Oxford Latin Dictionary, que cobre o período que se estende até cerca de 200 d.C., são listadas onze acepções, com subdivisões. Destacam-se os sentidos de levar de volta (sobretudo para casa), bater em retirada, voltar, voltar no tempo, trazer de volta à lembrança e trazer de volta a um estado anterior. O sentido corrente no vernáculo contemporâneo, o de diminuir, é registrado, mas como o último do rol e testemunhado em apenas um autor, Sêneca, no século I d.C. (GLARE, P. G. W. (ed.). Oxford Latin Dictionary. Oxford: Clarendon Press, 1982, p. 1592). Em linha com a origem latina, os primeiros dicionários de língua portuguesa definem reduzir e redução com o sentido principal de retorno a um estado anterior. Em alguns exemplos de Bluteau, no entanto – "reduzir alguém a pedir esmola", "reduzir a gordura de hum corpo repleto a magreyra", "reduzir a breves palavras" – indicam, no entanto, uma inflexão de sentido relevante, na medida em que não se trata necessariamente de conduzir algo ou alguém a um estado anteriormente existente, mas conduzir algo ou alguém a um estado diverso, tenha ele existido anteriormente ou não (BLUTEAU, R. Vocabulario portuguez e latino. Coimbra: Real Collegio das Artes da Companhia, 1728, vol. 7, p. 179-181). É ainda desse estado que testemunha o Diccionario de Moraes, em 1813, para quem *reduzir* é, em primeira acepção, "repor no lugar antigo, no estado antigo" e, em segundo lugar, "trazer alguem a algum estado, sentimento, obrigá-lo com razões, força, coacção". (SILVA, A. de Moraes. Diccionario da Lingua Portugueza: tomo segundo, F-Z. Lisboa: Typographia Lacerdina, 1813, p. 575). É apenas no século XX que toma precedência a acepção de diminuir. É com "tornar menor" que se abre a definição de reduzir no dicionário de Laudelino Freire, por exemplo (FREIRE, Laudelino. Grande e Novissimo Dicionário da Língua Portuguesa: volume V. 2.ed. Rio de Janeiro: José Olympio, 1954, p. 4341). Conclui-se, assim, um arco de transformação semântica, que alarga o sentido de reduco/reductio para designar também a transformação de uma condição, tenha ela existido anteriormente ou não, até que, no século XX, reduzir/redução passa a designar prioritariamente uma diminuição.

Capítulo I
Legitimidade para a Oferta de Modificação Equitativa

1. A Controvérsia Quanto à Revisão por Iniciativa do Devedor

A leitura dos arts. 478 e 479 do Código Civil parece não dar margem à dúvida quanto ao titular do direito à revisão do contrato afetado pela excessiva onerosidade superveniente: o poder de realizar a oferta de modificação equitativa foi atribuído *somente ao credor* (art. 479), cabendo ao devedor excessivamente onerado apenas demandar a *resolução* da relação contratual (art. 478).

Em recente monografia voltada ao estudo do tema no direito italiano, Stefano D'Andrea destacou, em meio a diversas incertezas, o fato de essa questão não ter gerado divergências. E aduziu: "[a] clareza do texto legislativo tornou unânimes doutrina e jurisprudência".[18] A despeito da afirmação categórica, plenamente aplicável à jurisprudência daquele país, fato é que uma parte minoritária da doutrina italiana contemporânea busca, como se verá[19], legitimar o devedor a formular o pleito de revisão contratual.

Nesse mesmo ponto, a doutrina nacional também registra uma cisão, porém com sinal *invertido*. Atualmente, a maior parte dos autores agrupa-se em torno da possibilidade de o devedor da prestação excessivamente

---

[18] D'Andrea, Stefano. L'offerta di equa modificazione del contratto. Milano: Giuffrè, 2006, p. 202.
[19] Cf. o item 8 *infra*.

onerosa pleitear não somente a resolução da relação contratual, mas também a sua modificação.[20] Sintomática, a esse respeito, a aprovação do Enunciado 176 da III Jornada de Direito Civil do Centro de Estudos Judiciários do Conselho da Justiça Federal: "Art. 478 – Em atenção ao princípio da conservação dos negócios jurídicos, o art. 478 do Código Civil de 2002 deverá conduzir, sempre que possível, à revisão judicial dos contratos e não à resolução contratual".

Conquanto prevalecente, essa posição está longe de ser unânime.[21]

---

[20] Este aparente consenso (refletido na "praxe") foi registrado por Antonio Junqueira de Azevedo – ele próprio um defensor da visão dominante – no relatório brasileiro sobre revisão contratual, apresentado para as Jornadas Brasileiras da Associação Henri Capitant em maio de 2005: "Numa primeira leitura, o art. 478 dá a entender que a parte de um contrato sinalagmático, cuja prestação houver se tornado excessivamente onerosa, poderá pleitear somente a resolução do contrato, e não a sua revisão. Esta última dependeria da iniciativa da contraparte, art. 479, verbis: 'A resolução poderá ser evitada, oferecendo-se o réu a modificar equitativamente as condições do contrato'. O juiz, portanto, somente poderia determinar a revisão na hipótese de o réu oferecer-se 'a modificar equitativamente as condições do contrato.' Na praxe, todavia, como voltaremos a tratar nos números 11 e 13 deste relatório, uma das partes, já de início, pode pedir a revisão e, na sentença, pode o juiz rever o contrato, desde que pelo menos um dos contratantes assim tenha pedido. O Enunciado nº 176 da III Jornada de Direito Civil do STJ prescreve: [...]." (JUNQUEIRA DE AZEVEDO, Antonio. Relatório brasileiro sobre revisão contratual apresentado para as Jornadas Brasileiras da Associação Henri Capitant. In:_____. Novos estudos e pareceres de direito privado. São Paulo: Saraiva, 2009, p. 182-198, aqui p. 193).

[21] Posicionam-se de modo contrário ao poder revisional do devedor: Leães, Luiz Gastão Paes de Barros. A onerosidade excessiva no Código Civil. Revista de Direito Bancário e do Mercado de Capitais, São Paulo, n. 31, p. 12-24, 2006, aqui p. 19-20; ASCENSÃO, José de Oliveira. Alteração das circunstâncias e justiça contratual no novo Código Civil. Revista Trimestral de Direito Civil, Rio de Janeiro, n. 25, p. 93-118, 2006, aqui p. 107-108 (o autor nega que uma "modificação qualitativa", isto é, a "mudança de cláusulas, além da mera alteração dos valores", possa ser decretada pelo juiz ou imposta pela parte lesada, porém admite regime distinto para as modificações quantitativas); TIUJO, Edson Mitsuo. Da onerosidade excessiva nos contratos. Londrina, 2006. Dissertação (Mestrado em Direito Negocial). Centro de Estudos Sociais Aplicados, Universidade Estadual de Londrina, p. 196; PEREIRA LIRA, José Ricardo. A onerosidade excessiva no Código Civil e a impossibilidade de "modificação judicial dos contratos comutativos sem anuência do credor." In: TEPEDINO, Gustavo; FACHIN, Luiz Edson (coord.). O direito e o tempo: embates jurídicos e utopias contemporâneas, estudos em homenagem ao Professor Ricardo Pereira Lima. Rio de Janeiro/São Paulo/Recife: Renovar, 2008, p. 425-455, aqui p. 449-50; SILVA, Luís Renato Ferreira da. Revisão de contratos no Código Civil: reflexões para uma sistematização das duas causas à luz da intenção comum dos contratantes. In: LOTUFO, Renan; NANNI, Giovanni Ettore; MARTINS, Fernando Rodrigues (coord.). Temas relevantes do Direito Civil contemporâneo: reflexões sobre os 10 anos

A jurisprudência nacional parece dividida, não tendo sido possível identificar uma tendência claramente majoritária.[22]

Inúmeros são os argumentos esgrimidos pela doutrina nacional no afã de justificar o poder revisional do devedor da prestação excessivamente onerosa. Independentemente da maior ou menor clareza com que vêm empregados, eles afetam, a um só tempo, os arts. 478 e 479 do Código Civil. Com efeito, admitir a revisão contratual por iniciativa do devedor significa incluir, ao lado do remédio resolutório previsto no art. 478, um segundo e distinto remédio. Essa inclusão altera a dinâmica dos dois artigos, calcados em determinado *equilíbrio de posições jurídicas*: a posição jurídica modificativa atribuída ao credor é uma *reação* ao exercício da posição jurídica extintiva titulada pelo devedor. Na medida em que se constrói o poder revisional do devedor, esse equilíbrio é (intencionalmente) alterado.

A eventual admissão da modificação contratual por iniciativa do devedor conduziria à necessidade de recompor a dinâmica dos remédios legais, garantindo-se ao menos um certo paralelismo entre as posições jurídicas modificativas tituladas por credor e devedor. Esse imperioso *trabalho de compatibilização* quase certamente afetaria a estrutura da figura prevista no art. 479 do Código Civil. Dele, no entanto, os partidários da vertente dominante poucas vezes se ocupam, tendo muitos

---

do Código Civil. São Paulo: Atlas, 2012, p. 378-400, aqui p. 395-396; ANDRADE, Fábio Siebeneichler de. A teoria da onerosidade excessiva no direito civil brasileiro: limites e possibilidades de sua aplicação. Revista da AJURIS. Porto Alegre, n. 134 (41), p. 235-261, jun. 2014, aqui p. 254-255 (o autor admite, contudo, o pleito revisional do devedor em situações excepcionais); FERRAZ, Patrícia Sá Moreira de Figueiredo. A onerosidade excessiva na revisão dos contratos: a concorrência na aplicação da regra dos arts. 317 e 478 do Código Civil vigente. São Paulo, 2015. Dissertação (Mestrado em Direito Civil). Faculdade de Direito, Universidade de São Paulo, p. 104; e YAMASHITA, Hugo Tubone. Contratos interempresariais: alteração superveniente das circunstâncias fáticas e revisão contratual. Curitiba: Juruá, 2015, p. 153-154.

[22] A título exemplificativo, admitindo o pedido revisional do devedor: TJSP, Apelação Cível 0027175-87.2010.8.26.0011, Rel. Hugo Crepaldi, 25ª Câmara de Direito Privado, j. 04/09/2014; TJMG, Apelação Cível 1.0071.06.028611-0/001, Rel. Marcelo Rodrigues, 11ª Câmara Cível, j. 13/02/2008. Em sentido contrário: TJSP, Apelação Cível 1020742-98.2015.8.26.0003, Rel. Carlos Goldman, 16ª Câmara de Direito Privado, j. 15/08/2017; TJRS, Apelação Cível 70028308328, 12ª Câmara Cível, Rel. Umberto Guaspari Sudbrack, j. 17/06/2010; TJRS, Apelação Cível 70026962050, 12ª Câmara Cível, Rel. Umberto Guaspari Sudbrack, j. 17/06/2010.

autores se limitado à proclamação da "extensão" do poder modificativo ao devedor. Outros, dando por quase automática a "extensão", não se preocupam em esclarecer em que medida a configuração sugerida para a oferta do art. 479 advém da solução legal originária, ou, distintamente, da adaptação oriunda da inclusão, no sistema, do poder revisional do devedor.

A título exemplificativo, a construção do pedido modificativo do devedor normalmente leva a atribuir, ao juiz, poderes mais extensos em comparação aos que lhe são usualmente conferidos em matéria de oferta modificativa do credor *ex* art. 479. O passo seguinte, em atenção ao paralelismo das posições jurídicas, seria dilatar a atuação judicial também na hipótese de revisão por iniciativa do credor, o que poderia ser realizado mediante a admissão de uma oferta genérica, levada a efeito pela mera declaração da intenção de modificar equitativamente as bases do contrato, cabendo ao julgador determinar de que modo a prestação e a contraprestação seriam afetadas, bem como o respectivo *quantum*.

Como se vê, a adequada compreensão da oferta prevista no art. 479 do Código Civil demanda a prévia tomada de posição no tocante à admissibilidade, no sistema jurídico brasileiro, da revisão contratual por iniciativa do devedor. Passemos em revista, então, os argumentos explorados pela doutrina, a fim de examinar a adequação da posição adotada.

2. Sentido e Alcance do Art. 317 do Código Civil

Um dos principais argumentos referidos pelos defensores do poder revisional do devedor está relacionado a determinada exegese do art. 317 do Código Civil.[23] Considera-se, ainda, ser essa uma peculiaridade do sistema brasileiro frente ao italiano.[23] Estatui o referido dispositivo:

---

[23] BARLETTA, Fabiana. Apontamentos para um estudo comparado da revisão contratual por excessiva onerosidade superveniente nos direitos brasileiro, português e italiano. Revista Trimestral de Direito Civil, Rio de Janeiro, n. 24, p. 247-272, out./dez. 2005, aqui p. 256 e 263; KHOURI, Paulo R. Roque A. A revisão judicial dos contratos no novo Código Civil, Código do Consumidor e Lei 8.666/93: a onerosidade excessiva superveniente. São Paulo: Atlas, 2006, p. 122-123; BORGES, Nelson. Aspectos positivos e negativos da revisão contratual no Novo Código Civil. Revista dos Tribunais, São Paulo, n. 849, p. 80-110, jul. 2006, aqui p. 90; BRITO, Rodrigo Toscano de. Equivalência material dos contratos: civis, empresariais e de consumo. São Paulo: Saraiva, 2007, p. 104; Cardoso, Vladimir Mucury. Revisão contratual e lesão à luz do Código Civil de 2002 e da Constituição da República. Rio de Janeiro/São Paulo/Recife: Renovar, 2008, p. 401-402; SEABRA, André Silva. As consequências

Art. 317. Quando, por motivos imprevisíveis, sobrevier desproporção manifesta entre o valor da prestação devida e o do momento de sua execução, poderá o juiz corrigi-lo, a pedido da parte, de modo que assegure, quanto possível, o valor real da prestação.

A doutrina nacional apresenta-se dividida em três correntes principais. A *primeira* restringe o dispositivo em exame às prestações pecuniárias.[25] A *segunda*, ao que parece majoritária, postula a aplicabilidade

do desequilíbrio contratual superveniente no direito brasileiro. Coimbra, 2009. Dissertação (Mestrado em Ciências Jurídico-Civilísticas II). Universidade de Coimbra, p. 110-112; POTTER, Nelly. Revisão e resolução dos contratos no Código Civil conforme perspectiva civil-constitucional. Rio de Janeiro: Lumen Juris, 2009, p. 169, 187 e 188; CARDOSO, Luiz Philipe Tavares de Azevedo. A onerosidade excessiva no direito civil brasileiro. São Paulo, 2010. Dissertação (Mestrado em Direito Civil). Faculdade de Direito, Universidade de São Paulo, p. 175; SCHUNCK, Giuliana Bonanno. A onerosidade excessiva superveniente no Código Civil: críticas e questões controvertidas. São Paulo: LTr, 2010, p. 84; AGUIAR JÚNIOR, Ruy Rosado de. Comentários ao Novo Código Civil: volume VI, tomo II, da extinção do contrato, arts. 472 a 480. Rio de Janeiro: Forense, 2011, p. 916-917 (Coleção Comentários ao Novo Código Civil, coordenada por Sálvio de Figueiredo Teixeira); NASSER, Paulo Magalhães. Onerosidade excessiva no contrato civil. São Paulo: Saraiva, 2011, p. 108-109; e SCHREIBER, Anderson. Equilíbrio contratual e dever de renegociar, São Paulo: Saraiva, 2018, p. 247-249 e 264.

[24] Afirma-o claramente André Silva Seabra: "Em nossa avaliação, o artigo 317 é a norma responsável por diferenciar o sistema de consequências brasileiro do sistema italiano." (SEABRA, As consequências do desequilíbrio contratual superveniente no direito brasileiro, op. cit., p. 110). Também Anderson Schreiber considera menos árdua, no Brasil, a tarefa de encontrar um fundamento normativo para a revisão judicial dos contratos justamente em virtude da presença do art. 317 (SCHREIBER, Equilíbrio contratual e dever de renegociar, op. cit., p. 254).

[25] Destacam-se, a esse respeito, as seguintes contribuições: LEÃES, Luiz Gastão Paes de Barros. A onerosidade excessiva no Código Civil, op. cit., p. 19-20; FRANTZ, Laura Coradini. Revisão dos contratos: elementos para sua construção dogmática. São Paulo: Saraiva, 2007, p. 111, 140 e 180; FRANTZ, Laura Coradini. Bases dogmáticas para interpretação dos artigos 317 e 478 do Novo Código Civil brasileiro. *In*: DELGADO, Mário Luiz; ALVES, Jones Figueiredo (coord.). Novo Código Civil: questões controvertidas no direito das obrigações e dos contratos. São Paulo: Método, 2004, 157-217, aqui p. 199, 200 e 212); RENNER, Rafael. Novo direito contratual: a tutela do equilíbrio contratual no Código Civil. Rio de Janeiro: Freitas Bastos, 2007, p. 287 e 321-324; DIAS, Lucia Ancona Lopes de Magalhães. Onerosidade excessiva e revisão contratual no direito privado brasileiro. *In*: FERNANDES, Wanderley (coord.). Fundamentos e princípios dos contratos empresariais. 2. ed. São Paulo: Saraiva/FGV 2012, p. 385-449, aqui p. 427-428 (Coleção Contratos empresariais, série GVlaw); FERRAZ, A onerosidade excessiva na revisão e extinção dos contratos, op. cit., p. 81, 92

do art. 317 a toda e qualquer prestação.[26] Por fim, a *terceira* orientação, bastante residual, é ainda mais restritiva do que a primeira, ao postular a inaplicabilidade da referida norma ao campo dos contratos, no qual incidiriam apenas os arts. 478 e 479 do Código Civil. O art. 317 ficaria circunscrito, assim, às obrigações não contratuais.[27]

O entendimento esposado pela segunda corrente tem servido de base para a atribuição do poder revisional ao devedor. Como recentemente se afirmou, o art. 317 converteu-se em "uma espécie de *'puxadinho hermenêutico'* do arts. 478 a 480", sendo "empregado em uma *interpretação corretiva* dos arts. 478 a 480, para garantir a revisão mesmo na hipótese dos contratos bilaterais, ao contrário do que sugeriria a leitura isolada daqueles dispositivos".[28]

A aplicabilidade do art. 317 para além do campo das prestações pecuniárias é sustentada com base na literalidade do dispositivo, sobretudo por conta da expressão não restritiva "prestação devida", bem como em razão da suposta incompatibilidade da primeira exegese com outras regras e princípios do ordenamento, máxime conservação, boa-fé, equilíbrio econômico e função social do contrato (dos quais se dirá mais adiante).

---

e 98); YAMASHITA, Contratos interempresariais, op. cit., p. 152. Vide ainda, embora com menos desenvolvimento: NITSCHKE, Guilherme Carneiro Monteiro. Revisão, resolução, reindexação, renegociação: o juiz e o desequilíbrio superveniente de contratos de duração. Revista Trimestral de Direito Civil, São Paulo, n. 50, p. 135-159, 2012, aqui p. 138; MARTINS, Samir José Caetano. A onerosidade excessiva no Código Civil: instrumento de manutenção da justa repartição dos riscos negociais. Revista Forense, Rio de Janeiro, n. 391, p. 209-237, 2007, aqui p. 230; e WINTER, Marcelo Franchi. Cédula de produto rural e teoria da imprevisão. Revista de direito bancário e do mercado de capitais, São Paulo, n. 57, p. 171-199, 2012, aqui p. 189.

[26] AGUIAR JÚNIOR, Ruy Rosado de. Extinção dos contratos por incumprimento do devedor: resolução. 2. ed. Rio de Janeiro: AIDE, 2003, p. 152-153; LOTUFO, Renan. Código Civil Comentado: volume 2, obrigações, parte geral, arts. 233 a 420. São Paulo: Saraiva, 2004, p. 228-229; PUGLIESE, Antonio Celso Fonseca. Teoria da imprevisão e o novo Código Civil. Revista dos Tribunais, São Paulo, n. 830, p. 11-26, dez. 2004, aqui p. 23; MORAES, Renato José de. Alteração das circunstâncias negociais. *In*: PEREIRA, Antonio Jorge; JABUR, Gilberto Haddad (coord.). Direito dos contratos. São Paulo: Quartier Latin, 2006, p.136-160, aqui p. 144; BDINE JÚNIOR, Hamid Charaf. Comentário ao art. 317 do Código Civil. *In*: PELUSO, Cezar (coord.). Código Civil comentado. 12. ed. Barueri: Manole, 2018, p. 278; e LÔBO, Paulo. Direito Civil: obrigações. 5. ed. São Paulo: Saraiva, 2017, p. 197-198.

[27] PEREIRA LIRA, A onerosidade excessiva no Código Civil, op. cit., p. 451-452.

[28] SCHREIBER, Equilíbrio contratual e dever de renegociar, op. cit., p. 248, grifos nossos.

A tomada de posição com relação ao mérito do argumento implica o prévio estudo do art. 317 do Código Civil, convindo principiar pela origem de sua redação.

O texto do art. 317 foi objeto de sucessivas alterações[29]. Com efeito, o Projeto de Lei ("PL") 634/1975, originalmente apresentado ao Congresso Nacional em junho de 1975, continha, em seu art. 315, a seguinte norma[30]:

> Art. 315. Quando, *pela desvalorização da moeda*, ocorrer desproporção manifesta entre o valor da prestação devida e o do momento da execução, poderá o juiz corrigi-lo, a pedido da parte, de modo que preserve, quanto possível, a equivalência das prestações. (itálicos nossos)

Essa redação foi objeto de quatro emendas[31], tendo sido aprovada a emenda 327, por força da qual o artigo, então renumerado, passou a ostentar o seguinte teor:

> Art. 317. Quando, pela desvalorização da moeda, ocorrer desproporção manifesta entre o valor da prestação devida e o do momento da execução, *o juiz determinará a correção monetária, mediante aplicação dos índices oficiais, por cálculo do contador.* (itálicos nossos)

A principal justificativa para o texto alterado, por força do qual se atribuía, ao juiz, o poder de corrigir monetariamente o valor da pres-

---

[29] O processo legislativo conducente ao art. 317 do Código Civil foi esmiuçado por FRANTZ, Revisão dos contratos, op. cit., p. 11-15.

[30] Redação idêntica à do art. 311 do Anteprojeto de Código Civil apresentado ao Ministro da Justiça pela Comissão Elaboradora e Revisora em março de 1973.

[31] Emendas 324, 325, 326 e 327. Eis as redações das emendas rejeitadas: E. 324 (Deputado José Bonifácio Neto): "Art. 315. Salvo convenção em contrário, quando, pela desvalorização da moeda, ocorrer desproporção entre o valor da obrigação na época em que foi contraída e o dia de ser satisfeita, o credor poderá cobrar o reajustamento, segundo os índices oficiais do aumento do custo de vida, no lugar da execução." E. 325 (Deputado Marcelo Medeiros): "Art. 315. Haverá equivalência entre os valores das prestações devidas e o do momento da contraprestação." E. 326 (Deputado Fernando Cunha): "Art. 315. Quando, pela desvalorização da moeda, ocorrer desproporção entre o valor da prestação devida e o do momento da execução, poderá o juiz corrigi-lo, a pedido da parte, obedecidos, no reajustamento, os coeficientes oficiais de correção monetária." (PASSOS, Edilenice; LIMA, João Alberto de Oliveira. Memória Legislativa do Código Civil: volume 2, tramitação na Câmara dos Deputados, primeiro turno. Brasília: Senado Federal, 2012, p. 227-229).

tação independentemente de pedido da parte, foi tornar mais simples e expedita a correção monetária do valor das dívidas.[32]

Nova emenda foi proposta[33], com o objetivo de eliminar o artigo como um todo, sob a justificativa de que "[a] correção monetária, típico instituto de vigência transitória e emergencial, não deve ser cristalizada no Código Civil, em caráter permanente."[34] Em seu parecer, o senador Josaphat Marinho concordou com a objeção, porém opinou pela manutenção do artigo, na esteira de sugestão de Miguel Reale, que preconizava o retorno ao critério do Anteprojeto. A proposição do Presidente da Comissão Revisora e Elaboradora não foi, contudo, integralmente acolhida[35], na medida em que a referência original à "desvalorização da moeda" foi alterada, para admitir outras hipóteses de reajuste do valor

---

[32] Eis a justificativa: "A redação atual é a seguinte: (...) Esse dispositivo mereceu do conhecido jurista Arnoldo Wald a seguinte crítica: 'O recurso à ação judicial de revisão no caso de desproporção manifesta entre as prestações decorrentes de desvalorização da moeda também não nos parece uma forma adequada de substituir a correção monetária. Esta funciona de pleno direito, mediante simples cálculo, sem qualquer delonga, enquanto a ação de revisão, válida e fecunda para outras hipóteses, pressupõe que as partes enfrentem o congestionamento dos tribunais, a demora do processo e a procrastinação organizada pelo devedor moroso. Pergunta-se: Qual a vantagem a [sic] de substituir um mecanismo que funciona por outro mais pesado e de funcionamento demorado? Por que substituir a correção monetária pela ação judicial de revisão quando se quer descongestionar os tribunais, barata e eficiente?' São inteiramente procedentes as críticas que transcrevemos: Manifesta a desproporção entre o *quantum* devido e o *quantum* da dívida originária, pela desvalorização da moeda, determinará o juiz que o contador atualize o crédito. É mero cálculo, eficiente, rápido, que não requer maiores indagações, mesmo porque há os índices oficiais, fornecidos pelo próprio Governo. Portanto, é só aplicar esses índices. As vantagens de tal procedimento são evidentes. Serão desnecessárias as ações revisionais, lentas, que congestionam os Cartórios e as Varas. Certo de que da sua mora resultará na correção da dívida [sic], o devedor se convencerá de que lhe será vantajoso ser correto e pontual. Milhares de demandas serão evitadas. A medida beneficiará a todos: devedor, credor e Poder Judiciário." (PASSOS & LIMA, Memória Legislativa do Código Civil: volume 2, op. cit., p. 230-231).
[33] Emenda nº 38, de autoria do senador Gabriel Hermes.
[34] PASSOS, Edilenice; LIMA, João Alberto de Oliveira. Memória Legislativa do Código Civil: volume 3, tramitação no Senado Federal. Brasília: Senado Federal, 2012, p. 27.
[35] Critica este fato Judith Martins-Costa: Comentários ao novo Código Civil: volume V, tomo I, do adimplemento e da extinção das obrigações, arts. 304 a 388. Rio de Janeiro: Forense, 2004, p. 285 (Coleção Comentários ao Novo Código Civil, coordenada por Sálvio de Figueiredo Teixeira).

da prestação.³⁶ Resultou daí subemenda³⁷ e, por meio dela, o texto final do Código Civil.

Como se vê, a tônica da elaboração legislativa do art. 317 do Código Civil foi a expansão da previsão do reajuste do valor da prestação a outras hipóteses (os "motivos imprevisíveis", na dicção da lei), além da "desvalorização da moeda", contemplada no PL original. O exame das justificativas das emendas apresentadas não permite afirmar, no entanto, que se tenha eliminado a conexão entre o texto final da norma e o contexto da correção monetária de dívidas pecuniárias.³⁸

Naturalmente, a consideração do processo legislativo como elemento histórico de interpretação³⁹ do art. 317 do Código Civil deve ser com-

---

³⁶ O parecer do senador Josaphat Marinho foi o seguinte: "Os arts. 315 a 317 disciplinam a aplicação da correção monetária. O art. 620 alude 'a atualização dos valores monetários' do 'preço do material ou da mão-de-obra', na empreitada. A emenda suprime os artigos e essa cláusula final do art. 620, ponderando que 'a correção monetária, típico instituto de vigência transitória e emergencial, não deve ser cristalizada no Código Civil, em caráter permanente.' Esclarece o professor Reale que o Anteprojeto de 1975 não cogitava da correção monetária. A câmara dos Deputados é que a incluiu no Projeto, o que não lhe parece adequado. Entendendo, porém, que poderão subsistir dispositivos legais sobre a correção monetária, considera aconselhável restabelecer-se, sob nova redação, que sugeriu, o critério do Anteprojeto de 1975, ao invés de adotar-se a supressão proposta. Inegavelmente, a objeção da emenda é relevante. Não se justifica a consagração da correção monetária no texto de um Código Civil. A idéia do eminente Supervisor da Elaboração do Anteprojeto procede, modificada, em parte, a redação oferecida, sobretudo porque não se deve considerar apenas 'a desvalorização da moeda', para admitir a revisão de valores convencionados. Outros fatores, e imprevisíveis, poderão ocorrer, gerando o desequilíbrio das prestações e justificando o reajustamento delas. [...] Isso posto, e já que se trata 'do objeto do pagamento' inclusive quanto à empreitada, aceitamos a impugnação constante da emenda, mas para substituir os arts. 315 a 317, e alterar o art. 620, na forma da seguinte subemenda: [...] Subemenda nº 3: [segue-se texto idêntico ao do atual Código Civil]." (Parecer Final nº 749, de 1997, da Comissão Especial, destinada a examinar o Projeto de Lei da Câmara nº 118, de 1984, de iniciativa do Presidente da República, que institui o Código Civil, Diário do Senado Federal, 15 de novembro de 1997, Suplemento "A", p. 34; itálicos nossos).

³⁷ Emenda do Senado Federal nº 34, de autoria do senador Josaphat Marinho. Vide Passos & Lima, Memória Legislativa do Código Civil: volume 3, op. cit., p. 311.

³⁸ Veja-se, na justificativa do senador Josaphat Marinho à rejeição da Emenda nº 38 (autoria do senador Gabriel Hermes), a afirmação inicial de que "[o]s arts. 315 a 317 disciplinam a aplicação da correção monetária", assim como a alusão à afirmação de Miguel Reale quanto à possível subsistência, no Código, de "dispositivos legais sobre a correção monetária" (Parecer Final nº 749, op. cit., p. 34).

³⁹ Exposição clássica dos elementos de interpretação (gramatical, sistemática, histórica e teleológica) encontra-se em SAVIGNY, Friedrich Karl von. Sistema del diritto romano

plementada com a consideração dos demais meios hermenêuticos. De um ponto de vista sistemático, a localização do dispositivo e sua vinculação aos precedentes, fonte de perplexidade para alguns, parece oferecer importante contribuição ao seu adequado entendimento. Com efeito, o art. 315 do Código Civil enuncia o princípio do nominalismo nos seguintes termos:

> *As dívidas em dinheiro* deverão ser pagas no vencimento, em moeda corrente e pelo valor nominal, *salvo o disposto nos artigos subsequentes*. (itálicos nossos)

Com o perdão da obviedade, a expressão "salvo o disposto nos artigos subsequentes" – incluída, por sinal, pela mesma subemenda que deu redação final ao art. 317[40] – só pode estar a aludir aos arts. 316 e 317, os quais, portanto, traduzem *exceções* ao princípio do nominalismo. Daí se conclui que o art. 317 se aplica somente às obrigações pecuniárias.

Essa constatação é coerente, ademais, com a letra do artigo em comento. A prescrição no sentido de "corrigir" o "valor da prestação" diante de uma desproporção entre valores (valor original e valor no momento da execução), de modo a assegurar o "valor real da prestação"[41], parece inteiramente compatível com a correção monetária das dívidas em dinheiro.

Retira-se daí outra consequência da maior importância. O fato de serem distintos os objetos dos arts. 317 e 479 do Código Civil resulta em *formas diversas* de combater a perturbação da relação obrigacional neles verificada. No art. 317, a lei prescreve a *correção* ou o *reajuste* do valor da prestação – recordem-se, novamente, as expressões "corrigir", "valor da

---

attuale: volume 1. Tradução de Vittorio Scialoja. Torino: Unione Tipografico-Editrice, 1886, p. 220-228. Como aponta Karl Engisch, as quatro "espécies de interpretação" "pertencem em certa medida, desde Savigny, ao patrimônio adquirido da hermenêutica jurídica" (ENGISCH, Karl. Introdução ao pensamento jurídico. Tradução de J. Baptista Machado. 7. ed. Lisboa: Calouste Gulbenkian, 1996, p. 137).

[40] Parecer Final nº 749, op. cit., p. 34.

[41] Laura Coradini Frantz julga a expressão "valor real" compatível apenas com as prestações pecuniárias (FRANTZ, Revisão dos contratos, op. cit., p. 180). A nosso ver, a referência ao "valor real da prestação" poderia, *in abstracto*, designar o valor de mercado de bens em geral, sentido esse, *v.g.*, que parece ter sido prestigiado no parágrafo único do art. 160 do Código Civil ("Se inferior, o adquirente, para conservar os bens, poderá depositar o preço que lhes corresponda ao valor real."). Parece-nos, contudo, que o já exposto contexto do art. 317 do Código Civil efetivamente leva a vincular o "valor real da prestação" ao valor real da moeda.

prestação" e "valor real da prestação" contidas no dispositivo. No art. 479, estatui a *modificação equitativa* das "condições do contrato". Tratar a ambos como casos de "revisão contratual" leva a confundir formas inconfundíveis de intervenção na economia contratual. O *distinguo* foi bem apreendido por José de Oliveira Ascensão, para quem o art. 317 "só prevê a revisão, no sentido da correção do valor da prestação".[42]

Se é verdade que o vocábulo polissêmico "revisão" pode eventualmente ser empregado para designar ambas as hipóteses, é igualmente verdade que a necessária precisão (sem mencionar a distinção de regime) impõe segregar o mero reajuste ou correção de valores, de um lado, da mais ampla modificação dos termos do contrato, de outro. Naturalmente, a norma reguladora de mero reajuste ou correção não constituirá base suficiente para ampliar os casos de modificação expressamente previstos em lei.

Julgamos inviável, diante da interpretação acima exposta – designadamente da convergência dos elementos interpretativos literal, histórico e sistemático –, estabelecer qualquer forma de combinação, associação ou concurso entre os arts. 317, 478 e 479 do Código Civil, pois o primeiro e os últimos tratam de hipóteses distintas.

O ponto foi enfrentado com precisão por Luiz Gastão Paes de Barros Leães, para quem: "a disciplina introduzida pelo art. 317, do CC/2002 não pode ser associada à regulação da resolução contratual por onerosidade excessiva, que mereceu tratamento específico e exaustivo no mesmo diploma legal, nos seus arts. 478 a 480, prevendo apenas duas hipóteses de revisão judicial, como foi assinalado. Fora possível estender a revisão judicial, prevista no art. 317, para as hipóteses de desequilíbrio decorrentes de desvalorização monetária, a todas as hipóteses de superveniente desequilíbrio contratual, e chegaríamos à própria negação do instituto da onerosidade excessiva, disciplinado dentro do mesmo corpo

---

[42] Ascensão, Alteração das circunstâncias, op. cit., p. 107. O autor separa a modificação quantitativa da qualitativa. A primeira, mais simples, poderia consistir na redução do preço, na correção do valor prevista no art. 317 ou na supressão de cláusulas. A segunda "consiste na mudança de cláusulas, além da mera alteração dos valores." (ibid., p. 107). A terminologia proposta por Oliveira Ascensão é referida apenas para ilustrar a segregação dos casos previstos nos arts. 317 e 479 do Código Civil, sem que se pretenda, contudo, adotá-la ao longo desta tese.

de leis, da forma a mais exaustiva. A mais comezinha interpretação sistemática repele, evidentemente, tão disparatada aplicação."[43]

O tema foi objeto, ainda, de recente dissertação de mestrado, tendo a autora concluído, a nosso ver com inteiro acerto, pela autonomia dos referidos dispositivos, sendo "impossível a adoção de um procedimento sequencial para hipóteses distintas e com objetos diversos".[44]

3. Princípio da Conservação

Possivelmente em razão de sua fragilidade, o argumento construído a partir do art. 317 do Código Civil costuma vir associado a outras regras e princípios[45-46]. Dentre esses figura, habitualmente, o princípio da conservação dos negócios jurídicos.[47-47-49]

---

[43] LEÃES, A onerosidade excessiva no Código Civil, op. cit., p. 20.

[44] FERRAZ, A onerosidade excessiva na revisão e extinção dos contratos, op. cit., p. 98.

[45] Ruy Rosado de Aguiar Júnior afirma expressamente: "Também nesse ponto, ainda que não houvesse a regra sobre a revisão do art. 317, nem por isso, nos limites do art. 478, seria de se afastar a possibilidade da revisão." (AGUIAR JÚNIOR, Comentários ao Novo Código Civil, op. cit., p. 925).

[46] Anderson Schreiber procura deslocar a análise para o campo do controle do merecimento da tutela da resolução pleiteada pelo devedor, sendo o exercício do poder resolutório justificado apenas no caso de "efetivo comprometimento da realização do interesse comum das partes consubstanciado no contrato". Ainda que a proposta não fosse, por si só, criticável pela ausência de fundamento legal, contra ela se aplicaria a mesma crítica endereçada ao argumento extensivo amparado no art. 317 do Código Civil. E isso porque, uma vez julgado desproporcional o pleito resolutório, o "caminho que restará ao contratante, por se afigurar proporcional à patologia remediável, será a revisão judicial do contrato, com base no art. 317 da codificação civil." (SCHREIBER, Equilíbrio contratual e dever de renegociar, op. cit., p. 264).

[47] ASCENSÃO, Alteração das circunstâncias, op. cit., p. 107; ASSIS, Araken de. Comentários ao Código Civil brasileiro: volume V, do direito das obrigações, arts. 421 a 480. Rio de Janeiro: Forense, 2007, p. 728 (Coleção Comentários ao Código Civil Brasileiro, organizada por Arruda Alvim e Thereza Alvim); CUNHA, Wladimir Alcibíades Marinho Falcão. Revisão judicial dos contratos: do Código de Defesa do Consumidor ao Código Civil de 2002. São Paulo: Método, 2007, p. 219; MARTINS, Samir José Caetano. A onerosidade excessiva no Código Civil: instrumento de manutenção da justa repartição dos riscos negociais. Revista Forense, Rio de Janeiro, n. 391, p. 209-237, maio/jun. 2007, aqui p. 224; BRITO, Rodrigo Toscano de. Equivalência material dos contratos: civis, empresariais e de consumo. São Paulo: Saraiva, 2007, p. 104; POTTER, Revisão e resolução dos contratos no Código Civil, op. cit., p. 198; CORDEIRO, Eros Belin de Moura. Da revisão dos contratos. Rio de Janeiro: Forense, 2009, p. 257-259; CARDOSO, A onerosidade excessiva no direito civil brasileiro, op. cit., p. 176-178; SCHUNCK, A onerosidade excessiva superveniente no Código Civil, op. cit., p. 83; VIEGAS, Cláudia Mara de Almeida Rabelo. A revisão judicial dos contratos sob a ótica do

O raciocínio é singelo: posta a alternativa teórica entre a resolução e a revisão do contrato cuja prestação se tornou excessivamente onerosa, dever-se-ia não somente admitir, mas, verdadeiramente, *privilegiar* a revisão, dado que somente esta leva à manutenção da avença, em atenção ao princípio da conservação. Afirma-se, nesse prisma, que, "se mesmo diante de vício de invalidade, a ordem jurídica procura preservar o negócio jurídico, evitando sua extinção desde que conservado o comum interesse das partes, não há razão para que não se procure preservá-lo diante de um desequilíbrio contratual superveniente que se afigure passível de correção".[50]

direito contemporâneo. Curitiba: Juruá, 2012, p. 193; MIRANDA, Custódio da Piedade Ubaldino. Comentários ao Código Civil: volume 5, dos contratos em geral, arts. 421 a 480. São Paulo: Saraiva, 2013, p. 441-442; LEITE, Ana Paula Parra. Equilíbrio contratual. São Paulo, 2013. Tese (Doutorado em Direito Civil). Faculdade de Direito, Universidade de São Paulo, p. 107-108; ROSENVALD, Nelson. Comentário ao art. 479 do Código Civil. In: PELUSO, Cezar (coord.). Código Civil comentado, op. cit., p. 521.

[48] O argumento também encontra eco na jurisprudência do Superior Tribunal de Justiça. Vide, a título exemplificativo:
"Recurso especial. Ação revisional de contratos de compra e venda de safra futura de soja. Ocorrência de praga na lavoura, conhecida como 'ferrugem asiática'. Onerosidade excessiva. Pedido formulado no sentido de se obter complementação do preço da saca de soja, de acordo com a cotação do produto em bolsa que se verificou no dia do vencimento dos contratos. Impossibilidade. [...]
– Não obstante a literalidade do art. 478 do CC/02 – que indica apenas a possibilidade de rescisão contratual – é possível reconhecer onerosidade excessiva também para revisar a avença, como determina o CDC, desde que respeitados, obviamente, os requisitos específicos estipulados na Lei civil. Há que se dar valor ao princípio da conservação dos negócios jurídicos que foi expressamente adotado em diversos outros dispositivos do CC/02, como no parágrafo único do art. 157 e no art. 170.
– Na presente hipótese, porém, mesmo admitida a revisão, o pedido formulado não guarda qualquer relação com a ocorrência de onerosidade excessiva. O recorrente não pretende retomar o equilíbrio das prestações, mas transformar o contrato de compra e venda futura em um contrato à vista e com isso suprir eventuais discrepâncias entre suas expectativas subjetivas e o resultado apresentado em termos de lucratividade.
– Ademais, nos termos de precedentes do STJ, a ocorrência de 'ferrugem asiática' não é fato extraordinário e imprevisível conforme exigido pelo art. 478 do CC/02.
Recurso especial ao qual se nega provimento." (grifo nosso)
(REsp 977.007/GO, Rel. Ministra NANCY ANDRIGHI, TERCEIRA TURMA, julgado em 24/11/2009, DJe 02/12/2009; itálicos nossos)
[49] Neste sentido, ainda, o já citado Enunciado 176 da III Jornada de Direito Civil do Centro de Estudos Judiciários do Conselho da Justiça Federal.
[50] SCHREIBER, Equilíbrio contratual e dever de renegociar, op. cit., p. 257.

Não se nega o alcance amplo do princípio da conservação. Afastada a concepção reducionista associada, sobretudo, ao nome de Cesare Grassetti[51], que o confinava ao campo da interpretação negocial, admite-se a sua atuação em outros campos[52]. Pode-se adotar, então, a definição lata de Antonio Junqueira de Azevedo, para quem, consoante o princípio da conservação, "tanto o legislador quanto o intérprete, o primeiro, na criação das normas jurídicas sobre os diversos negócios, e o segundo, na aplicação dessas normas, devem procurar conservar, em qualquer um dos três planos – existência, validade e eficácia –, o máximo possível do negócio jurídico realizado pelo agente".[53]

O mesmo autor enumera os meios conservativos fornecidos pelo sistema jurídico brasileiro consoante a tripartição dos planos de análise do negócio jurídico.[54] Ao abordar os meios atuantes no plano da eficácia,

---

[51] GRASSETTI, Cesare. Conservazione (Principio di). *In*: CALASSO, Francesco (org.). Enciclopedia del Diritto: volume IX. Milano: Giuffrè, 1958, p. 173-176. Exemplo da concepção restritiva do princípio da conservação dos negócios jurídicos pode ser encontrado, entre nós, em: GOMES, Orlando. Introdução ao direito civil. 11. ed. Atualização e notas de Humberto Theodoro Júnior. Rio de Janeiro: Forense, 1995, p. 459, 460 e 463; _____. Contratos. 16. ed. Atualização e notas de Humberto Theodoro Júnior. Rio de Janeiro: Forense, 1995, p. 201, 202 e 205.

[52] Tivemos oportunidade de enfrentar as diversas acepções do princípio, optando pela acepção maximalista, em MARINO, Francisco Paulo De Crescenzo. Interpretação do negócio jurídico. São Paulo: Saraiva, 2011, p. 307 ss.

[53] JUNQUEIRA DE AZEVEDO, Antonio. Negócio jurídico: existência, validade e eficácia. 4. ed. São Paulo: Saraiva, 2010, p. 66. Aplicações específicas do princípio podem ser encontradas, ainda, em: SCHMIEDEL, Raquel Campani. Negócio jurídico: nulidades e medidas sanatórias. 2. ed. São Paulo: Saraiva, 1985; DEL NERO, João Alberto Schützer. Conversão substancial do negócio jurídico. Rio de Janeiro: Renovar, 2011; e ZANETTI, Cristiano de Sousa. A conservação dos contratos nulos por defeito de forma. São Paulo: Quartier Latin, 2013. Anote-se, ainda, sob um prisma mais amplo, a recente obra: GUERRA, Alexandre. Princípio da conservação dos negócios jurídicos: a eficácia jurídico-social como critério de superação das invalidades negociais. Coimbra: Almedina, 2016.

[54] Afirma o autor, tratando dos meios atinentes aos planos da existência e da validade: "No plano da existência, é, naturalmente, indispensável que se encontrem, no negócio, os elementos gerais, para considerá-lo como existente; essa regra não sofre exceção. Uma vez, porém, que o negócio exista, se acaso lhe faltar um elemento categorial inderrogável (ou, se, para evitar que o negócio seja considerado inválido ou ineficaz, se puder dar como inexistente um elemento categorial inderrogável), abre o ordenamento jurídico a possibilidade, para o intérprete, de convertê-lo em negócio de outro tipo, mediante o aproveitamento dos elementos prestantes; é a *conversão* substancial. No plano da validade, a própria divisão dos requisitos em mais ou menos graves, acarretando, ou nulidade, ou anulabilidade, é decor-

ele afirma: "Aplica-se também o princípio da conservação quando se trata da *permanência da eficácia*; realmente, quando os efeitos do negócio não correspondem aos que, de início, estavam previstos, de forma que, então, certos elementos categoriais naturais (ditas 'cláusulas de garantia implícitas') atuem, o *ordenamento jurídico, em vez de ordenar, pura e simplesmente, a resolução (ineficácia superveniente), admite, aqui também, 'correções', que levam à conservação dos efeitos do negócio* (por exemplo: a permissão para optar por ação de abatimento de preço, em vez de ação redibitória, no caso dos vícios redibitórios – art. 1.105 do CC [de 1916, equivalente ao art. 442 do Código de 2002]; a possibilidade de escolher a restituição de parte do preço, em vez de resolver o contrato, no caso da evicção parcial – art. 1.114 do CC [de 1916, equivalente ao art. 455 do Código de 2002]; *a revisão judicial, nos casos de contratos onerosos desequilibrados pela excessiva onerosidade de uma das prestações* etc.)".[55]

Mas teria o princípio da conservação o condão de criar, ao lado do remédio resolutório previsto no art. 478, um remédio revisional? Não nos parece. Cumpre notar, primeiramente, que o princípio da conservação não atua de modo ilimitado. Ao contrário, como a própria formulação acima referida já deixa transparecer, a possibilidade de manter o negócio jurídico existente, válido e eficaz, dependerá dos limites que lhe forem assinalados pelo direito positivo. A despeito do reconhecimento da viabilidade, em um dado sistema jurídico, de meios implícitos de

---

rência do princípio da conservação, já que, graças a essa divisão, abre-se a possibilidade de *confirmação dos atos anuláveis* (art. 148 do CC [de 1916, equivalente ao art. 172 do Código de 2002]). A *sanação do nulo*, cabível em casos excepcionais (por exemplo, art. 208, 2ª parte, do CC [de 1916, equivalente ao art. 1.550 do Código de 2002]), é também resultante do desejo do legislador de evitar que, por excessiva severidade, percam-se negócios úteis econômica ou socialmente. A nulidade de uma cláusula, por sua vez, apesar de o negócio ser um todo, pode não levar à nulidade do negócio; a regra da *nulidade parcial (utile per inutile non vitiatur)* admite que o negócio persista, sem a cláusula defeituosa, 'se esta for separável' (art. 153 CC [de 1916, equivalente ao art. 184 do Código de 2002]). A nulidade de forma pode acarretar a *–conversão formal*, que torna válido o negócio, graças à adoção de uma forma menos rigorosa que a escolhida pelas partes. Além disso, pode-se observar uma tendência legislativa a admitir *'correções'* dos negócios jurídicos, em casos de erro e de lesão, os quais, se não fosse a correção, levariam à anulação." (JUNQUEIRA DE AZEVEDO, Negócio jurídico: existência, validade e eficácia, op. cit., p. 67-69.)

[55] JUNQUEIRA DE AZEVEDO, Negócio jurídico: existência, validade e eficácia, op. cit., p. 69-71, grifos nossos.

manutenção negocial[56], a atuação do princípio da conservação deve cessar diante da previsão, em norma legal específica, de meio tido pelo legislador como eficaz para obter o resultado conservativo em determinada situação concreta.

No caso da revisão de contratos[57] cuja prestação se tornou excessivamente onerosa por conta de acontecimentos extraordinários e imprevisíveis, o meio em questão existe e está previsto no art. 479 do Código Civil. Esse dispositivo, historicamente associado ao princípio da conservação, não somente admite a manutenção do contrato, mas *delimita* o meio de incidência concreta do princípio da conservação na hipótese em questão.

Dito de outro modo, ainda que porventura se pudesse considerar tímido ou insuficiente o meio previsto em lei para conservar o contrato no contexto em exame, não se afigura adequado, do ponto de vista metodológico, invocar o princípio da conservação para estender a revisão contratual fora dos lindes do regime legal. Analogamente, não se revelaria adequado propor, em nome do referido princípio, a inclusão de requisitos adicionais, não previstos no art. 157 do Código Civil, de modo a dificultar a anulação dos contratos por lesão, favorecendo, assim, a manutenção dos contratos; ou a supressão, no art. 170, do requisito atinente ao fim visado pelas partes, resultando na ampliação dos casos de conversão substancial do negócio jurídico; ou a extensão do art. 172 aos negócios nulos; e assim por diante.

Dada a generalidade do princípio da conservação, a sua mera invocação não basta para legitimar um novo remédio revisional não expresso em lei. Diante da extrema variedade das figuras reunidas à luz do referido princípio[58], tampouco satisfará recorrer a comparações fugidias

---

[56] DEL NERO, Conversão substancial do negócio jurídico, op. cit., p. 352.
[57] Referimo-nos à revisão de contratos civis e empresariais.
[58] Recorde-se a crítica de Cesare Grassetti, no sentido de que a acepção ampla do princípio da conservação "não parece verdadeiramente idônea nem, ao menos, para reconduzir à unidade a complexa fenomenologia que se limita a descrever." (GRASSETTI, Conservazione (Principio di), op. cit., p. 176). A posição de Grassetti parece corroborada pelo fato de a maior parte dos autores limitar-se a arrolar as figuras de um dado ordenamento reconduzíveis ao princípio da conservação, porventura segregando-as em grupos menores (consoante, *v.g.*, a atuação nos planos da existência, validade ou eficácia), porém sem verdadeira preocupação de sistematização. Sistematização esta, a bem da verdade, desnecessária, como afir-

com outros meios tendentes à conservação reconhecidos no direito brasileiro. A regra da invalidade parcial (*utile per inutile non vitiatur*) mencionada por certa doutrina[59], por exemplo, não parece guardar paralelo com a questão da excessiva onerosidade superveniente.

Note-se a presença de uma *significativa particularidade* do meio conservativo previsto no art. 479 do Código Civil em relação à maior parte das outras figuras tradicionalmente relacionadas ao princípio da conservação: nele, a manutenção demanda a *modificação do conteúdo* de uma determinada relação contratual em curso. Ao contrário, na maior parte dos demais meios conducentes à conservação (i) o conteúdo negocial não sofre qualquer alteração (*v.g.*, na conservação interpretativa, na conversão substancial e na confirmação dos negócios anuláveis etc.), (ii) há mera correção ou ajuste de valores (*v.g.*, na ação estimatória, na restituição de parte do preço em caso de evicção parcial e na correção do valor da prestação do art. 317), ou (iii) há a redução do conteúdo negocial, seja por conta da adaptação ou da substituição de cláusula tida por inválida (*v.g.*, a redução da cláusula penal e a redução da taxa de juros ao máximo permitido em lei), seja por meio da separação e da preservação da parte válida do conteúdo (art. 184 do Código Civil).

Nesse quadro, a modificação equitativa (revisão) tem, ao menos potencialmente, aptidão para causar impacto mais significativo no programa contratual, o que suscita, no mínimo, maior cautela ao propor a sua extensão a casos não expressamente previstos em lei.[60] Dito de outro modo, a afirmação de um princípio geral da *conservação* dos negócios jurídicos, com a qual a unanimidade dos autores parece concordar, não

---

ma Pietro Maria Putti: "O escopo da pesquisa é, antes, o de fixar um caráter fisionômico do nosso ordenamento e enuclear um princípio de direito 'geral', para cuja prova de existência se recorre a uma multiplicidade de fenômenos diversos entre si, uma vez que tal princípio não resulta posto por nenhuma norma jurídica específica e positiva." (PUTTI, Pietro Maria. La nullità parziale: diritto interno e comunitario. Napoli: Edizioni Scientifiche Italiane, 2002, p. 189).

[59] SCHREIBER, Equilíbrio contratual e dever de renegociar, op. cit., p. 257.

[60] Em sentido semelhante, notando que a maior parte dos mecanismos de manutenção da relação contratual dispostos em lei não impõem o agravamento do ônus econômico da contraparte: DELFINI, Francesco. Autonomia privata e rischio contrattuale. Milano: Giuffrè, 1990, p. 392-393; AMBROSOLI, Matteo. La sopravvenienza contrattuale. Milano: Giuffrè, 2002, p. 432.

permite deduzir um princípio geral da *revisão* dos contratos[61], como alguns parecem sustentar.[62]

Dada a heterogeneidade dos meios – dos quais poucos se equiparam ao 479, em termos de intensidade da intervenção na autonomia privada –, não há como invocar a *conservação* para multiplicar os casos de *revisão*. A revisão não somente promove a conservação, como interfere na autonomia privada. Evoca-se, aqui, a colisão de princípios ou "fratura intra-sistemática" de que fala Menezes Cordeiro, aludindo à oposição entre autonomia privada e boa-fé verificada no campo da alteração das circunstâncias.[63]

Não há, em suma, um princípio geral da revisão dos contratos no direito positivo brasileiro. Como já se afirmou, a despeito de "todas essas hipóteses legais concretizadoras do equilíbrio contratual, não há um princípio geral de modificabilidade do contrato com causa no desequilíbrio".[64]

---

[61] Com razão, Luis Renato Ferreira da Silva, ao observar que "a revisão deve consistir na excepcionalidade. A sua utilização deve pressupor, necessariamente, que surgiu uma causa (no sentido de razão jurídica) suficiente para autorizar a intervenção judicial. Não há um princípio revisional, do contrário a lógica contratual fundada na vinculatividade dos pactos estaria subvertida." (SILVA, Revisão de contratos no Código Civil, op. cit., p. 384).

[62] Também por essa razão não podemos concordar com a seguinte assertiva de Luiz Philipe Tavares de Azevedo Cardoso: "Não se pode mais dizer, diante de todos os dispositivos legais que consagram a revisão, que a revisão contratual não é admitida no direito brasileiro. Não se pode dizer também, diante do princípio da conservação dos negócios jurídicos, que as disposições legais sobre revisão seriam taxativas. Ora, se a revisão é regra, vale dizer, se o princípio diretor manda que se revise e que se conserve o contrato, não se pode interpretar as disposições legais como taxativas. Se a regra fosse a resolução, aí sim faria sentido interpretar as disposições legais de revisão como taxativas, uma vez que elas seriam exceções à regra. Mas não são. Exceção, diante do princípio da conservação dos negócios jurídicos, é a resolução. E por isso ela vem expressa no art. 478. Não há somente um fundamento legal para a revisão. Há um todo, um conjunto que a fundamenta, formado por todas as disposições legais que a autorizam expressamente, e pelo princípio dogmático da conservação dos negócios jurídicos, que ilumina as disposições expressas, mas não se limita a elas, extravasando por todo o ordenamento." (CARDOSO, A onerosidade excessiva no direito civil brasileiro, op. cit., p. 176).

[63] MENEZES CORDEIRO, António. Da boa fé no direito civil. Coimbra: Almedina, 2015, p. 1111. Note-se, contudo, que o Código Civil brasileiro, como o italiano, não alude expressamente à boa-fé no regular a excessiva onerosidade superveniente, diferentemente do art. 437º, 1 do Código Civil português.

[64] MARTINS-COSTA, Judith. A boa-fé no direito privado: critérios para a sua aplicação. São Paulo: Marcial Pons, 2015, p. 594.

Note-se, por fim, que eventual extensão do remédio revisional prescrito no art. 479 poderia realizar-se de diversos modos. Poder-se-ia permitir que o devedor pleiteasse a modificação equitativa da relação contratual, cuja eficácia, contudo, ficaria na dependência da aceitação do credor (solução, diga-se de passagem, pouco ou nada eficaz do ponto de vista prático). Uma alternativa seria impor às partes uma tentativa prévia de renegociação, cujo insucesso poderia, conforme o caso, levar à sanção da parte a quem se imputasse a frustração das tratativas. Imaginável, ainda, conceder ao devedor o poder de pleitear judicialmente a revisão contratual, cabendo ao juiz determinar a modificação julgada conveniente, sem que o credor a ela pudesse se opor. Uma quarta possibilidade, por fim, seria atribuir ao devedor um direito potestativo independente de exercício judicial, tendo por objeto a modificação dos termos do contrato. Nessa hipótese, o credor ficaria adstrito à modificação determinada, cabendo-lhe apenas questionar em juízo a sua equidade. Tais possibilidades poderiam ser combinadas com outras tantas, atinentes à iniciativa revisional do credor.

Além de metodologicamente injustificável, o afastamento da solução legal conduziria, portanto, à consagração de um mecanismo revisional com contornos indefinidos[65], sujeito às preferências volúveis de cada intérprete ou julgador travestido de legislador, sacrificando, por completo, as exigências basilares de segurança e de previsibilidade. Também por essa razão, não se mostra adequada a extensão dos casos de revisão com apoio na exigência geral de conservação dos negócios jurídicos.

4. Equilíbrio Econômico, Função Social do Contrato e Boa-fé

Conquanto sem a ênfase atribuída ao princípio da conservação, outros princípios têm sido invocados para fundamentar a extensão do remédio revisional ao devedor.

Em primeiro lugar, tem sido referido, como é natural, o princípio do equilíbrio econômico, via de regra associado aos princípios da função social e da boa-fé, com os quais compõe o conjunto daqueles que se convencionou denominar "novos" princípios do direito contratual.[66]

---

[65] Note-se que os defensores da extensão do remédio revisional usualmente não enfrentam as múltiplas possibilidades de concretização da proposta de modificação legislativa.
[66] JUNQUEIRA DE AZEVEDO, Antonio. Os princípios do atual direito contratual e a desregulamentação do mercado. Direito de exclusividade nas relações contratuais de forneci-

A terminologia é oscilante, aludindo-se também à proporcionalidade, à equivalência, ao sinalagma e à justiça contratual. Prefere-se a expressão "equilíbrio econômico", por ser mais representativa do conteúdo que se pretende emprestar à fórmula em questão. No tocante à locução "equilíbrio contratual", recentemente prestigiada em monografia devotada ao tema[67], observa-se certa ambiguidade. Com efeito, o desequilíbrio contratual *lato sensu* pode derivar de desigual atribuição de posições jurídicas entre as partes contratantes ou, a despeito do equilíbrio de direitos e obrigações oriundos do contrato, advir de desigual expressão econômica das prestações dos figurantes. Parece oportuno, assim, reservar a expressão "equilíbrio contratual" (*stricto sensu*) à primeira hipótese, designando a segunda por "equilíbrio econômico".[68] Os casos de desigual atribuição de posições jurídicas são tutelados por meio de outras figuras (*v.g.*, a proibição das cláusulas abusivas, tomadas em sentido próprio e, notadamente, pelo princípio da boa-fé, em sua função corretiva).[69]

Ocorre que, diversamente da função social e da boa-fé, o princípio do equilíbrio econômico não encontra previsão expressa no direito positivo brasileiro. O caminho para a sua construção é a *indução* a partir de algumas figuras, designadamente a lesão e a excessiva onerosidade superveniente.[70,71]

---

mento. Função social do contrato e responsabilidade aquiliana do terceiro que contribui para inadimplemento contratual. In: _____. Estudos e pareceres de direito privado. São Paulo, Saraiva, 2004, p. 137-147, aqui p. 140.

[67] SCHREIBER, Equilíbrio contratual e dever de renegociar, op. cit.

[68] Anderson Schreiber também reconhece que o importante para o princípio "não são as situações jurídicas em si, mas as suas consequências econômicas" (SCHREIBER, Equilíbrio contratual e dever de renegociar, op. cit., p. 55; grifos do autor).

[69] Vide, por todos, MARTINS-COSTA, A boa-fé no direito privado, op. cit., p. 567 ss.

[70] Diferentemente do princípio da conservação, fundado no "valor social da livre iniciativa" (arts. 1º, inciso IV, e 170, *caput*, da Constituição da República), não nos parece consistente deduzir o princípio do equilíbrio econômico a partir dos valores constitucionais da dignidade humana, solidariedade social e igualdade, como o faz Anderson Schreiber (SCHREIBER, Equilíbrio contratual e dever de renegociar, op. cit., p. 50).

[71] Essa distinção parece ter sido considerada por Antonio Junqueira de Azevedo, ao aludir à boa-fé e à função social como "princípios normativos" e referir-se ao equilíbrio econômico como "princípio interpretativo" (JUNQUEIRA DE AZEVEDO, Antonio. Banco e fundo garantidor de crédito. Seguro, Invalidade de cláusula de sub-rogação. Cessão de crédito exi-

A origem do princípio do equilíbrio econômico em nosso sistema assinala também os seus *limites*. Como já se afirmou, "não há um princípio do equilíbrio com caráter geral, mas há institutos que preveem soluções para situações pontuais de desequilíbrio. Sendo o princípio do equilíbrio inexpresso com *caráter geral* no Código Civil – e, portanto, deduzido de um conjunto de regras e de institutos contidos naquele Código – parece incontroverso estarem o seu sentido e os seus limites orientados por aquelas mesmas regras e institutos".[72]

Não se revela apropriado, nesse contexto, recorrer ao princípio do equilíbrio econômico com o escopo de alterar a fisionomia de uma das duas principais figuras que, justamente, servem de base à indução do próprio princípio. Dito de outro modo, resolver um contrato cuja prestação se tornou excessivamente onerosa também é um modo de tutelar o equilíbrio econômico.

Já se afirmou, ainda, que "o mercado tem interesse na manutenção dos acordos, e sua conservação mediante simples revisão atende a esse interesse social e à função social do contrato, que é um dos princípios do nosso sistema".[73] A utilidade social do contrato reforçaria, assim, "o caráter excepcional da resolução".[74]

Essa referência vaga à função social do contrato acaba, quando muito, sendo um "duplo" do princípio da conservação, já analisado.[75] Não se presta, assim, a fundamentar a pretendida modificação da solução legislativa em matéria de excessiva onerosidade superveniente.

Acrescente-se que a problemática da revisão contratual não integra a fenomenologia usualmente reconduzida ao princípio da função social. Como cediço, a doutrina divide-se entre os partidários de uma exclusiva eficácia externa, ou *ultra partes*, do princípio, e os que, ao lado desta,

---

gida para realizar ato devido. In: _____. Novos estudos e pareceres de direito privado. São Paulo, Saraiva, 2009, p. 271-285, aqui p. 278).

[72] Martins-Costa, A boa-fé no direito privado, op. cit., p. 594.

[73] Aguiar Júnior, Comentários ao Novo Código Civil, op. cit., p. 926. Vide, ainda: Martins-Costa, Judith. A revisão dos contratos no Código Civil brasileiro. Roma e America: diritto romano comune. Modena, n. 16, p. 135-172, 2003, aqui p. 160; Nery Junior, Nelson; Nery, Rosa Maria de Andrade. Código Civil Comentado. 5. ed. São Paulo: RT, 2007, p. 544; Rosenvald, Comentário ao art. 479, op. cit., p. 521; Speziali, Paulo Roberto. Revisão contratual. Belo Horizonte: Del Rey, 2002, p. 193-194.

[74] Schreiber, Equilíbrio contratual e dever de renegociar, p. 258.

[75] Cf. o item 3 *supra*.

conferem-lhe eficácia interna, ou *inter partes*. Os primeiros, naturalmente, deixam a excessiva onerosidade superveniente fora do campo de atuação da função social.[76-77] Mas os integrantes do segundo grupo tampouco inserem a revisão contratual no rol das figuras concretas fundadas na função social.[78]

Note-se, ainda, que a resolução do contrato (ineficácia superveniente) é uma das sanções aplicáveis aos casos de ausência ou desaparição da função social. Recorde-se, a título exemplificativo, ser esta a "consequência natural" da frustração do fim do contrato[79], hipótese que relevante doutrina propôs reconduzir ao campo de aplicação do art. 421 do Código Civil.[80]

---

[76] É o que se deduz da límpida exposição de Calixto Salomão Filho, naquela que permanece a mais articulada contribuição para a fundamentação da eficácia externa do princípio da função social de que temos conhecimento: "A *fattispecie* de aplicação do princípio da função social do contrato deve ser considerada caracterizada sempre que o contrato puder afetar de alguma forma interesses institucionais externos a ele. Não se caracteriza, portanto, a *fattispecie* nas relações contratuais internas (*i.e.*, entre as partes do contrato). E por duas razões. Em primeiro lugar pela própria ligação histórica e de essência da expressão aos interesses institucionais, que, como visto, não se confundem com os individuais. Em segundo porque uma aplicação da expressão às partes contratantes levaria a tentativas assistemáticas e difusas de reequilíbrio contratual. A tarefa de reequilíbrio contratual já está bem atribuída a princípios com a boa-fé objetiva (art. 422 do novo CC) e cláusula *rebus sic stantibus*. Andar além disso não é possível, ao menos em base casuística." (SALOMÃO FILHO, Calixto. Função social do contrato: primeiras anotações. Revista dos Tribunais, São Paulo, n. 823, p. 67-86, maio 2004, aqui p. 84).

[77] Essa também parece ser a compreensão de Miguel Reale, a quem se deve a introdução do art. 421 do Código Civil: "Como se vê, a atribuição de função social ao contrato não vem impedir que as pessoas naturais ou jurídicas livremente o concluam, tendo em vista a realização dos mais diversos valores. O que se exige é apenas que o acordo de vontades não se verifique em detrimento da coletividade, mas represente um dos seus meios primordiais de afirmação e desenvolvimento." (REALE, Miguel. História do novo Código Civil. São Paulo: RT, 2005, p. 268).

[78] A revisão contratual não é tratada por exemplo, por: MARTINS-COSTA, Judith. Reflexões sobre o princípio da função social dos contratos. Revista Direito GV, São Paulo, n.1, p. 41-66, maio 2005; GODOY, Cláudio Luiz Bueno de. Função social do contrato. 4. ed. São Paulo: Saraiva, 2012; e HADDAD, Luís Gustavo. Função social do contrato: um ensaio sobre seus usos e sentido. São Paulo: Saraiva, 2013.

[79] COGO, Rodrigo Barreto. A frustração do fim do contrato: o impacto dos fatos supervenientes sobre o programa contratual. Rio de Janeiro: Renovar, 2012, p. 361.

[80] JUNQUEIRA DE AZEVEDO, Antonio. Natureza jurídica do contrato de consórcio (sinalagma indireto). Onerosidade excessiva em contrato de consórcio. Resolução parcial do contrato.

A menção à boa-fé também é encontradiça na doutrina que atribui, ao devedor, o poder de modificar equitativamente as bases do contrato, ou então lhe faculta, conforme a orientação, demandar ao juiz a revisão, independentemente da concordância do credor.[81-82] Ao que tudo indica, das funções tradicionalmente atribuídas à boa-fé objetiva – interpretativa, criativa e corretiva[83] –, a última poderia, em tese, atuar para a proposta extensão do remédio revisional.

A ligação entre os fenômenos não é recente. Muito antes de sua consagração nas três cláusulas gerais[84] do Código de 2002 (arts. 113, 187 e 422), a boa-fé (objetiva) já era apontada como um dos possíveis fundamentos da resolução e revisão dos contratos por conta da alteração das circunstâncias.[85]

---

*In:*_____. Novos estudos e pareceres de direito privado. São Paulo: Saraiva, 2009, p. 345-374, aqui p. 368.
[81] Vide, exemplificativamente: AGUIAR JÚNIOR, Comentários ao Novo Código Civil, op. cit., p. 925-926; MARTINS-COSTA, A revisão dos contratos no Código Civil brasileiro, op. cit., p. 160; NERY JUNIOR & NERY, Código Civil Comentado, op. cit., p. 544; ROSENVALD, Comentário ao art. 479, op. cit., p. 470; POTTER, Revisão e resolução dos contratos no Código Civil, op. cit., p. 201-202; e RODRIGUES JUNIOR, Otavio Luiz. Revisão judicial dos contratos: autonomia da vontade e teoria da imprevisão. 2. ed. São Paulo: Atlas, 2006, p. 163 (este aludindo a um "dever de cooperação para o equilíbrio contratual").
82 Trata-se, as mais das vezes, de rápida alusão conjugada a outros argumentos, não raro acompanhada da proclamação da suposta obviedade do tema, a dispensar maior desenvolvimento (assim em VIEGAS, A revisão judicial dos contratos, op. cit., p. 190).
[83] MARTINS-COSTA, A boa-fé no direito privado, op. cit., p. 42 e *passim*. Vide ainda: MOREIRA ALVES, José Carlos. A boa-fé objetiva no sistema contratual brasileiro. Roma e America: diritto romano comune, Modena, n. 7, p. 187-204, 1999, em especial p. 194 ss.; e JUNQUEIRA DE AZEVEDO, Antonio. Insuficiências, deficiências e desatualização do projeto de Código Civil na questão da boa-fé objetiva nos contratos. Revista dos Tribunais, São Paulo, n. 775, p. 11-17, maio 2000, em especial p. 14-15.
[84] Sobre a noção de cláusula geral e sua aplicação aos dispositivos citados, vide, por todos, MARTINS-COSTA, A boa-fé no direito privado, op. cit., p. 119 ss. e 194.
[85] Arnoldo Medeiros da Fonseca examinou e rejeitou a possibilidade de justificar a teoria da imprevisão a partir do recurso à boa-fé, concluindo: "Fundada a revisão dos contratos na boa-fé, não se tem, na verdade, nenhuma base de orientação segura." Aduziu ser o princípio invocado também pelos anti-revisionistas, para os quais a boa-fé consistiria "em executar, custe o que custar, a obrigação livremente contraída" (FONSECA, Arnoldo Medeiros da. Caso fortuito e teoria da imprevisão. 3. ed. Rio de Janeiro: Forense, 1958, p. 224- 225). A mesma conclusão já se encontrava na primeira edição da obra (FONSECA, Arnoldo Medeiros da. Caso fortuito e teoria da imprevisão. Rio de Janeiro: Typ. do Jornal do Commercio, 1932, p. 156-157). Diversa a posição de Nehemias Gueiros, que, discordando da lição de Medeiros da

A referência à boa-fé, contudo, não parece apta a alcançar o efeito pretendido, mormente no atual cenário. Nesse sentido, Judith Martins-Costa observa que, nos casos de proteção ao equilíbrio contratual regulados pelo Código Civil, "ou é dispensável o chamamento do princípio da boa-fé – já que o princípio do equilíbrio, concretizado em institutos legalmente previstos, tem sua própria operatividade – ou servirá chamá-lo como norma comportamental, pautando a atuação das partes quando da aplicação e/ou renegociação das cláusulas de acomodação do contrato às circunstâncias, recaindo na esfera da atuação da boa-fé como princípio incidente ao exercício jurídico."[86]

Não se nega que a boa-fé, como parâmetro aferidor do exercício inadmissível das posições jurídicas *ex* art. 187 do Código Civil, possa desempenhar relevante papel no controle de eventuais abusos das partes, seja em relação ao exercício do poder resolutório por parte do devedor da prestação tornada excessivamente onerosa, seja no tocante ao exercício do poder modificativo conferido ao credor destinatário da mesma prestação. Mas essa função nada tem a ver com a extensão do remédio revisional propugnada pela doutrina brasileira majoritária.

É de evitar a indevida sobreposição de princípios, geradora de perda de clareza em relação ao campo de cada qual.[87] Mesmo no direito português, em que, diversamente do nosso, a boa-fé é expressamente mencionada como parâmetro para determinar a inexigibilidade da prestação excessivamente onerosa (art. 437º, 1 do Código Civil português), há quem julgue a referência desprovida de utilidade.[88]

Fonseca, sustentou: "É precisamente a boa fé que inspira a revisão do contrato, e não a sua manutenção – quando as circunstâncias se modificaram profundamente – pela razão de que, a vontade contratual, como existiu no momento da formação do vínculo, não se teria dirigido no mesmo sentido, acaso pudessem ser previstas as alterações posteriormente advindas à economia do negócio. Para que os contratos sejam executados de boa fé, é preciso que eles sejam entendidos rebus sic stantibus." (GUEIROS, Nehemias. A justiça comutativa no direito das obrigações. Recife, 1940. Tese (Cátedra de Direito Civil). Faculdade de Direito do Recife, p. 83).

[86] MARTINS-COSTA, A boa-fé no direito privado, op. cit., p. 607.

[87] Por essa razão, um dos mais conscientes defensores da ampliação da revisão contratual afasta a boa-fé como seu fundamento (SCHREIBER, Equilíbrio contratual e dever de renegociar, op. cit., p. 54).

[88] ASCENSÃO, Alteração das circunstâncias, op. cit., p. 111.

Em síntese, a menção aos princípios do equilíbrio econômico, função social e boa-fé revela-se incapaz de justificar a pretendida alteração da regra expressa nos arts. 478 e 479 do Código Civil, funcionando antes como mero reforço retórico de outros argumentos.

5. Isonomia Entre Credor e Devedor

Sob diversa perspectiva, alude-se à necessidade de conferir tratamento paritário aos figurantes da relação contratual. Permitir que somente o credor possa optar pela modificação equitativa do contrato equivaleria a consagrar um privilégio iníquo[89], uma "inadequada supremacia de uma das partes"[90], geradora de "inconstitucional quebra de isonomia".[91] Não haveria, diz-se, razão a justificar o "tratamento discriminatório do onerado"[92].

Neste sentido, afirma-se que "credor e devedor devem necessariamente figurar em posição de igualdade frente aos benefícios da teoria, desde que demonstrem o legítimo interesse (a comprovação de que a onerosidade excessiva está a lhes causar prejuízos ou a tornar insuportável a permanência da execução do contrato). Razão disso é a natureza do sinalagma e o princípio constitucional da isonomia".[93]

O argumento em questão parece apoiar-se em duas premissas: (i) na existência de um princípio da igualdade de posições jurídicas legalmente atribuídas aos contratantes; e (ii) na situação concreta de igualdade entre credor e devedor, frente à prestação tornada excessivamente onerosa. Caberia, pois, aos defensores da extensão do poder revisional, construir e demonstrar a existência e o alcance de tais premissas.

---

[89] POTTER, Revisão e resolução dos contratos no Código Civil, op. cit., p. 174.
[90] GARCIA, Sebastião Carlos. Revisão dos contratos. Revista dos Tribunais, São Paulo, n. 846, p. 51-66, abr. 2006, aqui p. 61.
[91] EHRHARDT JUNIOR, Marcos. Revisão contratual: a busca pelo equilíbrio negocial diante da mudança de circunstâncias. Salvador: Juspodivm, 2008, p. 100. A constitucionalidade da norma também é questionada por MARTINS, A onerosidade excessiva no Código Civil, op. cit., p. 226.
[92] RENNER, Novo direito contratual, op. cit., p. 332.
[93] RODRIGUES JUNIOR, Revisão judicial dos contratos, op. cit., p. 164. Vide ainda Almeida, Juliana Evangelista de. Resolução contratual ou revisão contratual: uma perspectiva à luz da boa-fé objetiva. Belo Horizonte, 2011. Dissertação (Mestrado em Direito Privado). Faculdade Mineira de Direito, Pontifícia Universidade Católica de Minas Gerais, p. 76-77.

Não temos conhecimento, no entanto, de que tal empreitada tenha sido tentada. À míngua dela, partiremos das referidas premissas, genericamente postas.

Não parece haver, *in abstracto*, orientação normativa no sentido de prescrever idênticas posições jurídicas às partes de uma dada relação contratual. Ao contrário, o regime dos contratos típicos caracteriza-se pelo delineamento de direitos e obrigações – ou, mais precisamente, de posições jurídicas ativas e passivas – distintos, conforme o polo da relação. A disparidade está relacionada à natural desigualdade de interesses dos contratantes, sobretudo em se tratando de contratos sinalagmáticos.[94] Adotada a perspectiva da obrigação, tampouco se podem afirmar paritárias as posições tituladas pelo credor e pelo devedor da prestação.[95]

A mesma disparidade se verifica no tocante aos remédios ou meios de tutela de posições contratuais dispostos em lei. Por vezes, atribui-se a uma das partes o *poder* de pôr fim à relação contratual (*v.g.*, anulando-a ou resolvendo-a), conferindo-se à outra, e somente a ela, o *contrapoder* de manter a relação, adaptando-a. É o que se verifica em matéria de *erro* e de *lesão*, outorgando-se a uma só das partes (o destinatário da declaração emitida pelo errante e o credor da prestação cujo valor é desproporcional em relação à contraprestação, respectivamente) o poder de

---

[94] Conquanto o critério dos *interesses contrapostos ou divergentes* – de que nos fala Emilio Betti (Teoria generale del negozio giuridico. 2. ed. Reimpressão corrigida. Napoli: Edizioni Scientifiche Italiane, 1994, p. 305) – não se mostre aplicável a todos os contratos, parece suficientemente apto a caracterizar os sinalagmáticos.

[95] A lei é pródiga em situações nas quais o tratamento dispensado ao devedor não é idêntico àquele dispensado ao credor. Poder-se-iam mencionar, sem pretensão sistemática e com o único intuito de ilustrar a afirmação, as seguintes normas contidas no Código Civil: os arts. 234, *primeira parte*, 238 e 246, ao alocarem a uma só das partes o risco associado à perda ou deterioração da coisa não-imputável a nenhuma delas, mesmo quando estivesse na posse da outra parte (caso do art. 238); o art. 252, ao atribuir ao devedor a escolha nas obrigações alternativas; as hipóteses legais de solidariedade, nas quais se atribui, conforme o caso, posição de vantagem ao credor ou ao devedor; o art. 309, ao considerar eficaz o pagamento feito ao credor putativo; o art. 327, ao fixar a regra do pagamento no domicílio do devedor; o art. 416, ao dispensar o credor da multa contratual de alegar e provar prejuízo; o art. 494, ao alocar ao credor da coisa vendida o risco do transporte; e o art. 581, ao atribuir ao comodante o poder de suspender o uso e gozo da coisa emprestada antes do término do prazo convencionado.

evitar a anulação do negócio jurídico (arts. 144[96] e 157, §2º[97] do Código Civil).[98]

Outras vezes, os poderes extintivo e conservativo (modificativo) são titulados *pela mesma parte*, que pode optar pelo exercício de um ou de outro. É o que ocorre em tema de *vícios redibitórios*, cabendo ao adquirente (credor da coisa defeituosa), e somente a ele, os poderes alternativos de redibir o contrato ou obter o abatimento do preço, mantendo a avença (art. 442 do Código Civil[99]). Também no regime da *evicção parcial*, a lei atribui apenas ao credor da coisa evicta os poderes extintivo e modificativo (mediante "restituição da parte do preço correspondente ao desfalque sofrido") da relação contratual. Configuração semelhante pode ser encontrada na disciplina de certos tipos contratuais. Na *empreitada*, apenas o dono da obra é titular dos poderes extintivo e modificativo (abatimento de preço) do contrato em caso de obra realizada em desacordo com o contrato ou as normas técnicas (art. 615, *segunda parte*[100], e 616 do Código Civil[101]). No *seguro*, são conferidos apenas ao segurado os poderes extintivo e modificativo ("revisão do prêmio") do contrato no caso de diminuição superveniente e considerável do risco segurado (art. 770 do Código Civil[102]).

Como parece evidente, em nenhum dos casos acima referidos haverá igualdade de tratamento entre as partes contratantes, no sentido pro-

---

[96] "Art. 144. O erro não prejudica a validade do negócio jurídico quando a pessoa, a quem a manifestação de vontade se dirige, se oferecer para executá-la na conformidade da vontade real do manifestante."
[97] "[...] §2º Não se decretará a anulação do negócio, se for oferecido suplemento suficiente, ou se a parte favorecida concordar com a redução do proveito."
[98] Registre-se, contudo, a posição, de parte da doutrina, no sentido de propor a extensão, ao devedor, do poder modificativo previsto no art. 157, §2º do Código Civil.
[99] "Art. 442. Em vez de rejeitar a coisa, redibindo o contrato (art. 441), pode o adquirente reclamar abatimento no preço."
[100] "Art. 615. Concluída a obra de acordo com o ajuste, ou o costume do lugar, o dono é obrigado a recebê-la. Poderá, porém, rejeitá-la, se o empreiteiro se afastou das instruções recebidas e dos planos dados, ou das regras técnicas em trabalhos de tal natureza."
[101] "Art. 616. No caso da segunda parte do artigo antecedente, pode quem encomendou a obra, em vez de enjeitá-la, recebê-la com abatimento no preço."
[102] "Art. 770. Salvo disposição em contrário, a diminuição do risco no curso do contrato não acarreta a redução do prêmio estipulado; mas, se a redução do risco for considerável, o segurado poderá exigir a revisão do prêmio, ou a resolução do contrato."

pugnado pela doutrina inicialmente referida, dado que uma delas estará necessariamente submetida à deliberação da outra quanto à eventual manutenção da relação contratual.

Retornando à discussão dos arts. 478 e 479 do Código Civil, no primeiro dispositivo a lei atribui ao devedor confrontado com o agravamento do custo de sua prestação, excessivo em relação à álea normal do contrato, o *poder de resolver* a relação contratual, liberando-se da obrigação assumida. A resolução contratual (com seu efeito liberatório) é, portanto, o remédio legal de tutela do devedor contra a excessiva onerosidade da prestação a seu cargo. Frente a esse *poder extintivo*, unicamente atribuído ao devedor, a lei outorga ao credor, e somente a ele, um *contrapoder*, de natureza modificativa, permitindo-lhe evitar a extinção do vínculo, desde que o reconduza à equidade.

A disparidade de remédios atribuídos aos contratantes – poder extintivo do devedor e poder modificativo do credor – não chega a surpreender, diante das diversas hipóteses em que tais poderes são atribuídos a partes distintas ou até mesmo cumulados na titularidade do mesmo contratante (o que poderia soar ainda menos isonômico), como visto acima.

Mas a opção legislativa parece justificável. A modificação equitativa da relação contratual terá sentidos e efeitos distintos para as partes. Para o devedor da prestação tornada excessivamente onerosa, o reequilíbrio significará a atribuição de uma *vantagem econômica* – seja por meio da redução de sua prestação, do incremento da contraprestação, da extensão de prazo para o adimplemento, da alteração benéfica do local ou da forma da prestação, dentre outras possíveis adaptações –, necessária para reconduzir a prestação ao álveo da álea normal.[103] Para o credor, em contrapartida, o reequilíbrio implicará, ao menos tendencialmente[104], a

---

[103] Poder-se-ia argumentar que a situação contratual pós-modificação equitativa também acarreta um ônus econômico adicional ao devedor, se comparados o custo final de sua prestação e aquele projetado no momento da contratação. Esse acréscimo, não tem por causa a modificação equitativa do contrato, mas sim um fato jurídico anterior e logicamente distinto, correspondente à própria alteração das circunstâncias.

[104] Ainda que, do ponto de vista econômico, possa vislumbrar-se hipótese de neutralidade da modificação contratual para o credor, parece difícil negar que a tendência seja aquela apontada no texto, o que parece suficiente, a nosso ver, para justificar a regra geral estatuída no Código Civil.

assunção de um ônus econômico adicional[105] em relação ao programa contratual originário.[106]

A dinâmica da lei explica-se, pois, a partir da *desigualdade* da posição das partes frente à manutenção do contrato cuja prestação foi afetada pela excessiva onerosidade superveniente.

Em suma, a alusão à necessidade de tratar igualmente credor e devedor não se presta a fundar a extensão, ao devedor ou ao juiz, do poder revisional conferido ao credor *ex* art. 479 do Código Civil. Pelo contrário, se se quiser raciocinar em termos de isonomia, ela estará atendida pela atribuição desigual de poderes jurídicos a partes com posições jurídicas desiguais.

Atentos a essa realidade, os adeptos da corrente expansionista poderiam, em tese, articular argumento construído em torno do *favor debitoris*[107], a cuja atuação já se atribuiu a admissão doutrinária da teoria da imprevisão quando esta não era acolhida expressamente pela lei.[108]

Não julgamos, no entanto, assistir melhor sorte a esta eventual fundamentação. Ainda que se qualifique o *favor debitoris* como princípio geral do direito no campo das obrigações[109], ele atuaria na interpretação e

---

[105] Este efeito econômico da oferta para o credor também está presente, ainda que por vezes de forma difusa, na doutrina italiana que contribuiu para a construção dogmática da figura. Redenti já via, na "assunção, pelo réu, de uma maior carga (peso) de obrigações ou de prestações", a *essência da oferta* (REDENTI, Enrico. L'offerta di riduzione ad equità. Rivista trimestrale di diritto e procedura civile, Milano, n. 1 (4), p. 576-583, dez. 1947, aqui p. 579).

[106] Em sentido semelhante, Francesco Delfini, após expor a dinâmica do art. 1.467 do *Codice*, ressaltando a impossibilidade de o devedor pleitear a manutenção do contrato: "Tal cautela é compreensível, na sistemática do código, pois se trata de *elevar* a prestação de uma das partes, ainda que para reequilibrar a relação sinalagmática, e não já de *reduzir* a prestação originariamente pactuada." (DELFINI, Autonomia privata e rischio contrattuale, op. cit., p. 392).

[107] Esse argumento não foi desenvolvido, de forma sistemática, nos autores consultados.

[108] MOREIRA ALVES, José Carlos. As normas de proteção ao devedor e o favor debitoris – do Direito Romano ao Direito Latino-Americano. Notícia do Direito Brasileiro: nova série, Brasília, n. 3, p. 109-165, 1º semestre de 1997, aqui p. 165.

[109] Para uma percuciente análise crítica dessa possibilidade no direito espanhol, confira-se VIDE, Carlos Rogel. Favor debitoris: análisis crítico. Buenos Aires: Zavalia; Bogotá: Temis; Cidade do México: UBIJUS; Madrid: Reus, 2010, pp. 127-138 e *passim*.

no preenchimento de lacunas[110], inexistindo, nos arts. 478 e 479, dúvida interpretativa ou omissão[111] a ser sanada.

Ademais, o *favor libertatis* – apontado como fundamento último do *favor debitoris* –, consistente em assegurar, ao devedor, que a limitação de sua esfera de liberdade, oriunda do vínculo obrigacional, seja a menos gravosa possível,[112] parece plenamente atendido com a atribuição do poder de resolver o contrato, cujo exercício levará à liberação do devedor.

6. Argumento *a maiore ad minus*

A doutrina alusiva ao poder do devedor de modificar o contrato também faz uso do argumento *a maiore ad minus*, ao sustentar que, "dispondo a lei sobre a ação de resolução a ser utilizada pelo agravado, que seria o mais, com a extinção do contrato, nem por isso proibiu o menos, que é a simples modificação, o que permite a continuidade da relação."[113]

A alegação parece equivocada, pois resolução e revisão contratual não se distinguem sob o prisma quantitativo, mas *qualitativo*. Manter um contrato, modificado em suas bases, é algo profundamente distinto (*aliud*) de resolvê-lo, e não um *minus* em relação à resolução.

À base do argumento pelo qual "quem pode o mais (resolver), pode o menos (rever)", parece estar a percepção de que a resolução representaria, por assim dizer, uma intervenção mais grave na autonomia privada, se comparada à revisão.[114] A despeito da dificuldade de posicionar, em abstrato, a resolução e a revisão em uma espécie de escala gradativa de atentados à vontade das partes, a visão oposta parece perfeitamente

---

[110] Ibid., p. 164.

[111] Em sentido contrário, opina pela existência de omissão no art. 478 do Código Civil, dentre outros, Dias, Onerosidade excessiva e revisão contratual no direito privado brasileiro, op. cit., p. 439 e 442.

[112] Moreira Alves, As normas de proteção ao devedor e o favor debitoris, op. cit., p. 161.

[113] Aguiar Júnior, Comentários ao Novo Código Civil, op. cit., p. 917 e 926. Vide ainda: Cunha, Revisão judicial dos contratos, op. cit., p. 220 (para quem "aquele que pode fazer o mais, ou seja, pedir a resolução, pode fazer o menos, isto é, pedir a revisão do contrato"); Schreiber, Equilíbrio contratual e dever de renegociar, op. cit., p. 254; Nasser, Onerosidade excessiva no contrato civil, op. cit., p. 128; e Dias, Onerosidade excessiva e revisão contratual no direito privado brasileiro, op. cit., p. 441.

[114] Anderson Schreiber afirma exprimir a resolução, "sob certo prisma, a maior agressão possível à vontade das partes" (Schreiber, Equilíbrio contratual e dever de renegociar, op. cit., p. 251).

sustentável.[115] A extinção da relação contratual gravemente desequilibrada por acontecimento superveniente, extraordinário e imprevisível, parece respeitar a intenção dos contratantes, que não somente não previram o evento (ou ao menos as suas consequências), como não pactuaram regras expressas de alocação de riscos que pudessem solucionar o conflito. Já a modificação, conquanto equitativa, corresponderá necessariamente a uma alteração não planejada na economia contratual.

A advertência sobre o fato de que a modificação do contrato é *tão grave* quanto a sua extinção, aliás, já foi feita por René Demogue em 1907.[116] Ainda que porventura se questione tal modo de ver, ao menos será o caso de reconhecer a impossibilidade de estabelecer, *a priori*, qual das soluções representaria a colisão mais direta com a autonomia privada.[117]

A demonstrar o desacerto do argumento em exame, vários dos partidários da extensão do remédio revisional ao devedor reconhecem a superioridade da resolução quando as circunstâncias tornarem irrazoável ou desproporcional a manutenção do contrato.[118] Fosse a revisão algo

---

[115] Chamando a atenção para o fato de que "revisar um contrato pode ser mais ofensivo do que resolvê-lo", NITSCHKE, Revisão, resolução, reindexação, renegociação, *op. cit.*, p. 150.

[116] "Mas, a vontade modificativa do contrato não é menos grave do que a vontade destrutiva do contrato." (DEMOGUE, René. Des modifications aux contrats par volonté unilatérale. Paris: Dalloz, 2013, p. 3). Trata-se da republicação de um artigo originalmente divulgado na Revue trimestrielle de droit civil n. 2, de 1907.

[117] É a observação de Antônio Pedro Medeiros Dias, para quem a "análise da melhor solução [resolução ou revisão] dependerá, portanto, do caso concreto e das circunstâncias que o envolvem" (DIAS, Antônio Pedro Medeiros. Revisão e resolução do contrato por excessiva onerosidade. Belo Horizonte: Fórum, 2017, p. 140).

[118] Nesse ponto, as fórmulas empregadas variam. Ruy Rosado de Aguiar Junior considera a extinção do contrato admissível "quando a situação não pode ser superada com a revisão das cláusulas", aduzindo ser este o caso quando houver quebra da base do negócio ou frustração do fim do contrato (AGUIAR JÚNIOR, Extinção dos contratos por incumprimento do devedor, op. cit., p. 151-153). Adere a esta posição: CORDEIRO, Da revisão dos contratos, op. cit., p. 258-259. A seu turno, Laura Coradini Frantz defende que a resolução "será aplicada aos casos em que não seja exigível impor a uma das partes os riscos da superveniência, quando não seja possível realizar-se uma redistribuição dos riscos, alterados com a modificação das circunstâncias, ou, ainda, quando não estejam envolvidas prestações pecuniárias." (FRANTZ, Revisão dos contratos, op. cit., p. 181). Após justificar a admissibilidade do pleito revisional do devedor, Araken de Assis observa, sem desenvolver a ideia: "Mas convém recordar que a eficácia da coisa julgada, na hipótese aventada, não obsta ao outro figurante, mostrando-se desconfortável com as novas condições, o caminho da denúncia do pacto (art. 473, *caput*)." (ASSIS, Comentários ao Código Civil brasileiro, op. cit., p. 729). Rafael Renner também

menor do que a resolução, essa limitação à prioridade da modificação equitativa não se justificaria.

7. Regime de Certos Contratos Típicos

A generalização da revisão do contrato é postulada, ainda, com base nos casos especiais de revisão previstos no Código Civil e nas leis esparsas. Além do já examinado art. 317, os principais dispositivos citados[119] são os arts. 442, 620[120] e 770 do Código Civil e o art. 19 da Lei de Locações.[121]

A referência ao art. 442 não corrobora a tese em exame. E isso, em primeiro lugar, pela própria natureza dos vícios redibitórios, sobre a qual paira notória controvérsia.[122] Ainda que não se pretenda subsumi-los ao espectro do adimplemento imperfeito,[123] sobretudo por conta da

---

mitiga a primazia da revisão: "Nada impede, da mesma forma que, solicitada a revisão, a outra parte se oponha, desde que demonstre a impossibilidade de manutenção do negócio, tendo em vista os prejuízos que possam advir da sua manutenção, mesmo que em novas bases de equivalência." (RENNER, Novo direito contratual, op. cit., p. 332-333). Para Humberto Theodoro Junior, no tocante à oferta prevista no art. 157, §2º do Código Civil, o limite para a aceitação da revisão seria o comprometimento do fim contratual (THEODORO JUNIOR, Humberto. Comentários ao Novo Código Civil: volume III, tomo I, dos fatos jurídicos: do negócio jurídico, arts. 138 a 184. 2. ed. Rio de Janeiro: Forense, 2003, p. 238 [Coleção Comentários ao Novo Código Civil, coordenada por Sálvio de Figueiredo Teixeira]). No mesmo sentido, CARDOSO, Revisão contratual e lesão à luz do Código Civil, op. cit., p. 422.

[119] Anderson Schreiber limita-se a tecer breves comentários sobre tais dispositivos (SCHREIBER, Equilíbrio contratual e dever de renegociar, op. cit., p. 247 e 249). Maior desenvolvimento em CARDOSO, A onerosidade excessiva no direito civil brasileiro, p. 168 ss.

[120] "Art. 620. Se ocorrer diminuição no preço do material ou da mão-de-obra superior a um décimo do preço global convencionado, poderá este ser revisto, a pedido do dono da obra, para que se lhe assegure a diferença apurada."

[121] "Art. 19. Não havendo acordo, o locador ou o locatário, após três anos de vigência do contrato ou do acordo anteriormente realizado, poderão pedir revisão judicial do aluguel, a fim de ajustá-lo ao preço de mercado."

[122] Uma boa exposição das diversas teorias pode ser encontrada em: GUIMARÃES, Paulo Jorge Scartezzini. Vícios do produto e do serviço por qualidade, quantidade e insegurança: cumprimento imperfeito do contrato. São Paulo: RT, 2004, p. 134-172.

[123] Como se sabe, a figura do adimplemento imperfeito ou defeituoso, como *tertium genus* ao lado do inadimplemento definitivo e da mora, ainda é relativamente pouco explorada na doutrina nacional. A falta de disciplina legal expressa e a conceituação legal ampla da mora contribuem para a indefinição dos seus contornos. Merece destaque a tentativa de construção de uma terceira via de inadimplemento calcada na violação positiva do contrato, levada a cabo em: SILVA, Jorge Cesa Ferreira da. A boa-fé e a violação positiva do contrato. Rio de Janeiro: Renovar, 2002, p. 230 ss. e *passim*.

especificidade e diversidade de regime dos vícios no direito brasileiro,[124] há suficiente proximidade da figura com o inadimplemento da prestação de dar.[125] Sob esta ótica, não parece haver paralelo possível entre os vícios redibitórios e o desequilíbrio econômico superveniente. Não há naqueles, em suma, alteração subsequente das circunstâncias, a desequilibrar a economia contratual.

Digno de nota, ainda, que a pretensão à diminuição da contraprestação, objeto da ação *quanti minoris*, implica mero reajuste de valor, algo mais singelo e restrito do que a revisão prevista no art. 479 do Código Civil.[126] Não se vê, por fim, como a atribuição, ao credor da prestação afetada pelo vício, de uma opção entre redibir o contrato e pleitear a diminuição da contraprestação (usualmente, a redução do preço) possa servir de base para a extensão, ao devedor, do poder revisional conferido ao credor por força do art. 479 do Código Civil.

O art. 620, a seu turno, deve ser inserido no regime mais amplo da superveniência em matéria de empreitada. Diversamente do Código de 1916, cujo art. 1.246[127] negava ao empreiteiro o direito a acréscimo no preço em caso de aumento no custo do material e mão de obra[128], o

---

[124] A recondução dos vícios da coisa ao cumprimento defeituoso é feita, exemplificativamente, por: MARTINEZ, Pedro Romano. Cumprimento defeituoso em especial na compra e venda e na empreitada. Coimbra: Almedina, 2000, p. 459-463; e DÍEZ-PICAZO, Luis. Fundamentos del derecho civil patrimonial: tomo II. 5. ed. Madrid, Civitas, 1996, p. 665-671.

[125] "Em que pese a regulação dissociada e a fixação de consequências em certa medida distintas, pode-se afirmar que, se as garantias legais não compartilham absolutamente da natureza de inadimplemento em sentido lato, pelos menos possuem características que as fazem extremamente próximas às regras sobre o inadimplemento." (SILVA, A boa-fé e a violação positiva do contrato, op. cit., p. 176).

[126] É provavelmente por essa razão que a doutrina não usa qualificar tal diminuição como "revisão", antes aludindo à "redução do preço" ou a "correções", como é o caso de Antonio Junqueira de Azevedo (JUNQUEIRA DE AZEVEDO, Negócio jurídico: existência, validade e eficácia, op. cit., p. 71).

[127] "Art. 1.246. O arquiteto, ou construtor, que, por empreitada, se incumbir de executar uma obra segundo plano aceito por quem a encomenda, não terá direito a exigir acréscimo no preço, ainda que os dos salários, ou o do material, encareça, nem ainda que se altere ou aumente, em relação à planta, a obra ajustada, salvo se se argumentou, ou alterou, por instruções escritas do outro contratante e exibidas pelo empreiteiro."

[128] Pontes de Miranda era taxativo: "No art. 1.246 do Código Civil, que é *ius dispositivum*, afasta-se a cláusula *rebus sic stantibus*." (Tratado de direito privado: tomo XLIV. 2. ed. Rio de Janeiro: Borsoi, 1963, p. 407). Mas havia vozes dissonantes, admitindo o acréscimo de preço em caso de aumento de custo considerável e imprevisível. E a jurisprudência, por vezes, admitia a

Código de 2002 regulou as vicissitudes da empreitada de modo mais minudente. Em primeiro lugar, o art. 619, apesar de ter aproveitado parte do texto do art. 1.246 do diploma revogado, ampliou a *fattispecie*, ao negar ao empreiteiro o direito a exigir acréscimo no preço, "ainda que sejam introduzidas modificações no projeto", em texto que, implicitamente, acoberta outros fatos geradores de aumento de preço, dentre os quais o aumento no custo do material e mão de obra. Mas o dispositivo não traz nenhum dos elementos pertinentes à excessiva onerosidade superveniente; portanto, não exclui a incidência do regime geral[129] e tampouco se choca com ele.

Por força do art. 620, atribui-se ao dono da obra o direito à revisão do preço global pactuado, caso se verifique "diminuição no preço do material ou da mão de obra superior a 1/10 (um décimo)" daquele mesmo preço. Trata-se de revisão bastante limitada[130], pois contempla hipótese não tão frequente, restringe-se à empreitada por preço global e beneficia apenas o credor da obra.

A última disposição pertinente encontra-se no art. 625, inciso II, atributivo do direito do empreiteiro à suspensão da obra, caso se verifiquem "dificuldades imprevisíveis de execução" advindas de causas geológicas, hídricas ou similares, a tornar a empreitada "excessivamente onerosa", tendo o dono da obra se oposto ao "reajuste de preço inerente ao projeto por ele elaborado". De se indagar, então: conferir-se-ia, aqui, ao empreiteiro, direito à revisão do contrato de empreitada? A resposta é negativa. A lei se limita a regular a suspensão da obra, sem nada dispor acerca de um eventual poder revisional do devedor. Nesse contexto, forçoso reconhecer que, a persistir o impasse, a solução será a *resolução* do contrato de empreitada.[131]

---

revisão (MORAES, Renato José de. Cláusula rebus sic stantibus. São Paulo: Saraiva, 2001, p. 221-224).

[129] Nesse sentido: LOPEZ, Teresa Ancona. Comentários ao Código Civil: volume 7, das várias espécies de contratos, arts. 565 a 652. São Paulo: Saraiva, 2003, p. 308-309 (Coleção Comentários ao Código Civil, coordenada por Antonio Junqueira de Azevedo); PEREIRA, Caio Mário da Silva. Instituições de direito civil: volume III, contratos. 13. ed., revista e atualizada por Regis Fichtner. Rio de Janeiro: Forense, 2009, p. 270; e CARDOSO, A onerosidade excessiva no direito civil brasileiro, op. cit., p. 171.

[130] LOPEZ, Comentários ao Código Civil, op. cit., p. 310.

[131] É a conclusão a que chega LOPEZ, Comentários ao Código Civil, op. cit., p. 332. No mesmo sentido, TEPEDINO, Gustavo; BARBOSA, Heloisa Helena; BODIN DE MORAES, Maria Celina.

O art. 770 permite ao segurado, em um cenário de diminuição considerável do risco segurado, impor à seguradora a resolução do contrato ou a "revisão do prêmio". Trata-se, a exemplo do art. 620, de norma bastante circunscrita. Seja como for, a lei atribui a apenas uma das partes os poderes extintivo e modificativo da relação contratual, permanecendo a contraparte sujeita às consequências do respectivo exercício.

Diversamente das hipóteses de revisão acima comentadas, o art. 19 da Lei nº 8.245/91 prevê uma revisão de maior amplitude, ao consagrar o direito do locador e do locatário à modificação judicial do aluguel, para ajustá-lo aos valores de mercado. Essa possibilidade, de resto, é tradicional em nosso sistema jurídico, vigendo, ainda que com regime distinto, ao menos desde a Lei de Luvas (Decreto nº 24.150/34).

A norma em questão guarda algumas peculiaridades relevantes em comparação com o regime geral fixado nos arts. 478 e 479 do Código Civil. Em primeiro lugar, a compor o suporte fático do direito à revisão bastam (i) a existência de um contrato de locação em vigor por prazo superior a três anos (requisito interpretado pela doutrina no sentido do decurso do prazo de três anos desde o termo inicial do contrato ou do último reajuste do valor locativo[132]) e (ii) a ausência de acordo entre as partes quanto ao novo valor do aluguel. Não há menção, na lei, à necessidade de um acontecimento superveniente, extraordinário e imprevisível, tampouco se alude à excessiva onerosidade da prestação ou à vantagem da contraparte. Havendo, pois, disparidade entre o valor do aluguel vigente e o valor de mercado do aluguel de um imóvel nas mesmas circunstâncias (o que pode redundar em um aluguel defasado ou superestimado), ainda que essa disparidade não seja exacerbada e advenha de acontecimentos ordinários e previsíveis, terão o locador ou o locatário

---

Código Civil Interpretado conforme a Constituição da República: volume 1, parte geral e obrigações, arts. 1º a 420. 3. ed. São Paulo: Renovar, 2014, p. 380; PEREIRA, Caio Mário da Silva. Instituições de direito civil: volume III, op. cit., p. 275; e ROSENVALD, Código Civil comentado, op. cit., p. 646. Em sentido diverso, a partir de uma leitura sistemática, a nosso ver equivocada, dos arts. 619, 620 e 625 do Código Civil, Laura Coradini Frantz defende a possibilidade de o empreiteiro requerer a revisão do contrato de empreitada mesmo sem provar a imprevisibilidade dos fatos supervenientes (FRANTZ, Revisão dos contratos, op. cit., p. 173).

[132] PACHECO, José da Silva. Tratado das locações, ações de despejo e outras. 11. ed. São Paulo: RT, 2000, p. 671.

direito à revisão, ao menos em uma interpretação direta do dispositivo em questão.

Se a norma, de um lado, favorece a revisão, na medida em que libera o autor do ônus de demonstrar a presença dos pressupostos enumerados no art. 478 do Código Civil – exceto, evidentemente, aquele atinente à existência de um contrato de duração –, de outro lado, cria um óbice temporal acertadamente apontado[133] como incompatível com o conceito de excessiva onerosidade superveniente. Com efeito, se a razão de ser da regra fosse combater o grave desequilíbrio oriundo de fatos extraordinários e imprevisíveis, não haveria sentido em sujeitar a um prazo fixo de três anos o exercício do poder modificativo em questão, negando a revisão antes do referido lapso, malgrado o comprometimento da economia contratual.

A ausência dos requisitos típicos de uma revisão por conta de excessiva onerosidade superveniente parece ter sido percebida por parte da doutrina, que, atenta à simplicidade e à objetividade dos critérios estipulados no art. 19 da Lei nº 8.245/91, dele afastou a invocação da teoria da imprevisão, abrindo a possibilidade de um pleito revisional formulado antes do prazo fixado, desde que amparado nos requisitos gerais da excessiva onerosidade superveniente.[134]

Se tal orientação fosse seguida, poder-se-iam mesmo vislumbrar campos paralelos e complementares de atuação entre o art. 19 da Lei do Inquilinato e o art. 478 do Código Civil, caso em que a discussão de uma eventual extensão do remédio revisional poderia ter lugar.[135]

A doutrina majoritária, contudo, assim como a jurisprudência, presas à retórica revisionista[136] e, ao que tudo indica, alheias às potencialidades

---

[133] "O triênio do art. 19 da Lei do Inquilinato prefigura-se incompatível com toda a ideia de imprevisão." (RODRIGUES JUNIOR, Revisão judicial dos contratos, op. cit., p. 188).

[134] É a percuciente afirmação de Francisco Carlos Rocha de Barros: "Não é preciso discursar sobre a famosa cláusula *rebus sic stantibus*. A teoria da imprevisão, no caso, só deve ser invocada para tentar justificar propositura de revisional antes de vencido o triênio, pelo locador ou pelo locatário, esclareça-se." (BARROS, Francisco Carlos Rocha de. Comentários à Lei do Inquilinato: Lei n. 8.245, de 18-10-1991, doutrina e jurisprudência do STJ, TACSP, TAMG, TACRJ e TARS, artigo por artigo. 2. ed. São Paulo: Saraiva, 1997, p. 93).

[135] E isso porque o direito à revisão caberia, então, ao *devedor* da prestação excessivamente onerosa: o locatário, onerado com o pagamento de um aluguel excessivo, ou o locador, onerado por conta da desvalorização excessiva do valor locativo.

[136] Não é desarrazoado supor que o discurso em questão ainda se prenda à diversa conformação do sistema jurídico brasileiro em tempos passados, quando inexistia regra geral expressa

da conjugação das referidas normas, vinculam a ação revisional do aluguel prevista na lei especial a fórmulas típicas da excessiva onerosidade superveniente,[137-138] negando a possibilidade de pleitear revisão antes do triênio determinado.[139]

sobre a excessiva onerosidade superveniente, e a revisão do aluguel vinculava-se a "modificação das condições econômicas do lugar". Nesse sentido, o art. 31 da Lei de Luvas dispunha: "Art. 31. Se, em virtude da modificação das condições econômicas do lugar, o valor locativo fixado pelo contrato amigável, ou, em consequência das obrigações estatuídas pela presente lei, sofrer variações, além de 20% das estimativas feitas, poderão os contratantes (locador ou locatário), findo o prazo de três anos da data do início da prorrogação do contrato, promover a revisão do preço estipulado."
[137] Sylvio Capanema de Souza é categórico ao afirmar que a "revisão do valor do aluguel se justifica em nome da teoria da onerosidade excessiva", negando a possibilidade de ajuizamento da ação revisional antes do prazo de três anos "para não assoberbar ainda mais o Poder Judiciário" e "para não tornar insegura e instável a relação de locação" (SOUZA, Sylvio Capanema de. Da locação do imóvel urbano: direito e processo, Rio de Janeiro: Forense, 1999, p. 113, 154 e 155). Também apontam a cláusula *rebus sic stantibus* como sendo o fundamento do art. 19 da Lei do Inquilinato, dentro outros: MORAES, Cláusula *rebus sic stantibus*, op. cit., p. 227; FUX, Luiz. Revisão judicial do aluguel: doutrina, prática, jurisprudência. Rio de Janeiro: Destaque, 1993, p. 8-9; e VENOSA, Sílvio de Salvo. Lei do Inquilinato comentada: doutrina e prática, Lei nº 8.245, de 18-10-1991. 12. ed. São Paulo: Atlas, 2013, p. 114.
[138] Sirva de exemplo recente aresto do Superior Tribunal de Justiça, de cuja ementa se colhe o seguinte excerto:
"[...] 6. *O art. 19 da Lei 8.245/91, ao regular a revisão judicial do aluguel, a fim de ajustá-lo ao preço de mercado, consagrou a adoção da teoria da imprevisão no âmbito do Direito Locatício*, oferecendo às partes contratantes um instrumento jurídico para a manutenção do equilíbrio econômico do contrato; no caso sub judice, porém, a Revisional não objetiva o restabelecimento do equilíbrio econômico inicial do contrato, mas reflete pretensão de obter a alteração do critério de determinação do valor do aluguel, distanciando-se dos parâmetros originais, por isso que refoge aos limites do art. 19 da Lei 8.245/91, daí não haver legítimo interesse jurídico dos autores a ser preservado, mas mero interesse econômico. Precedente.
7. *A ação prevista no art. 19 da Lei 8.245/91 não foi utilizada para manter ou restabelecer o equilíbrio inicial da locação, afetado por fatos imprevistos*, não sendo, portanto, apta à obtenção da tutela jurisdicional almejada, o que revela a falta de interesse jurídico de agir, ante a completa inadequação da via eleita, sendo de rigor o reconhecimento da carência de ação por ausência de interesse processual, a teor do art. 267, VI do CPC.
8. O pleito de redução do valor locatício pactuado, *sem relevante alteração superveniente da conjuntura econômica ou do mercado*, desvincularia o aluguel e o próprio contrato de locação do objetivo central avençado entre as partes, qual seja, a cisão de uma empresa de grande porte, afrontando o arquétipo da lealdade contratual, de tal arte que se reveste de violação da boa--fé objetiva." (AgRg no REsp 1206723/MG, Rel. Ministro Jorge Mussi, Quinta Turma, julgado em 17/05/2012, DJe 11/10/2012) (itálicos nossos)

Mesmo adotada essa exegese, que toma o art. 19 da Lei do Inquilinato como hipótese específica de revisão contratual por excessiva onerosidade superveniente, persiste distinção essencial em comparação com o regime geral do Código Civil. Ela assenta, designadamente, em três pontos: (i) desconsideração do desequilíbrio verificado dentro do prazo de três anos a partir do termo inicial do contrato ou do reajuste convencional do aluguel; (ii) ausência da maior parte dos requisitos previstos no art. 478 do Código Civil; e (iii) menor amplitude da revisão em tela, confinada à redução ou majoração de uma prestação normalmente (ainda que não necessariamente) pecuniária.

Em suma, essa revisão *sui generis*, própria de um verdadeiro microssistema normativo[140], não parece apta a fundamentar a extensão, ao devedor, do poder revisional conferido ao credor da prestação tornada excessivamente onerosa.

Ao final destas breves considerações, pode-se afirmar, com segurança, que o rol de remédios revisionais típicos referido pela doutrina em exame, circunscritos a situações e a âmbitos operacionais próprios, é insuficiente para amparar a extensão da regra geral de revisão contratual

---

[139] Antes mesmo da entrada em vigor do Código Civil de 2002, na década de 90 do século passado, a Sexta Turma do Superior Tribunal de Justiça proferiu vários acórdãos sustentando a possibilidade de "desconsiderar" o triênio do art. 19 quando a instabilidade econômica acarretasse dano a qualquer das partes. Neste sentido, *v.g.*: "REsp – Civil – Locação – Revisional – Acordo das partes – O princípio – *pacta sunt servanda* – deve ser interpretado de acordo com a realidade sócio-econômica. A interpretação literal da lei cede espaço à realização do justo. O magistrado deve ser o crítico da lei e do fato social. A clausula *rebus sic stantibus* cumpre ser considerada para o preço não acarretar prejuízo para um dos contratantes. A lei de locação fixou prazo para a revisão do valor do aluguel. Todavia, se o período, mercê da instabilidade econômica, provocar dano a uma das partes, deve ser desconsiderado. No caso dos autos, restara comprovado que o último reajuste do preço ficara bem abaixo do valor real. Cabível, por isso, revisá-lo judicialmente." (REsp 32.639/RS, Rel. Ministro Luiz Vicente Cernicchiaro, Sexta Turma, julgado em 23/03/1993, DJ 19/04/1993, p. 6699). Essa orientação é aplaudida por RODRIGUES JUNIOR, Revisão judicial dos contratos, op. cit., p. 190-192. A jurisprudência dominante, hoje, parece ostentar sentido contrário. Vide, a título de exemplo, o Recurso Especial 264.556/RJ (Rel. Ministra Maria Thereza De Assis Moura, Sexta Turma, julgado em 22/04/2008, DJe 19/05/2008).

[140] TOMASETTI JR., Alcides. Comentários ao art. 1º. *In*: OLIVEIRA, Juarez de (coord.). Comentários à lei de locação de imóveis urbanos: lei n. 8.245, de 18 de outubro de 1991. São Paulo: Saraiva, 1992, p. 2-38, aqui p. 2-3.

estatuída no art. 479 do Código Civil.[141] A nosso ver, pelo contrário, o confronto das soluções particulares reafirma o regime geral disposto no Código Civil.

8. Doutrina Italiana Contemporânea

Parte dos defensores da expansão do poder revisional conferido ao credor *ex* art. 479 do Código Civil aludem à posição da moderna doutrina italiana. Na obra contendo a defesa mais articulada do argumento, afirma-se que, a despeito de o Código Civil italiano não contemplar expressamente, "em termos gerais", a revisão judicial dos contratos, "boa parte da doutrina e da jurisprudência admite sua aplicabilidade".[142] Em outros locais, a assertiva é ainda mais generalizante: no sentido da interpretação extensiva, "vem se posicionando a moderna doutrina italiana na interpretação do art. 1.467 do *Codice Civile* [...]".[143-144]

Não se elucida, ademais, qual o sentido dessa extensão, *i.e.*, se a revisão dependeria da iniciativa do devedor, se o devedor deveria realizar uma "oferta" de modificação equitativa similar àquela disposta para o credor e quais os poderes do juiz (corrigir uma "oferta" iníqua, determinar a revisão em caso de pedido genérico, atuar *ex officio* etc.).

---

[141] Em sentido semelhante, discorrendo sobre o panorama do direito italiano: D'Arrigo, Cosimo M. Il controllo delle sopravvenienze nei contratti a lungo termine tra eccessiva onerosità e adeguamento del rapporto. *In*: Tommasini, Raffaelle. Sopravvenienze e dinamiche di riequilibrio tra controllo e gestione del rapporto contrattuale. Torino: Giappichelli, 2003, p. 491-569, aqui p. 502.

[142] Em abono da afirmação, contudo, citam-se apenas dois autores (Paolo Gallo e Carlo Terranova) e nenhum acórdão (Schreiber, Equilíbrio contratual e dever de renegociar, op. cit., p. 253).

[143] Dias, Onerosidade excessiva e revisão contratual no direito privado brasileiro, op. cit., p. 440.

[144] Ambígua, ainda, a observação de Araken de Assis, para quem, "perante o texto do art. 1.467-3 do CC italiano", Vaz Serra teria se manifestado "pela admissibilidade do pedido de revisão" (Assis, Comentários ao Código Civil brasileiro, op. cit., p. 728). A nosso ver, o comentário poderia levar a concluir que o autor português afirmara a admissibilidade, *no direito italiano*, do pedido de revisão formulado pelo devedor. Ao contrário, no passo citado, o autor português indaga, após expor o regime do Código italiano, no contexto de um estudo para a reforma do Código Civil português então vigente, se não se deveria aceitar a modificação fora da hipótese prevista na Itália, opinando positivamente (*de lege ferenda*) quanto à possibilidade de a modificação ser reclamada pelo devedor (Serra, Adriano Paes da Silva Vaz. Resolução ou modificação dos contratos por alteração das circunstâncias. Boletim do Ministério da Justiça, Lisboa, n. 68, p. 293-385, jul. 1957, aqui p. 350-351).

Esse retrato da dogmática italiana, via de regra desenhado a partir da consulta a porção diminuta dos autores locais, além de inconclusivo, oferece uma caricatura não muito fiel ao real *status* doutrinário daquele país.

Desde os primórdios da promulgação do Código Civil de 1942, a *reductio ad aequitatem* mereceu acentuada atenção dos comentadores. Ao longo desses 75 anos, diversas foram as teorias propostas para aclarar a natureza jurídica e os efeitos da figura. Em época menos recuada, mais precisamente nos últimos vinte anos, vem tomando corpo tendência a buscar contornar o que se considera uma insuficiência, em termos mais amplos, dos remédios predispostos nos arts. 1.467 e 1.468 do Código italiano.

A discussão, como se vê, ultrapassa o exame do art. 1.467, 3 do *Codice* e a "extensão" do poder revisional ao devedor. Esclareça-se, de todo modo, que, a despeito dessa orientação crítica sobre a dinâmica dos remédios legais, a *impossibilidade* de o juiz rever de ofício as bases do contrato, desequilibrado por força da excessiva onerosidade superveniente, é um dado adquirido na doutrina italiana, que não suscita discussão.[145] Tampouco se admite, com poucas exceções, a possibilidade de o juiz corrigir ou alterar a oferta formulada pelo credor ao amparo do

---

[145] Vide, por todos, ROPPO, Vincenzo. Il contratto. 2. ed. Milano: Giuffré, 2011 (Coleção Trattato di diritto privato, organizada por Giovanni Iudica e Paolo Zatti), p. 958; SACCO, Rodolfo; DE NOVA, Giorgio. Il contratto. 4. ed. Torino: UTET, 2016, p. 1706; e BIANCA, Cesare Massino. Diritto civile: volume 3, il contratto. 2. ed. Milano: Giuffrè, 2000, p. 695. Após a "elementar constatação" de que "não é conferido ao juiz um poder de adequação do contrato às circunstâncias alteradas", Pietro Rescigno observa: "Poderes de controle são admitidos, nos ordenamentos positivos modernos, no que diz respeito à fase de formação do contrato [...]. Mas os poderes de intervenção, admitidos na fase de formação, são estranhos, em nossa experiência, à alteração das circunstâncias na fase executiva do contrato: isso explica porque – conforme a orientação mais confiável – o poder de impedir a resolução do contrato – concedido ao contraente contra o qual é demandada a resolução por excessiva onerosidade, e consistente na proposta de uma modificação do contrato idônea a reconduzi-lo à equidade – é um poder que não se pode estender ao juiz, que, portanto, não está habilitado a propor e, ainda menos a impor, uma modificação que reconduza o contrato à equidade." (RESCIGNO, Pietro. L'adeguamento del contratto nel diritto italiano. *In*: DRAETTA, Ugo; VACCA, Cesare (coord.). Inadempimento, adattamento, arbitrato: patologie dei contratti e rimedi. Milano: EGEA, 1992, p. 299-322, aqui p. 304-305).

art. 1.467, 3 do *Codice*, uma vez seja ela determinada,[146] isto é, sem que o próprio credor tenha deferido ao juiz a sua integração. A questão posta, portanto, diz respeito à admissibilidade do exercício de poder revisional por parte do devedor, de forma análoga ao poder conferido por lei ao credor.

Dentre as vias suscitadas pela moderna doutrina italiana para contornar a incompletude do tratamento legal das superveniências contratuais, a que parece levar a uma extensão direta, ao devedor, do poder modificativo outorgado ao credor, envolve uma espécie de "rearranjo" entre duas hipóteses legais, a saber: a resolução dos contratos com prestações correspectivas (art. 1.467) e a modificação dos contratos unilaterais (art. 1.468 do Código Civil italiano). Nesse sentido, Rodolfo Sacco sugere uma interpretação "antiliteral" dos aludidos dispositivos, cujo fundamento aponta nos arts. 1.374[147] e 1.375[148] do mesmo Código. O autor propõe equiparar o contrato sinalagmático executado por uma das partes ao contrato unilateral oneroso, atraindo, assim, o regime modificativo do art. 1.468 do Código Civil italiano.[149]

A sugestão não ganhou muitos adeptos. Outros caminhos têm sido explorados com maior sucesso.[150] Por meio de um deles, constata-se a existência de outras superveniências[151], passíveis de perturbar a relação contratual e não reguladas nos arts. 1.467 e 1.468 do aludido diploma legal. Defende-se, assim, a aplicação de outros remédios a tais riscos – por

---

[146] BIANCA, Diritto Civile: volume 3, op. cit., p. 695; BIANCA, Cesare Massimo. Diritto Civile: volume 5, la responsabilità. Milano: Giuffrè, 2003, p. 400.

[147] "Art. 1374. Integrazione del contratto. Il contratto obbliga le parti non solo a quanto è nel medesimo espresso, ma anche a tutte le conseguenze che ne derivano secondo la legge, o, in mancanza, secondo gli usi e l'equità."

[148] "Art. 1375. Esecuzione di buona fede. Il contratto deve essere eseguito secondo buona fede."

[149] Trata-se de uma posição isolada, como o próprio Sacco reconhece (SACCO & DE NOVA, Il contratto, op. cit., p. 1685-1686).

[150] PISU, Alessandra. L'adeguamento dei contratti tra ius variandi e rinegoziazione. Napoli: Edizioni Scientifiche Italiane, 2017, p. 50. Para um panorama da discussão atual, vide ainda: PISU, Luciana Cabella. I rimedi contro l'eccessiva onerosità sopravvenuta. *In*: VISINTINI, Giovanna (org.). Trattato della responsabilità contrattuale: volume 1, inadempimento e rimedi. Padova: CEDAM, 2009, p. 537-570, aqui p. 565ss.

[151] O tema da pressuposição costuma ser abordado nesse contexto. Assim, *v.g.*, MACARIO, Francesco. Le sopravvenienze. *In*: ROPPO, Vincenzo (org.). Trattato del contratto: tomo 5, rimedi, 2. Milano: Giuffrè, 2006, p. 493-749, aqui p. 517ss.

vezes ditos "superveniências atípicas"[152] –, mormente aqueles voltados à conservação de vínculos de longa duração.

O discurso entronca, aqui, no tema da *renegociação contratual*, que vem suscitando vivo debate, ainda em aberto, na doutrina italiana atual.[153] A construção de um *dever legal de renegociar* suscita diversas questões controvertidas, dentre as quais a própria existência do referido dever[154-155]

---

[152] A expressão é empregada por Rodolfo Sacco, para quem "[n]ão somente a onerosidade da prestação em si considerada, mas também a superveniência de exigências novas e de novos critérios de oportunidade podem tornar péssimo um contrato que ontem era ótimo", casos nos quais a "recondução à equidade assumirá um valor, mais do que quantitativo, qualitativo" (Sacco & De Nova, Il contratto, op. cit., p. 1709).

[153] Na literatura italiana, foi pioneiro o estudo de Francesco Macario, Adeguamento e rinegoziazione nei contratti a lungo termine. Napoli: Jovene, 1996.

[154] A construção de um dever legal de renegociar é, para dizer o mínimo, altamente controvertida. Se a via aberta por Macario encontrou adeptos, também despertou fortes reações. Admitem o dever de renegociar, tendo como fonte a boa-fé: Marasco, Gerardo. La rinegoziazione del contratto: strumenti legali e convenzionali a tutela dell'equilibrio negoziale. Padova: CEDAM, 2006, p. 114-115; Lucchesi, Francesca. Contratti a lungo termine e rimedi correttivi. Firenze: Firenze University Press, 2012, p. 165-166. Posicionam-se criticamente em relação a esta admissão: Russo, Domenico. Sull'equità dei contratti. Napoli: Edizioni Scientifiche Italiane, 2001, p. 66; Sicchiero, Gianluca. La rinegoziazione. Contratto e impresa, Padova, ano 18 (2), p. 774-815, 2002, aqui p. 809; Gentili, Aurelio. La replica della stipula: riproduzione, rinnovazione, rinegoziazione del contratto. Contratto e impresa, Padova, ano 19 (2), p. 667-724, 2003, aqui p. 709 (destacando a facultatividade da oferta de modificação equitativa do contrato, incoerente com a imposição de um dever legal de renegociação); FICI, Antonio. Il contrato "incompleto". Torino: Giappichelli, 2005, p. 140 e 207; D'Andrea, L'offerta di equa modificazione del contratto, op. cit., p. 63-67, nota 47; Gabrielli, Enrico. Dell'eccessiva onerosità. *In*: Navarretta, Emanuela; Orestano, Andrea (org.). Dei contratti in generale: artt. 1425-1469*bis*, leggi collegate. Torino: UTET, 2011, p. 606-696, (Coleção Commentario del Codice Civile, dirigida por Enrico Gabrielli), aqui p. 669; Cataudella, Antonino. I contratti: parte generale. 4. ed. Torino: Giappichelli, 2014, p. 272-273; Calisai, Fabrizio. Rischio contrattuale e allocazione tra i contraenti. Napoli: Edizioni Scientifiche Italiane, 2016, p. 184 e 189. O tema foi objeto, ainda, de robusta monografia: Gambino, Francesco. Problemi del rinegoziare. Milano: Giuffrè, 2004. Ao final, o autor sustenta, de modo convincente, que o reconhecimento de um dever legal de renegociar derivado da boa-fé "terminaria invadindo a esfera da competência dispositiva das partes" (Ibid., 179). Vide, por derradeiro, o agudo contraponto de Mario Barcellona: Barcellona, Mario. Appunti a proposito di obbligo di rinegoziazione e gestione delle sopravvenienze. Europa e diritto privato, Milano, n. 3, p. 467-501, 2003.

[155] No plano do direito brasileiro, parece sintomática a assertiva colhida na obra de referência sobre o tema na literatura nacional: "Uma frequente manifestação dos deveres decorrentes da boa-fé nos contratos revestidos por expressivo grau de relacionalidade atine ao dever de renegociar – *se assim previsto*." (Martins Costa, A boa-fé no direito privado, op. cit.,

(à míngua, naturalmente, de previsão contratual ou legal expressa), o seu fundamento, a identificação dos contratos nos quais incidiria e as consequências de sua violação, designadamente a possibilidade de execução específica, com a obtenção de provimento judicial substitutivo da declaração de vontade do figurante inadimplente.

Evidentemente, o reconhecimento *per se* de um dever de renegociar não implica atribuir, ao devedor, legitimidade para modificar a prestação excessivamente onerosa. O tema, portanto, transcende a problemática da revisão contratual *ex* art. 479 do Código Civil. Nota-se, contudo, em certos autores, uma relação simbiótica entre o art. 1.467, 3 do *Codice* e o dever de renegociar, possivelmente geradora de efeitos extensivos do remédio revisional previsto em lei.

Francesco Macario vê, no art. 1.467, 3 do Código Civil italiano, uma das fontes do dever legal de renegociar, por ele tido como espécie de elemento natural dos contratos de longa duração. Em sua ótica, a formulação da oferta[156] de modificação equitativa por parte do credor faria surgir uma obrigação da contraparte de "tratar em boa-fé as condições da modificação"[157], sem a qual o próprio direito do credor a evitar a resolução restaria desatendido. A renegociação tornar-se-ia, assim, um "efeito legal da *fattispecie*, uma obrigação nascida diretamente da lei, na hipótese prevista no art. 1.647, 3º inciso".[158] A atuação do julgador estaria concentrada na valoração do comportamento das partes, de modo que o "juízo sobre a resolubilidade do contrato por excessiva onerosidade superveniente converte-se em uma decisão sobre o adimplemento (ou sobre o inadimplemento) da obrigação de renegociar em boa-fé".[159]

---

p. 370). Na literatura nacional, Anderson Schreiber qualifica o dever de renegociar como dever anexo, oriundo da boa-fé objetiva (SCHREIBER, Equilíbrio contratual e dever de renegociar, op. cit., p. 296).

[156] Macario ressalta a natureza substancial e receptícia da oferta, por ele qualificada como "proposta modificativa do contrato" e considerada destinada, "principalmente, à parte autora e, indiretamente, ao juiz" (MACARIO, Adeguamento e rinegoziazione nei contratti a lungo termine, op. cit., p. 268 nota 65, 292 e 298, nota 95). Parece, assim, que o autor se inclina por considerar a oferta uma verdadeira "proposta de contratar", concepção rejeitada pela quase unanimidade da doutrina italiana e contrária à premissa adotada nesta tese (cf. o item 18.2 *infra*).

[157] MACARIO, Adeguamento e rinegoziazione nei contratti a lungo termine, op. cit., p. 295.
[158] Ibid., p. 296.
[159] Ibid., p. 298.

Tal concepção, se, por um lado, parece apta a fundar uma releitura da oferta de modificação no âmbito específico dos contratos de longa duração[160], com possíveis efeitos práticos em relação ao procedimento jurisdicional, por outro lado, não afeta diretamente a legitimidade para o exercício judicial do poder revisional. É o que observa Macario, sem deixar margem a dúvida: "Em primeiro lugar, a modificação equitativa das condições não pode ser proposta pelo devedor onerado, o qual é legitimado apenas à demanda de resolução, ainda que o seu interesse possa ser – e antes devesse ser – aquele de conservar vivo o contrato".[161]

E isso porque, em última análise, dado o contexto dos contratos de longa duração, aposta-se em uma natural predisposição do credor não somente a formular a oferta de modificação equitativa, mas a fazê-lo de modo genérico, atribuindo ao juiz o poder de rever os termos do contrato. Nesse panorama, a oferta determinada e inflexível restaria relegada a uma realidade "absolutamente marginal, se não estranha à realidade contratual tratada".[162]

Proposta diversa, partindo de convincente crítica à tese acima exposta – fundada, dentre outras razões, na "insanável contradição" entre

---

[160] Ressalvadas, dentre outras, a dificuldade de delimitar uma classe de contratos em relação aos quais a proposta se aplicaria, bem como a própria viabilidade de construir um dever de renegociação fundado na boa-fé objetiva.
[161] MACARIO, Adeguamento e rinegoziazione nei contratti a lungo termine, op. cit., p. 266.
[162] Ibid., p. 291. A literatura posterior alude, por vezes, ao dever de renegociar como instrumento flexibilizador do art. 1.467, 3 do Código Civil italiano, porém sem aprofundar a relação entre os remédios ou esclarecer precisamente de que modo essa função seria desempenhada. Assim, exemplificativamente: TRAISCI, Francesco Paolo. Sopravvenienze contrattuali e rinegoziazione nei sistemi di civil e di common law. Napoli: Edizioni Scientifiche Italiane, 2003, p. 369; CREA, Camilla. Connessioni tra contratti e obblighi di rinegoziare. Napoli: Edizioni Scientifiche Italiane, 2013, p. 161-162; PENNAZIO, Rossana. Rischio e sopravvenienze. Napoli: Edizioni Scientifiche Italiane, 2013, p. 95. Gerardo Marasco propõe claramente, no contexto dos contratos de longa duração, a primazia do dever legal de renegociar em relação aos remédios do art. 1.467 do Código Civil italiano: "Portanto, quando a execução do contrato consoante a boa-fé imponha aos contratantes renegociar o arranjo contratual originário, com o escopo de adequar-lhe o conteúdo à modificada realidade para a sua melhor atuação, o remédio da renegociação (em favor de todos os contratantes, desavantajados ou não por conta da superveniência), enquanto expressão de uma norma imperativa do ordenamento jurídico, deverá prevalecer em relação àquele resolutório. Assim, a parte onerada poderá requerer à contraparte avantajada a renegociação do contrato, sem que esta última possa excepcionar-lhe de haver, à luz do art. 1.467 c.c., direito apenas à resolução." (MARASCO, La rinegoziazione del contratto, op. cit., p. 127-128).

o art. 1.467 do *Codice* e o dever de renegociar[163] – e sensível à peculiaridade dos modelos contratuais ensejadores de "trocas integrativas"[164], conduz a uma "particularização do art. 1.467". Essa interpretação levaria a ver, no referido dispositivo, não mais uma regra geral, mas sim um *regime particular* da excessiva onerosidade superveniente no âmbito restrito das "trocas pontuais", fora do qual ele seria "simplesmente desaplicado em sua inteireza." Em paralelo, operar-se-ia a "generalização" do art. 1.664 do Código Civil italiano[165], que disciplina a revisão do contrato de

---

[163] "Na realidade, todo o dispositivo do art. 1.467 tem como centro – como melhor se verá – o jogo entre o poder da parte desavantajada de liberar-se do contrato e o poder da parte avantajada de impedi-lo, oferecendo reconduzir o contrato à equidade. O remédio da adequação do contrato estrutura-se, portanto, como um poder absolutamente unilateral. Ao contrário, a obrigação de renegociação necessariamente gravaria sobre ambos os contratantes e, portanto, instituiria, na titularidade de cada um deles, o poder, nesse ponto bilateral, de provocar a abertura de uma tratativa e, em caso de insucesso, a adequação judicial do contrato. [...] Assim, uma extensão da obrigação de renegociação à inteira área do risco contratual não parece coerentemente sustentável sem desaplicar o art. 1.467. Mas, qualquer que seja a 'capacidade expansiva' que se deseje atribuir à equidade ou à boa-fé, não parece apropriado que, com fundamento nessa, e nessa apenas, possa seriamente alcançar-se a radical desaplicação de uma previsão normativa expressa." (BARCELLONA, Appunti a proposito di obbligo di rinegoziazione e gestione delle sopravvenienze, op. cit., p. 480-481). A crítica de Francesco Gambino segue linha semelhante. Especificamente, no tocante à sugerida relação entre o dever de renegociar e o regime da excessiva onerosidade superveniente, o autor observa que o princípio da conservação "já possui uma imagem normativa" no art. 1.467, 2 e 3 do Código Civil italiano, qualificando a legitimidade para modificar e impugnar o contrato como expressões do poder de autonomia das partes. O dever legal de renegociar seria, pois, uma indevida invasão na esfera de competência outorgada aos contratantes (GAMBINO, Problemi del rinegoziare, op. cit., p. 168-169 e 178-179).

[164] Como tais entendidas, as trocas "cuja execução pressuponha ou comporte uma relevante integração das esferas patrimoniais dos contratantes ou um recíproco condicionamento da sua programação econômica" (BARCELLONA, Appunti a proposito di obbligo di rinegoziazione e gestione delle sopravvenienze, op. cit., p. 495).

[165] "Art. 1664. Onerosità o difficoltà dell'esecuzione. Qualora per effetto di circostanze imprevedibili si siano verificati aumenti o diminuzioni nel costo dei materiali o della mano d'opera, tali da determinare un aumento o una diminuzione superiori al decimo del prezzo complessivo convenuto, l'appaltatore o il committente possono chiedere una revisione del prezzo medesimo. La revisione può essere accordata solo per quella differenza che eccede il decimo.
Se nel corso dell'opera si manifestano difficoltà di esecuzione derivanti da cause geologiche, idriche e simili, non previste dalle parti, che rendano notevolmente più onerosa la prestazione dell'appaltatore, questi ha diritto a un equo compenso."

empreitada, vocacionado, segundo se alega, a funcionar como disciplina geral do referido risco no campo das "trocas integrativas".[166]

Sem entrar no mérito da sugestão em questão – que, contrariamente ao afirmado, não parece corresponder a uma mera "operação interpretativa"[167] dos referidos dispositivos –, a sua transposição ao sistema jurídico brasileiro enfrentaria, ao menos, um obstáculo: a ausência de norma similar àquela contida no art. 1.664 do *Codice*.[168] Com efeito, ao passo que o referido dispositivo confere ao empreiteiro um *amplo direito* à revisão de sua remuneração[169], tanto no caso de aumento do custo de material ou de mão de obra, como no caso de dificuldades supervenientes de execução por causas geológicas, hídricas e similares[170], a única hipótese de revisão disciplinada no Código Civil brasileiro reside, como já se viu, no art. 620, atributivo, ao dono da obra, do direito à revisão do preço global pactuado, em caso de diminuição nos preços de material ou de mão de obra superior a um décimo do seu valor.

Não há, no direito nacional, a *dualidade de regimes* verificada no sistema italiano. Ao passo que, neste, a disciplina do *appalto* favorece a revisão contratual de modo consideravelmente mais intenso se comparado ao modelo geral da excessiva onerosidade superveniente do *Codice*

---

[166] BARCELLONA, Appunti a proposito di obbligo di rinegoziazione e gestione delle sopravvenienze, op. cit., p. 497.

[167] Ibid., 497. Quer-nos parecer que o autor tenha se afastado dos limites da interpretação, ingressando em um distinto campo, integrativo do texto legal. A operação, assim, melhor se amoldaria à *redução teleológica* (LARENZ, Karl. Metodologia da ciência do direito. 3. ed. Tradução de José Lamego. Lisboa: Fundação Calouste Gulbenkian, 1997, p. 555 ss.). Tivemos oportunidade de discorrer acerca dos limites da interpretação teleológica em outro contexto: MARINO, Francisco Paulo De Crescenzo. Meios e limites da interpretação da lei: reflexões a partir do conceito legal de bem de família. Revista Brasileira de Filosofia, São Paulo, n. 236, p. 281-312, jan./jun. 2011).

[168] Menos importante parece, para tal raciocínio, a parcial distinção entre a qualificação da empreitada no direito brasileiro e o *appalto* do direito italiano.

[169] Paolo Gallo chega ao ponto de considerar que a evolução do tipo contratual da empreitada no direito italiano o teria transformado em um contrato "de esquema aberto, quase a reembolso de despesas" (GALLO, Paolo. Sopravvenienza contrattuale e problemi di gestione del contratto. Milano: Giuffrè, 1992, p. 358).

[170] Dificuldades, essas, que a doutrina sói interpretar de modo bastante elástico, em linha com proposta doutrinária no sentido de entender a fórmula legislativa "como compreensiva de quaisquer circunstâncias não imputáveis às partes" (CAGNASSO, Oreste. Appalto e sopravvenienza contrattuale: contributo a una revisione della dottrina dell'ecccessiva onerosità. Milano: Giuffrè, 1979, p. 106).

– levando a doutrina a acentuar a substancial diversidade das soluções legislativas[171], e Mario Barcellona a nelas ver "dois diversos regimes do risco, inspirados em dois diversos modelos de gestão das superveniências"[172] –, naquele, inexiste modelo legal alternativo ao disposto nos arts. 478 e 479 do Código Civil, no qual se pudesse ancorar uma eventual redução do âmbito operacional dos referidos dispositivos.

Refira-se, por fim, a obra de Paolo Gallo, em que a maior parte dos autores nacionais se baseiam ao referir o *status* da doutrina italiana. Após discorrer sobre a inexistência de um dever de revisão e sobre a rejeição jurisprudencial à atribuição de um poder revisional ao juiz, o autor alude ao que considera "vários fundamentos possíveis da revisão do contrato". Alude, então, de modo superficial, a um sem número de argumentos: boa-fé; interpretação extensiva da disciplina da resolução por

---

[171] Essa é a conclusão de ambas as obras italianas, especificamente dedicadas ao tema da excessiva onerosidade na empreitada, de que temos conhecimento. Afirma Oreste Cagnasso: "O legislador pretendeu ditar uma normativa *específica* em tema de superveniência no contrato de empreitada, substituindo a sanção da resolução pela revisão do preço. Esta última realiza uma peculiar composição dos interesses em jogo, que se revela mais idônea do que a resolução do contrato a fim de satisfazer as exigências próprias de tal tipo contratual." (CAGNASSO, Appalto e sopravvenienza contrattuale, op. cit., p. 105). Paolo Tartaglia conclui de modo similar: "O remédio ofertado pelo legislador no contrato de empreitada é substancialmente diverso daquele previsto na normativa geral (1467 c.c.) em tema de resolução por excessiva onerosidade. À parte dita onerada (isto é, aquele que deveria suportar o agravamento dos custos da empreitada), não é concedido – ao menos como remédio institucional – o recurso à resolução do contrato, mas, sim, apenas a utilização do remédio da revisão do preço." Ao seu ver, a formulação legal corresponderia à exigência de conservar o contrato, especialmente sentida na empreitada: "o empreiteiro, que já mobilizou uma organização de meios e de homens, não possui interesse – exceto em casos extremos – em resolver o contrato, mas, sim, a reportá-lo em termos econômicos que lhe sejam mais convenientes." (TARTAGLIA, Paolo. Eccessiva onerosità ed appalto. Milano: Giuffrè, 1983, p. 157). A especialidade da norma também é ressaltada nas obras sobre a empreitada em geral, servindo de exemplo a de Domenico Rubino e Giovanni Iudica: "Para a empreitada, a lei preferiu assegurar a completa execução da relação e proteger, de outro e menos drástico modo, a parte lesada." (RUBINO, Domenico; IUDICA, Giovanni. Dell'appalto: artt. 1655-1677. 4. ed. Bologna: Zanichelli, 2007, p. 322 [Coleção Commentario del Codice Civile Scialoja-Branca, organizada por Francesco Galgano]). Não destoa desse entendimento: RUBINO-SAMMARTANO, Mauro. Appalti di opere e contratti di servizi: in diritto privato. Padova: CEDAM, 2006, p. 346. Vide, ainda, DE MAURO, Antonio. Il principio di adeguamento nei rapporti giuridici privati. Milano: Giuffrè, 2000, p. 53.

[172] BARCELLONA, Appunti a proposito di obbligo di rinegoziazione e gestione delle sopravvenienze, op. cit., p. 491.

excessiva onerosidade superveniente (argumento *a maiori ad minus*); recurso aos casos de revisão expressamente previstos em lei[173] (particularmente aquele relativo à empreitada), como expressão de um "princípio geral de conservação do contrato implícito no ordenamento"; "conceito de equilíbrio entre as prestações"; e enriquecimento sem causa.[174] Após agregar, a esse quadro, a disciplina do erro comum e da impossibilidade econômica, o autor afirma, de modo surpreendente, que "[o] problema não é, de fato, tanto o instrumento utilizável para esse fim, quanto a oportunidade de alcançar tal resultado".[175]

Prosseguindo na análise, Gallo acaba concentrando-se em dois argumentos: um propriamente jurídico, relacionado à evolução histórica do regime da empreitada e de contratos similares em direção à admissibilidade da revisão contratual, ao final consagrada no Código italiano de 1942; e outro econômico[176] ("critérios de eficiência econômica").[177]

Por fim, o referido autor segrega três situações distintas – superveniência verificada antes do início da execução, superveniência no curso da execução e execução concluída a despeito da superveniência –, julgando oportuna a revisão contratual no segundo caso. Nessa hipótese de

---

[173] Cuja visão unitária, entretanto, parece problemática, como observou Matteo Ambrosoli: "Portanto, as normas em tema de revisão da relação constituem um arquipélago variado, a respeito do qual deve acrescentar-se a dificuldade de extrair diretivas facilmente generalizáveis [...]." (AMBROSOLI, La sopravvenienza contrattuale, op. cit., p. 402). Um quadro, como se vê, não distinto daquele verificado a propósito do direito brasileiro (cf. o item 7 *supra*).

[174] GALLO Sopravvenienza contrattuale e problemi di gestione del contratto, op. cit., p. 378-381. Trata-se praticamente dos mesmos elementos analisados nos itens anteriores, aos quais se remete.

[175] GALLO, Sopravvenienza contrattuale e problemi di gestione del contratto, op. cit., p. 382.

[176] Sem que se possa, nesta sede, dedicar maior atenção aos argumentos de índole econômica, os quais, de resto, não têm o condão de suplantar o dado normativo, não se pode deixar de notar a inexistência, até onde temos conhecimento, de um estudo demonstrativo da propalada "superioridade econômica", em termos gerais, da revisão contratual. Diversamente, chamando a atenção para os possíveis efeitos antieconômicos da revisão, Pietro Trimarchi propõe mecanismo idêntico àquele existente nos Códigos Civis italiano e brasileiro (TRIMARCHI, Pietro. Commercial impracticability in contract law: an economic analysis. International Review of Law and Economics, Amsterdam, n. 11, p. 63-82, 1991, aqui p. 78).

[177] GALLO, Sopravvenienza contrattuale e problemi di gestione del contratto, op. cit., p. 399 e 405-406.

superveniência *in itinere*, o argumento favorável à revisão é por ele expressamente vinculado ao art. 1.664 do *Codice*.[178]

Em suma, a base do raciocínio do autor está fortemente amparada na evolução do regime legal da empreitada no sistema jurídico italiano, o qual, como visto, não encontra paralelo no direito brasileiro.

Também se mostra favorável ao pleito revisional do devedor, dentro de certos limites, Matteo Ambrosoli. Negando a existência de um remédio revisional de caráter geral[179], porém argumentando com a possibilidade de uma revisão "de fato"[180], o autor admite o pedido revisional formulado pelo devedor. De forma análoga à expressamente prevista no art. 1.467, 3 do Código Civil italiano, o devedor formularia uma proposta modificativa, cuja equidade seria objeto de valoração por parte do juiz.[181] A revisão, contudo, não será viável "se, em seguida a ela, o empenho econômico da contraparte resultar incrementado".[182]

Ao final dessa sintética exposição da literatura jurídica italiana contemporânea, e considerando, ainda, a doutrina voltada ao estudo da

---

[178] Ibid., p. 415. Diversamente, no primeiro caso, o remédio cabível seria a resolução e, no terceiro, a parte lesada teria pretensão a uma compensação somente em caso de alterações aceitas pela contraparte, imputáveis a ela ou indispensáveis à realização da prestação (Ibid., p. 412-413 e 422-423). A despeito de entender que a resolução contratual acarreta a repartição do risco entre as partes, ao passo que a revisão implica alocar o risco da superveniência integralmente à parte não agravada, Gallo vê nessa alocação a tendência resultante de uma evolução histórica (Ibid., p. 387).

[179] Adotando posição crítica em relação a Paolo Gallo e a Francesco Macario, o autor afirma: "Na realidade, a análise sobre as normas vigentes conduzida até aqui leva a dissentir de tal opinião: razões dogmáticas sólidas opõem-se à generalização do remédio revisional e, contra elas, não basta pôr em relevo os diversos casos de revisão contemplados pelo código, se estes não podem ser reconstruídos em um sistema orgânico." (AMBROSOLI, La sopravvenienza contrattuale, op. cit., p. 418).

[180] Tais efeitos revisionais adviriam, na opinião de Ambrosoli, da reposição das partes ao estado anterior sempre que o devedor, a despeito de demandar a resolução da relação contratual, terminasse adimplindo a prestação (AMBROSOLI, La sopravvenienza contrattuale, op. cit., p. 419-424).

[181] AMBROSOLI, La sopravvenienza contrattuale, op. cit., p. 430-1.

[182] Ibid., p. 433. Para o autor, "pareceria injustificado constranger o requerido a suportar uma revisão do contrato que implicasse um agravamento da prestação por ele devida" (Ibid., p. 432, nota 172). Com isso, ao que nos parece, a solução aventada perde muito de sua utilidade prática, pois, na normalidade dos casos, a oferta de modificação acarretará algum ônus econômico adicional ao credor.

natureza e dos limites da oferta de modificação equitativa do contrato[183], pode-se considerar minoritária[184] a corrente que estende ao devedor o poder de revisão contratual.[185] Mesmo no âmbito dessa vertente, não se prestam a comparação com o direito brasileiro as (não raras) construções atributivas de vocação expansionista ao regime legal da empreitada no direito italiano, incompatível, como se viu, com a disciplina desse tipo contratual em nosso sistema jurídico.

Digno de nota, outrossim, como o discurso acerca da insuficiência do remédio revisional previsto no art. 1.467, 3 do Código Civil italiano nem sempre conduz à extensão genérica postulada pela doutrina nacional. Ao contrário, o remédio revisional é proposto, ora a uma determinada classe de contratos[186], ora a determinadas superveniências[187], ora a

---

[183] Exposta no Capítulo II.

[184] CASELLA, Giovanni. La risoluzione del contratto per eccessiva onerosità sopravvenuta. Torino: UTET, 2001, p. 218.

[185] É o que explica, a nosso ver, a ausência de discussão, em algumas das principais obras modernas voltadas à teoria geral dos contratos, sobre a possível legitimidade do devedor ao pleito revisional (ROPPO, Il contratto, op. cit., p. 958; SACCO & DE NOVA, Il contratto, op. cit., p. 1706; BIANCA, Diritto Civile: volume 5, op. cit., p. 400). Nega a extensão do art. 1.467, 3 do Código Civil, ainda, Francesca Galbusera, concluindo que "o sistema do art. 1.467 c.c. é idôneo a governar o setor das variações quantitativas com um alcance tendencialmente ilimitado, sem que haja possibilidade de revisão da relação contratual fora das hipóteses típicas expressamente disciplinadas pela lei" (GALBUSERA, Francesca. Risoluzione dei contratti, Napoli: Edizioni Scientifiche Italiane, 2013, p. 473 [Coleção Trattato di diritto civile del Consiglio Nazionale del Notariato, dirigida por Pietro Perlingieri, IV – 11]).

[186] Recorde-se o estudo de Francesco Macario voltado aos contratos de longa duração (MACARIO, Adeguamento e rinegoziazione nei contratti a lungo termine, op. cit.). O discurso sobre os contratos de duração é, ainda, o fio condutor da obra de Massimiliano Granieri, para quem um dos perfis de complexidade da categoria contratual em questão é justamente "a exigência de individualizar e privilegiar um remédio de tipo conservativo" (GRANIERI, Massimiliano. Il tempo e il contratto: itinerario storico-comparativo sui contratti di durata. Milano, Giuffrè, 2007, p. 315). Em perspectiva semelhante: LUCCHESI, Contratti a lungo termine e rimedi correttivi, op. cit., p. 86-88. Francesco Delfini também enfatiza a necessidade de construir remédios mantenedores da relação contratual no campo dos contratos de empresa (DELFINI, Autonomia privata e rischio contrattuale, op. cit., p. 393-395). Proposta restritiva é adotada, na doutrina nacional, por Fábio Siebeneichler de Andrade, para quem o pleito revisional do devedor é admissível "em casos de extrema necessidade, em que não somente o equilíbrio contratual for extremamente afetado por circunstâncias supervenientes, mas a questão se situa em hipóteses específicas, como, por exemplo, as classificadas pela doutrina contemporânea como o 'terceiro contrato': isto é, os casos em que, no âmbito do direito privado, não se vislumbra o seu enquadramento como relação de consumo,

casos em que não houver agravamento do ônus econômico do credor[188], ora em presença de investimentos específicos efetuados pelo devedor com vistas ao adimplemento.[189]

A jurisprudência italiana, a seu turno, não cedeu aos encantos da corrente expansionista, mantendo firme, ao longo das décadas, a posição no sentido da legitimidade exclusiva do credor a pleitear a revisão contratual.[190]

9. Legitimidade Exclusiva do Credor

Frente a distintos modelos na experiência de outros países e diante de copiosa doutrina[191], o legislador de 2002 optou, conscientemente, por determinado regime geral da excessiva onerosidade superveniente, nitidamente inspirado no direito italiano.[192]

mas, não obstante esta circunstância, apresenta-se uma relação jurídico-econômica assimétrica. Observe-se que, nestas situações, o caminho da extinção contratual pode configurar-se como excessivamente penoso para a parte invocadora da onerosidade excessiva, sobretudo se retirá-la de um vínculo contratual de longa duração em que houve investimentos econômicos relevantes. Nesses casos, poder-se-á determinar a revisão a fim de recompor o equilíbrio contratual com base no que as partes estabeleceram objetivamente no contrato." (ANDRADE, A teoria da onerosidade excessiva no direito civil brasileiro, op. cit., p. 254-255).

[187] Como é o caso das supervenciências *in itinere* referidas por GALLO, Sopravvenienza contrattuale e problemi di gestione del contratto, op. cit., p. 415.

[188] AMBROSOLI, La sopravvenienza contrattuale, op. cit., p. 433.

[189] GRANIERI, Il tempo e il contratto, op. cit., p. 427.

[190] PISU, L'adeguamento dei contratti tra ius variandi e rinegoziazione, op. cit., p. 51, nota 113; MACARIO, Le sopravvenienze, op. cit., p. 700, nota 23.

[191] Vide a útil e exaustiva resenha contida em: MORAES, Cláusula rebus sic stantibus, op. cit., p. 87-161.

[192] Daí a necessidade de considerar a experiência italiana na análise das referidas normas. De outro lado, deve-se tomar cuidado com o emprego acrítico da doutrina de países nos quais o tratamento legislativo é distinto do nosso. É o caso, *v.g.*, da doutrina portuguesa, citada por Ênio Santarelli Zuliani, sem esclarecimento quanto ao fato de o art. 437º do Código Civil daquele país prescrever, à "parte lesada", o "direito à resolução do contrato, ou à modificação dele segundo juízos de equidade", o que não se verifica no art. 1.467, 3 do Código Civil italiano e no art. 479 do Código Civil brasileiro. O mesmo se diga da doutrina argentina, citada pelo mesmo autor (ZULIANI, Ênio Santarelli. Resolução do contrato por onerosidade excessiva. Revista Síntese Direito Civil e Processual Civil, São Paulo, n.70, p. 27-47, mar./abr. 2011, aqui p. 100). De fato, diferentemente do nosso, o Código Civil argentino de 2014 passou a admitir textualmente o pleito revisional: "Artículo 1091.- Imprevisión. Si en un contrato conmutativo de ejecución diferida o permanente, la prestación a cargo de una de las partes se torna excesivamente onerosa, por una alteración extraordinaria de las circunstan-

No sistema dos arts. 478 e 479 do Código Civil, cabe ao devedor da prestação tornada excessivamente onerosa pleitear unicamente a resolução da relação contratual, podendo o credor requerido evitá-la, oferecendo-se a modificar equitativamente as bases do contrato. O poder de modificar as bases do contrato não é conferido ao devedor, muito menos, *ex officio*, ao juiz.

Diversa era a regra constante do Anteprojeto de Código de Obrigações (Parte Geral), de 1941, elaborado por comissão composta por Orosimbo Nonato, Philadelpho Azevedo e Hahnemann Guimarães[193], cujo art. 322 permitia ao juiz, a pedido do interessado, "modificar o cumprimento da obrigação, prorrogando-lhe o termo ou reduzindo-lhe a importância".[194]

O Anteprojeto de Código de Obrigações de 1963, de autoria de Caio Mário da Silva Pereira, a seu turno, continha regras notavelmente similares aos arts. 478 e 479 do Código Civil de 2002.[195]

A dinâmica dos remédios legais justifica-se por conta de uma desigualdade de posições entre as partes.[196] Nesse quadro, soa compreen-

---

cias existentes al tiempo de su celebración, sobrevenida por causas ajenas a las partes y al riesgo asumido por la que es afectada, ésta tiene derecho a plantear extrajudicialmente, o pedir ante un juez, por acción o como excepción, *la resolución total o parcial del contrato, o su adecuación*. Igual regla se aplica al tercero a quien le han sido conferidos derechos, o asignadas obligaciones, resultantes del contrato; y al contrato aleatorio si la prestación se torna excesivamente onerosa por causas extrañas a su álea propia." (itálicos nossos).

[193] Sobre as tentativas de reforma, vide ZANETTI, Cristiano de Sousa. Direito contratual contemporâneo: a liberdade contratual e sua fragmentação. Rio de Janeiro: Forense; São Paulo: Método, 2008, p. 145-152.

[194] "Art. 322 – Quando, por força de acontecimentos excepcionais e imprevistos ao tempo da conclusão do ato, opõe-se ao cumprimento exato desta dificuldade extrema, com prejuízo exorbitante para uma das partes, pode o juiz, a requerimento do interessado e considerando com equanimidade a situação dos contraentes, modificar o cumprimento da obrigação, prorrogando-lhe o termo ou reduzindo-lhe a importância."

[195] "Art. 358. Nos contratos de execução diferida ou sucessiva, quando, por força de acontecimento excepcional e imprevisto ao tempo de sua celebração, a prestação de uma das partes venha a tornar-se excessivamente onerosa, capaz de gerar para ela grande prejuízo e para a outra parte lucro exagerado, pode o juiz, a requerimento do interessado, declarar a resolução do contrato. A sentença, então proferida, retrotrairá os seus efeitos à data da citação da outra parte."

"Art. 359. A resolução do contrato poderá ser evitada, oferecendo-se o réu, dentro do prazo da contestação, a modificar com equanimidade o esquema de cumprimento do contrato."

[196] Cf. o item 5 *supra*.

sível, primeiramente, que o *poder resolutório* seja outorgado ao devedor, e apenas a ele, pois será dele o interesse em liberar-se do dever de prestar, ante o agravamento superveniente, considerável e imprevisível do custo da prestação.

Mostra-se justificável, ademais, a atribuição do *poder modificativo* somente ao credor, dado o efeito econômico resultante da conservação do vínculo, correlatamente positivo para o devedor e negativo para o credor. Caso, como deseja a doutrina nacional majoritária, o poder modificativo fosse conferido ao devedor, o seu exercício tendencialmente levaria a impor ao credor ônus econômico superior àquele livremente assumido, mediante simples declaração do devedor ou mediante a atuação do juiz – em qualquer caso, sem o concurso do credor.[197]

Do exame dos argumentos sustentados pela doutrina extensiva do poder modificativo ao devedor, confirmam-se a lógica do sistema normativo e a *legitimidade exclusiva do credor* para a modificação equitativa do contrato.

Resulta, ainda, ser a compreensão do sentido e do alcance do remédio revisional previsto no art. 479 uma condição prévia a qualquer crítica séria à sua alegada insuficiência. Nesse sentido, o estudo feito a seguir parece não somente contribuir para o entendimento do aludido dispositivo, mas também representar passo necessário a eventual proposta de construção de remédio revisional paralelo, com incidência mais restrita.

---

[197] Esta a razão pela qual Darcy Bessone defendia a solução legal, antes mesmo do Código de 2002: "Em certos casos, porém, o melhor remédio seria a revisão para a adaptação às novas condições, mas, a nosso ver, em caráter facultativo para o credor, a quem ficaria salvo preferir a resolução, porque, de outro modo, poderia ser conduzido a estipulações que não lhe conviessem. O devedor, no entanto, teria os seus efeitos minorados e seria colocado em posição melhor que a estabelecida pelo contrato, razão por que não poderia furtar-se aos termos da nova situação." (BESSONE, Darcy. Do contrato: teoria geral. 4. ed. São Paulo: Saraiva, 1997, p. 224).

Capítulo II
Natureza Jurídica da Oferta de Modificação Equitativa

10. Doutrina Italiana

A doutrina italiana dedicou grande atenção – "rios de tinta", na expressão de um autor contemporâneo[198] – ao tema da natureza jurídica da oferta de modificação equitativa dos contratos afetados pela excessiva onerosidade superveniente. Não raras vezes, ela é abordada em conjunto com a oferta de modificação de contratos impugnáveis por lesão; menos frequentemente, é examinada reunida à oferta de modificação de contratos anuláveis por erro.

O marco inicial relevante para o estudo da literatura sobre o argumento é a promulgação do Código Civil italiano de 1942. No regime do Código de 1865, não havia norma semelhante à contida no art. 1.467, 3 do *Codice* atualmente em vigor. De modo mais amplo, inexistia, no regime anterior, qualquer norma voltada ao regramento da excessiva onerosidade superveniente.

A despeito da ausência de previsão normativa no Código de 1865, houve rica elaboração doutrinária na Itália, a partir do final do século XIX e início do século XX, iniciada com as pioneiras publicações de

---

[198] RICCIO, Angelo. Dell'eccessiva onerosità. Bologna: Zanichelli; Roma: Il Foro Italiano, 2010, p. 273 (Coleção Commentario del Codice Civile Scialoja-Branca, organizada por Francesco Galgano).

Eugenio Barsanti sobre a cláusula *rebus sic stantibus* e a resolubilidade dos contratos a longo prazo por alteração das circunstâncias.[199]

A contribuição mais relevante para o estudo da alteração das circunstâncias nesse período foi dada por Giuseppe Osti, que, em diversos estudos, cuidou de modo profundo das origens históricas da cláusula *rebus sic stantibus* e de sua aplicação no direito contratual da época.[200]

Para além do subsídio de Osti, voltado à extensão da cláusula *rebus* a todos os contratos nos quais há intervalo de tempo entre conclusão e execução[201], e amparado na noção de "vontade marginal"[202], podem ser destacados, ainda, os de Giovene[203], Osilia[204], Pugliese[205] e De Simone[206].

---

[199] BARSANTI, Eugenio. La clausola risolutiva "rebus sic stantibus" nei contratti a lungo termine. Firenze: Tipo-Litografia Giovanni Fratini, 1898; BARSANTI, Eugenio. Risolubilità dei contratti a lungo termine per successivo mutamento dello stato di fatto. Archivio Giuridico "Filippo Serafini", Modena, n. 4, nova série, p. 3-35, 1899. Segundo o autor, mesmo à míngua de norma legal a respeito, a cláusula *rebus sic stantibus* estaria implícita nos contratos de longa duração, advinda da própria natureza de tais relações obrigacionais. Ela seria "uma daquelas premissas lógicas, daqueles postulados do senso comum, daqueles pressupostos racionais que a lei não prevê expressamente, mas que sempre, necessariamente, subentende." (BARSANTI, La clausola risolutiva "rebus sic stantibus", op. cit., p. 30; BARSANTI, Risolubilità dei contratti a lungo termine, op. cit., p. 35). Alguma jurisprudência parece ter acolhido essa posição (BARSANTI, Eugenio. Ancora sulla risolubilità dei contratti a lungo termine. Il Foro italiano, Roma, n. 26 (1), p. 735-740, 1901).

[200] OSTI, Giuseppe. La così detta clausola "rebus sic stantibus" nel suo sviluppo storico. Rivista di diritto civile, Milano, n. 4 (1), p. 1-58, 1912; OSTI, Giuseppe. Appunti per uma teoria della "sopravvenienza": la così detta clausola "rebus sic stantibus" nel diritto contrattuale odierno. Rivista di diritto civile, Milano, n. 5 (4), p. 471-498 e 647-697, 1913; OSTI, Giuseppe. L'art. 61 cod. comm. e il concetto di sopravvenienza. Rivista di diritto commerciale e del diritto generale delle obbligazioni, Milano, n. 14 (1), p. 341-373, 1916. O autor tratou, ainda, da impossibilidade de prestar, tema conexo ao da superveniência (OSTI, Giuseppe. Revisione critica della teoria della impossibilità della prestazione, Rivista di diritto civile, Milano, n. 10 (3; 4; 5), p. 209-259, 313-360 e 417-471, 1918.).

[201] OSTI, Appunti per uma teoria della "sopravvenienza", op. cit., p. 269.

[202] Entendido como "conteúdo voluntário da promessa que não é imediatamente atuado na constituição da obrigação" (OSTI, Appunti per uma teoria della "sopravvenienza", op. cit., p. 685).

[203] GIOVENE, Achille. Sul fondamento specifico dell'istituto della "sopravvenienza". Rivista di diritto commerciale e del diritto generale delle obbligazioni, Milano, n. 19 (1), p. 155-177, 1921; GIOVENE, Achille. Postilla in tema di "sopravvenienza". Rivista di diritto commerciale e del diritto generale delle obbligazioni, Milano, 25 (1), p. 525-532, 1927. Tais artigos foram atualizados e republicados com outros em GIOVENE, Achille. L'impossibilità della prestazione e la "sopravvenienza": la dottrina della clausola "rebus sic stantibus". Padova: CEDAM, 1941.

A despeito das várias teorias cunhadas à época[207], apontando os mais diversos fundamentos dogmáticos para a resolução e a revisão de contratos afetados por circunstâncias supervenientes, há razoável consenso no sentido de que todas elas falharam. E isso porque o direito positivo italiano anterior ao Código de 1942 não amparava as tentativas de construção doutrinária.[208]

Normas editadas em 1915 positivaram a figura da excessiva onerosidade superveniente, ao qualificar a guerra como força maior não somente quando levasse à impossibilidade, mas também quando tornasse a prestação excessivamente onerosa. Contudo, como relata Cagnasso, nem mesmo a referida legislação alterou o panorama do sistema italiano, pois vigeu por poucos anos, durante os quais suscitou diversos problemas e interpretações.[209]

Ainda segundo Cagnasso, o Projeto preliminar de Livro das Obrigações de 1940 foi o primeiro a regular a excessiva onerosidade superveniente de modo "substancialmente coincidente" com o Código de 1942.[210]

---

[204] OSILIA, Elio. La sopravvenienza contrattuale. Rivista di diritto commerciale e del diritto generale delle obbligazioni, Milano, 22 (1), p. 297-331, 1924. O autor também voltaria a tratar do tema após a promulgação do Código de 1942 (OSILIA, Elio. Eccessiva onerosità ed impossibilità sopravvenute nella prestazione. Genova: Stabilimento Tipografico Artigiano, 1950).

[205] PUGLIESE, Giuseppe. Laesio superveniens. Rivista di diritto commerciale e del diritto generale delle obbligazioni, Milano, n. 23, p. 1-21, 1925.

[206] DE SIMONE, Mario. Ancora sulla sopravvenienza contrattuale nel diritto positivo. Rivista di diritto privato, Padova, n. 10, p. 34-86, 1940.

[207] Úteis resenhas podem ser encontradas em ANDREOLI, Marcello. Revisione delle dottrine sulla sopravvenienza contrattuale. Rivista di diritto civile, Padova, n. 30, p. 309-376, 1938; BRACCIANTI, Carlo. Degli effetti della eccessiva onerosità sopravveniente nei contratti. 2. ed. Milano: Giuffrè, 1947; e CAGNASSO, Oreste. Appalto e sopravvenienza contrattuale: contributo a una revisione della dottrina dell'ecccessiva onerosità. Milano: Giuffrè, 1979, p. 25-32.

[208] ANDREOLI, Revisione delle dottrine sulla sopravvenienza contrattuale, op. cit., p. 366; BRACCIANTI, Degli effetti della eccessiva onerosità sopravveniente, op. cit., p. 62.

[209] CAGNASSO, Appalto e sopravvenienza contrattuale, op. cit., p. 44. Ainda segundo Cagnasso, a tradição italiana encontra-se precipitada no art. 516 do Projeto de Código Comercial de Vivante, de 1921, que regulou a excessiva onerosidade de modo bastante semelhante ao que viria a ser consagrado no Codice de 1942, conquanto de forma restrita à empreitada (Ibid., p. 55-56).

[210] Ibid., p. 60.

A seguir encontram-se expostas, a partir do marco temporal adotado, as contribuições mais significativas ao estudo da natureza jurídica da oferta de modificação equitativa.[211] Elas foram agrupadas e divididas em períodos, considerando a proximidade temporal e a influência recíproca.

11. Décadas de 1940 a 1960

a. Andrea Torrente

Em 1947, Andrea Torrente discorreu brevemente sobre a natureza jurídica da oferta de revisão equitativa no âmbito da rescisão por lesão[212], em comentário a decisão da Corte de Cassação italiana proferida naquele mesmo ano.[213]

A despeito de ressaltar a distinção entre a fórmula do art. 1.450 do Código Civil de 1942[214] e aquela do art. 1.534 do Código de 1865[215] – este dispunha de modo mais claro sobre o momento em que o poder de escolha poderia ser exercido, ao passo que aquele se limitava a atribuir a opção ao contratante demandado –, Torrente conclui que a questão "se apresenta nos mesmos termos em que se punha sob a vigência do código revogado".[216]

Sob essa premissa, o autor observa que a lei concede ao requerido, na demanda de rescisão por lesão, "uma *facultas solutionis*: ele poderá liberar-se do vínculo ao qual se submete por efeito da rescisão, efetuando,

---

[211] Naturalmente, a importância da contribuição foi valorada não em função da extensão com que foi exposta, mas sobretudo pelo papel desempenhado no *continuum* da evolução doutrinária.

[212] TORRENTE, Andrea. Comentário a acórdão (sem título). Il Foro italiano, Roma, n. 70 (1), p. 566-568, 1947. Muito embora o autor discorra tendo por objeto uma decisão que tratou de rescisão por lesão, ao final do comentário esclarece que o discurso poderia aplicar-se também à "hipótese análoga de resolução por excessiva onerosidade" (Ibid., p. 568).

[213] Segundo a qual, no regime da rescisão da compra e venda por lesão, previsto no Código Civil italiano de 1865, o comprador poderia exercer a opção entre restituir a coisa e efetuar o pagamento do suplemento do justo preço sem qualquer limite temporal, mesmo após a publicação da sentença que pronunciara a rescisão.

[214] "Art. 1450. Offerta di modificazione del contratto. Il contraente contro il quale è domandata la rescissione può evitarla offrendo una modificazione del contratto sufficiente per ricondurlo ad equità."

[215] "1534. Nel caso in cui l'azione di rescissione venga ammessa, il compratore ha la scelta o di restituire la cosa, o di ritenerla pagando il supplemento al giusto prezzo."

[216] TORRENTE, Comentário a acórdão (sem título), op. cit., p. 567.

no lugar da restituição do preço, uma prestação que restabeleça o equilíbrio contratual". Tratar-se-ia, então, em sua ótica, de uma *obrigação facultativa*, em que a escolha poderia ser realizada enquanto a coisa não fosse restituída.[217]

A posição de Torrente não parece totalmente clara, mormente quando se tem em mente a diferença de regime entre os Códigos de 1865 e de 1942. Não por acaso, viria a ser criticada pela doutrina posterior.

b. Enrico Redenti

Em uma de suas não raras incursões no direito civil[218], Enrico Redenti enfrentou o tema da natureza jurídica da oferta de modificação equitativa do contrato.[219] Escrevendo em 1947, notou a incerteza da doutrina e o silêncio da jurisprudência sobre a questão.

Para ele, a oferta de *reductio ad aequitatem* consiste em uma "declaração de vontade de caráter negocial dirigida à outra parte, ainda que formalmente inserida em um ato processual destinado, ao mesmo tempo, ao juiz". O destinatário da declaração negocial poderá, portanto, aceitar a oferta, caso em que nascerá um "acordo contratual perfeito", ou, em caso de recusa, dissenso ou resistência, o credor ofertante poderá obter do juiz uma sentença que "produza os efeitos" do acordo não concluído, "analogamente ao quanto disposto" no art. 2.932 do Código Civil italiano[220], que trata da execução específica da obrigação de concluir um contrato.[221-222]

---

[217] Ibid., p. 567-568.
[218] Vide AULETTA, Giuseppe. Gli studi di diritto sostanziale di Enrico Redenti. Rivista trimestrale di diritto e procedura civile, Milano, n. 39 (1), p. 1-23, mar. 1985.
[219] REDENTI, Enrico. L'offerta di riduzione ad equità. Rivista trimestrale di diritto e procedura civile, Milano, n. 1 (1), p. 576-583, mar. 1947.
[220] "Art. 2932. Esecuzione specifica dell'obbligo di concludere un contratto. Se colui che è obbligato a concludere un contratto non adempie l'obbligazione, l'altra parte, qualora sia possibile e non sia escluso dal titolo, può ottenere una sentenza che produca gli effetti del contratto non concluso.
Se si tratta di contratti che hanno per oggetto il trasferimento della proprietà di una cosa determinata o la costituzione o il trasferimento di un altro diritto, la domanda non può essere accolta, se la parte che l'ha proposta non esegue la sua prestazione o non ne fa offerta nei modi di legge, a meno che la prestazione non sia ancora esigibile."
[221] REDENTI, L'offerta di riduzione ad equità, op. cit., p. 577.
[222] Nota-se em alguns autores italianos modernos a tendência a simplificar o pensamento de Redenti, afirmando que ele consideraria a oferta uma verdadeira proposta contratual, ou que sustentaria a aplicação direta (e não analógica) do art. 2.932 do Código Civil italiano.

Para Redenti, a oferta de modificação traduz-se em "modificar a *lex contractus*", e não em meramente "dar uma coisa no lugar de outra", como afirmara Torrente.[223]

A eficácia dessa declaração negocial dependeria, contudo, "da aceitação ou da sentença". Com efeito, o autor nota que a oferta vem tratada, nos arts. 1.450 e 1.467 do Código Civil italiano, como "ato ou atividade do réu para opor-se a uma demanda (de rescisão ou de resolução) alheia e evitar-lhe o acolhimento, isto é, como episódio ou fenômeno que se atua no processo."[224]

A oferta não tem natureza processual, prossegue Redenti, pois ela "não se reduz a uma ação ou a uma exceção, mas constitui uma premissa subjacente à (eventual) ação ou exceção".[225]

No tocante ao ato processual no qual a oferta se insere, ele rejeita a qualificação de mera exceção, porque "não introduz *sic et simpliciter* um motivo de rejeição da demanda, mas sim de rejeição somente se, e enquanto, o juiz emita um diverso provimento, que é requerido a esse efeito pelo réu." O raciocínio o conduz, assim, à figura da demanda.[226]

Redenti considera não haver, por outro lado, uma "demanda reconvencional no sentido ordinário da palavra", mas sim uma reconvenção "*sui generis*", "com escopo constitutivo", pois inexiste possibilidade de duplo provimento do juiz; ao contrário, deve o magistrado necessariamente julgar a favor do autor, se entender pela inconformidade da oferta, ou a favor do réu, no caso inverso, com a consequente rejeição da demanda.[227]

Para ele, importa o fato de essa "contrademanda" não se fundar apenas em uma situação jurídica preexistente, mas sim na "assunção, pelo réu, de maior carga (peso) de obrigações ou de prestações", que é a "essência da oferta". Extrai-se daí a necessidade da declaração de vontade

---

A última assertiva, como se vê equivocada, encontra-se, exemplificativamente, em: GALLO, Paolo. Il contratto. Torino: G. Giappichelli, 2017, p. 1003; GALLO, Paolo. Contratto e buona fede: buona fede in senso oggettivo e trasformazioni del contratto. 2. ed. Torino: UTET, 2014, p. 980.

[223] Ibid., p. 578, nota 3.
[224] Ibid., p. 578.
[225] Ibid., p. 578.
[226] Ibid., p. 578.
[227] Ibid., p. 578.

do réu, "que é o *prius* da proposição judicial da contrademanda como ato ou atividade do processo".[228]

A partir dessa natureza, conclui pela possibilidade de realização de oferta extrajudicial, no contexto de uma "ameaça" de propositura de ação resolutória, caso em que, se aceita, levaria à extinção da *causa petendi* da demanda sequer aforada.[229]

Como já se observou,[230] foi mérito de Redenti considerar os *dois perfis* da oferta de modificação equitativa do contrato: o substancial e o processual. Essa observação, no entanto, não deve atribuir uma espécie de hibridismo à construção redentiana. Ao contrário, o aspecto substancial assume nítida prevalência em sua exposição,[231] o que parece particularmente claro quando afirma ser "aberrante conceber a oferta como ato ou fato necessariamente e exclusivamente processual". "Em realidade", prossegue, "ela é ato de direito substancial, com consequências que se podem atuar também no processo ou mediante o processo".[232]

Em escrito posterior, Redenti afirmou que, no texto de 1947, expusera "a natureza negocial (contratual) *e não processual* da oferta de recondução à equidade".[233] Essa consideração parece ajudar a precisar a natureza jurídica da oferta modificativa no pensamento do autor. Afirmar a natureza "contratual" da oferta parece ter o sentido de excluir a sua auto-suficiência, inserindo-a em *fattispecie* complexa tendente à modificação do contrato, para cuja composição se somam outros elementos (notadamente a manifestação de vontade do oblato ou a sentença do juiz).

A posição de Redenti parece nem sempre ter sido adequadamente reproduzida pela doutrina e jurisprudência posteriores.[234]

---

[228] Ibid., p. 579.
[229] Ibid., p. 579.
[230] D'ANDREA, Stefano. L'offerta di equa modificazione del contratto. Milano: Giuffrè, 2006, p. 59.
[231] Não é por outra razão que Boselli, escrevendo alguns anos depois, referiria a tese de Redenti como a mais relevante do grupo de autores que acentuam o perfil *substancial* da oferta de modificação equitativa do contrato (BOSELLI, Aldo. La risoluzione del contratto per eccessiva onerosità. Torino: UTET, 1952, p. 294).
[232] REDENTI, L'offerta di riduzione ad equità, op. cit., p. 580.
[233] REDENTI, Enrico. Sulla nozione di eccessiva onerosità. Rivista trimestrale di diritto e procedura civile, Milano, n. 13, p. 344-350, 1959, aqui p. 344 (grifo nosso).
[234] Carlo Terranova, por exemplo, vincula a Redenti a afirmação, contida em julgado da Corte de Cassação italiana, no sentido de que a proposta de modificação, quando não acei-

c. Angelo De Martini

No mesmo ano do estudo de Redenti, Angelo De Martini também discorreu acerca da natureza jurídica da oferta de *reductio ad aequitatem*, ao comentar decisão da Corte de Cassação que, a seu ver corretamente, excluíra a possibilidade de o juiz sanar eventuais deficiências da proposta tida como não equitativa.[235]

Partindo da letra do art. 1.467, 3 do Código Civil italiano – notadamente do verbo "evitar" –, o autor observa que, de ponto de vista "instrumental, e em um certo sentido processual", a oferta parece qualificar-se como uma *exceção* oposta pelo credor, a fim de paralisar a demanda resolutória.[236]

Abordando a questão sob ângulo substancial, De Martini refuta a posição de Torrente. Não há *facultas solutionis*, pois inexiste obrigação a cargo do credor, a respeito da qual a oferta de modificação pudesse se pôr como facultativa.[237] A seu ver, a solução cogitada por Torrente distorce a lei, pois faz com que a oferta de modificação equitativa não evite a resolução, mas atue apenas no momento posterior à resolução já pronunciada, eliminando as suas consequências.[238]

O autor conclui tratar-se de *exceção em sentido substancial*: "Não remanesce – parece-me – alternativa a não ser configurar a faculdade de oferecer uma equitativa modificação do contrato como uma posição jurídica a se contrapor, *no mesmo plano de funcionalidade*, ao direito à rescisão e à resolução. É um direito do requerido em confronto com o autor

---

ta pela contraparte, perderia o caráter negocial e se converteria em demanda processual (TERRANOVA, Carlo. L'eccessiva onerosità nei contratti. Milano: Giuffrè, 1995 (Coleção Il Codice civile: commentario, organizada por Piero Schlesinger), p. 186, nota 19). Não é difícil perceber que essa construção não encontra amparo na tese redentiana. Foi mérito de Stefano D'Andrea demonstrar como a posição de Redenti, em dado momento, veio a ser interpretada pela jurisprudência italiana de modo não totalmente fiel ao pensamento do autor (D'ANDREA, L'offerta di equa modificazione del contratto, op. cit., p. 69-73).

[235] Publicação original: DE MARTINI, Angelo. Natura, momento e modalità dell'offerta di reductio ad aequitatem. Giurisprudenza Completa della Corte Suprema di Cassazione: sezioni civili. Roma, n. 26 (3), p. 419-423, 1947. Republicado no Capítulo VIII da obra: DE MARTINI, Angelo. L'eccessiva onerosità nell'esecuzione dei contratti. Milano: Giuffrè, 1950, p. 129-140.

[236] DE MARTINI, L'eccessiva onerosità nell'esecuzione dei contratti, op. cit., p. 130.

[237] Ibid., p. 132-133.

[238] Ibid., p. 133.

da demanda de resolução ou de rescisão, para neutralizar o direito a resolver ou a rescindir. É um direito, assim, que se põe como *limite* ao direito de rescisão ou de resolução, que a lei concede ao autor lesado ou excessivamente onerado: uma *exceção em sentido substancial*, como instrumento de defesa, de contra-ataque em relação à demanda instaurada pelo autor".[239]

d. Francesco Messineo

Em sua monumental obra sobre a teoria geral dos contratos[240], Francesco Messineo não aprofunda a natureza jurídica da oferta modificativa. Ao tratar da oferta em tema de excessiva onerosidade, remete ao que dissera sobre a *reductio ad aequitatem* em matéria de lesão.[241] Ao cuidar da lesão, no entanto, limita-se a afirmar que a oferta poderia ser chamada "reconvencional", aduzindo que ela "restabelece o equilíbrio contratual e trunca a lide, salvando o contrato (*conservação do contrato*)".[242]

Mas a contribuição original de Messineo foi inserir a oferta modificativa no quadro das modificações unilaterais do contrato, ao afirmar: "É recorrente em mais de um caso, e talvez se erija ao grau de instituto geral, a modificação do contrato, *por força de ato unilateral*. Trata-se de um verdadeiro e próprio *ius variandi*. O seu efeito é que o *conteúdo* do contrato e, portanto, a substância dos direitos e obrigação dele nascidos, se torna *parcialmente diverso daquele originário*. [...] De modificação do contrato fala [...] também o art. 1450".[243]

A despeito de sintética, a precisa colocação do autor conheceu grande repercussão.

e. Aldo Boselli

No capítulo final de sua obra dedicada à resolução do contrato por excessiva onerosidade superveniente, Aldo Boselli trata da oferta de

---

[239] Ibid., p. 134 (grifos do autor).
[240] MESSINEO, Francesco. Dottrina generale del contratto: artt. 1321-1469 cod. civ.. 3. ed. Milano: Giuffrè, 1948.
[241] Ibid., p. 514.
[242] Ibid., p. 460 (grifo do autor).
[243] Ibid., p. 532 (grifo do autor). Observação semelhante encontra-se em MESSINEO, Francesco. Manuale di diritto civile e commerciale: volume 3. 9. ed. Milano: Giuffrè, 1959, p. 694.

modificação equitativa do contrato.[244] O autor parte de uma classificação das diversas teorias sobre a natureza da oferta em três grupos: (i) teorias que acentuam o aspecto substancial da oferta; (ii) teorias que põem ênfase no seu aspecto processual; e (iii) teorias "indecisas entre um e outro extremo".[245]

No primeiro grupo, inclui a posição de Torrente, que julga genérica, e a construção de Redenti, que "libera o instituto, completamente, do terreno processual". O segundo grupo abarcaria De Martini e Mirabelli[246]. No terceiro, enfim, insere Messineo.[247]

Boselli afasta a natureza puramente processual da oferta de modificação equitativa, observando que a norma legislativa seria inútil caso a modificação dependesse necessariamente de um acordo entre as partes. Em outras palavras, a oferta, uma vez tenha a sua idoneidade reconhecida pelo juiz, deve poder evitar a resolução, sob pena de esvaziar o dispositivo legal. A modificação do contrato, portanto, será efeito (substancial) da oferta.[248]

Para ele, a natureza "eminentemente substancial" do ato em questão é deduzida da própria norma: "[...] a oferta, quando as suas condições resultem idôneas a reconduzir o contrato à equidade, é idônea *por si só* (por intermédio, bem entendido, da intervenção da pronúncia do magistrado) a provocar a modificação da relação, no sentido de que, uma vez formulada uma oferta idônea, a outra parte não possa se subtrair à modificação desejada pelo ofertante".[249]

Aludindo à "intuição" de Messineo, no referir a oferta como expressão do *ius variandi*, Boselli conclui estar-se diante de um verdadeiro *poder de modificação unilateral do contrato*, cuja função seria permitir a *conservação* da relação contratual. O exercício desse poder, a seu turno, dependeria de três condições: existência, *in concreto*, de um contrato resolúvel; idoneidade da modificação a reconduzir o contrato à equidade; e instauração de uma ação resolutória.[250]

---

[244] BOSELLI, La risoluzione del contratto per eccessiva onerosità, op. cit., p. 293-310.
[245] Ibid., p. 294.
[246] Que viria, no entanto, a mudar de opinião, como se verá no item 11.7.
[247] BOSELLI, La risoluzione del contratto per eccessiva onerosità, op. cit., p. 294-295.
[248] Ibid., p. 296.
[249] Ibid., p. 296 (grifo do autor).
[250] Ibid., p. 298.

O último pressuposto, segundo o autor, representa um obstáculo intransponível para as construções que pretendem negar o perfil processual da oferta. Para ele, trata-se de ato substancial "que somente pode ser atuado no processo e por meio do processo". Boselli rejeita a concepção da oferta como exceção e entende que a sentença, constitutiva de uma situação jurídica nova, acolhe "demanda implícita", a qual, em linha com o exposto Redenti, teria índole de contrademanda ou reconvenção *sui generis*.[251]

Em síntese, a oferta de modificação equitativa teria a natureza de um "poder unilateral de modificação da *lex contractus*, exercitável mediante uma contrademanda dirigida ao juiz [...]".[252]

f. Francesco Carnelutti

Na *Rivista di Diritto Processuale*, por ele fundada e dirigida, Francesco Carnelutti ocupou-se da *offerta di riduzione del contratto ad equità* em alguns comentários a decisões das Cortes italianas. Após uma primeira incursão no tema em 1946, ocasião em que negou a viabilidade de uma oferta genérica,[253] a ele retornou em 1953, ao comentar decisão da Corte de Cassação.[254]

Indagando se a oferta constituiria um "negócio de direito processual", Carnelutti parte da observação de que a oferta, uma vez aceita pelo autor, conduz à modificação do contrato ("[...] um novo contrato substitui o precedente"). Se não for aceita – prossegue –, e o juiz julgá-la suficiente, não poderá pronunciar a rescisão do contrato, o que significa que, também nessa hipótese, o contrato será modificado, independen-

---

[251] Ibid., p. 298-300.
[252] Ibid., p. 300.
[253] CARNELUTTI, Francesco. Offerta di modificazione del contratto impugnato per lesione. Rivista di diritto processuale, Padova, n. 1 (2), p. 66-67, 1946.
[254] CARNELUTTI, Francesco. Preclusione dell'offerta di riduzione del contratto ad equità. Rivista di diritto processuale, Padova, n. 8 (2), p. 108-111, 1953. Muito embora Carnelutti tenha tratado, de modo expresso, somente da natureza da oferta de modificação realizada no âmbito da lesão, a sua posição ocupou um papel no *continuum* da doutrina que tratou, de modo mais genérico, da natureza jurídica da oferta de modificação equitativa do contrato, razão pela qual a sua inserção nesse tópico. O autor ainda viria a tratar da oferta de modificação equitativa em outro comentário a decisão judicial, sem, contudo, discorrer sobre a sua natureza jurídica (CARNELUTTI, Francesco. Ancora sull'offerta di riduzione del contratto ad equità. Rivista di diritto processuale, Padova, n. 9 (2), p. 25-27, 1954).

temente da concordância da contraparte. Em suas palavras: "Com a condição de ser equitativa, a oferta basta por si só para modificar o contrato, de modo que o juiz, se reconhecer a equidade, deve rejeitar a demanda do autor".[255]

Partindo dessas premissas – e sobretudo da eficácia modificativa da oferta realizada em bases equitativas –, Carnelutti nega veementemente a natureza processual da figura: "Mais substancial do que isso, o conteúdo do negócio não poderia ser. Um negócio substancial, que se realiza no processo; mas já é um lugar comum que o caráter processual não depende de que esse venha *no processo*, mas que produza os seus efeitos *sobre o processo*. A oferta não é, pois, nem uma exceção, nem uma reconvenção; não é, em suma, uma demanda do requerido, mas uma proposta de modificação do contrato, à qual a lei reconhece a eficácia de modificá-lo desde que seja equânime, mesmo sem a aceitação da parte contrária".[256]

g. Giuseppe Mirabelli

Giuseppe Mirabelli tratou da oferta de modificação equitativa em seu conhecido livro sobre a rescisão do contrato.[257] Nesse ponto, todavia, a segunda edição da obra, de 1962, diverge radicalmente da primeira, de 1951. Como o próprio autor adverte, os itens correspondentes foram "inteiramente refeitos, pois a elaboração do argumento, contida na primeira edição, revelou-se inadequada".[258] Naturalmente, a exposição a seguir considerará a segunda edição da referida obra.[259]

---

[255] Ibid., p. 110.
[256] Ibid., p. 110 (grifo do autor).
[257] MIRABELLI, Giuseppe. La rescissione del contratto. 1. ed. Napoli: Jovene, 1951; MIRABELLI, Giuseppe. La rescissione del contratto. 2. ed. Napoli: Jovene, 1962. A despeito do objeto do livro, o autor estende o discurso, nesse ponto, à oferta realizada no âmbito da demanda de resolução por excessiva onerosidade superveniente.
[258] MIRABELLI, La rescissione del contratto, 2. ed., op. cit., p. 343.
[259] De fato, a comparação entre as duas edições da obra mostra que o ponto mereceu, do autor, um desenvolvimento bastante superior e mais extenso. Na primeira edição, Mirabelli parte da necessidade de tutelar ao máximo o requerido para admitir a revogabilidade da oferta. Na mesma esteira, nega que se trate de uma manifestação de vontade "obrigatória", assim como afasta qualquer proximidade com a oferta ou proposta contratual. Sendo declaração revogável e não obrigatória, o autor vê na oferta um mero pedido (*"istanza"*) dirigido ao juiz e à contraparte, com reflexos puramente processuais (o dever de o juiz sobre ela se

Para o autor, a raiz da divergência doutrinária no tocante à natureza jurídica da oferta encontra-se em diversa interpretação da locução "evitar a rescisão", contida no art. 1.450 do Código Civil italiano. Ao passo que, para uns, a expressão deveria ser entendida como "evitar os efeitos da rescisão", isto é, evitar as consequências da sentença rescisória ou resolutória, para outros, deveria ser interpretada como "evitar a sentença que decreta a rescisão".[260]

Segundo Mirabelli, a primeira exegese, defendida por Torrente, importa no "grave inconveniente da duplicação dos juízos", pois as partes estariam adstritas a aguardar o desfecho da lide sobre a resolubilidade do contrato para, então, enfrentar a questão atinente à sua possível modificação.[261]

Já a segunda posição – da qual seriam partidários Redenti, Boselli e Carnelutti – considera a oferta "um ato vinculativo, de conteúdo negocial, assimilável a uma oferta ou proposta de contrato, com o qual o requerido na ação de rescisão propõe uma modificação contratual, permanecendo vinculado a atuá-la, dado que tal proposta seja aceita pela contraparte ou reconhecida adequada pelo juiz".[262]

A ela, o autor opõe duas "objeções de fundo": a interpretação proposta não encontraria suficiente amparo na lei e não levaria em conta os efeitos da pronúncia, em especial a hipótese de o credor, tendo evitado a sentença de rescisão, não vir a executar a modificação contratual proposta.[263]

Segundo Mirabelli, o principal argumento empregado em abono da tese da natureza negocial da oferta seria o fato de a aceitação do devedor levar à conclusão de um acordo modificativo do contrato. A oferta seria, pois, "proposta de contrato modificativo". Para o autor, no entanto,

---

manifestar). Tampouco a pronúncia judicial tornaria obrigatório o adimplemento da modificação. (MIRABELLI, La rescissione del contratto, 1. ed., op. cit., p. 302-306). No mesmo sentido, o autor posicionou-se, com brevidade, em outra obra (MIRABELLI, Giuseppe. L'atto non negoziale nel diritto privato italiano. Napoli: Jovene, 1955, p. 391-392). Vide, por fim, a classificação das correntes doutrinárias sobre o tema, feita por ele em obra voltada à teoria geral dos contratos (MIRABELLI, Giuseppe. Dei contratti in generale. Torino: UTET, 1961, p. 466-468).

[260] MIRABELLI, La rescissione del contratto, 2. ed., op. cit., p. 344.
[261] Ibid., p. 346.
[262] Ibid., p. 346.
[263] Ibid., p. 347.

essa observação seria inócua, pois a oferta dirigida à contraparte difere da oferta regulada em lei. A oferta de modificação *dirigida à contraparte* somente produzirá efeitos sobre a demanda "quando conduzir a um acordo que torne superada a matéria em disputa, antes da pronúncia, do mesmo modo que qualquer proposta de acordo transativo, que seja feita em relação a qualquer controvérsia". A oferta prevista nos arts. 1.450 e 1.467, 3 do Código Civil italiano, ao contrário, somente teria relevância "se for proposta em juízo e se requerida uma pronúncia do juiz".[264]

Para o autor, portanto, sempre haverá *dois atos distintos*, ainda que, porventura, formalmente se apresentem como ato único: (i) um, visando à "eliminação da lide principal, mediante acordo de direito substancial"; e (ii) outro, voltado "à solução, no âmbito do Processo, de uma controvérsia particular, isto é, da controvérsia sobre a exercitabilidade da faculdade de escolha, entre rescisão e modificação, que a norma atribui ao requerido".[265]

Mirabelli destaca as consequências "absurdas", "iníquas" e "ilógicas" advindas da teoria que julga a oferta um modo de evitar a sentença de rescisão (ou resolução), e não os seus efeitos. Em primeiro lugar, permite a obtenção de provimento sobre a oferta sem a prévia averiguação dos pressupostos da rescindibilidade (ou resolubilidade) do contrato, obrigando o credor a executar a oferta mesmo se ausentes tais pressupostos. Em segundo lugar, ao vincular indevidamente o credor à oferta[266], confere ao juiz o poder de "transformar o contrato", emitindo provimento gerador dos efeitos do acordo não alcançado, sem previsão legal. Por fim, não tutela o devedor de modo eficaz, pois, na hipótese de o credor se abster de executar as modificações contratuais propostas, restar-lhe-ia a "magra satisfação de poder executar o contrato modificado, a título não mais de rescisão, mas de inadimplemento".[267]

Diante disso, propôs-se a construir a oferta de modificação sob dois novos pressupostos. Primeiro, interpretou a locução "evitar a rescisão"

---

[264] Nesse caso, acrescenta, "pede-se que o juiz emita uma pronúncia de adequação, com a qual o ofertante esteja habilitado a liberar-se da pretensão adversária, executando-a, ainda que a contraparte se oponha ou não tenha interesse" (Ibid., p. 348-349).
[265] Ibid., p. 349.
[266] Para Mirabelli, ao contrário, o requerido não estaria vinculado à oferta, até porque a sua concretização poderia não lhe ser interessante no momento em que a sentença viesse a ser executada (Ibid., p. 350).
[267] Ibid., p. 352.

ou "evitar a resolução por excessiva onerosidade", no sentido de atribuir ao requerido a faculdade "de impedir que o contrato rescindido [ou resolvido] seja reduzido a nada, e não no sentido de estar prevista a faculdade de fazer com que não tenha lugar a pronúncia de rescisão (ou de resolução) [...]".[268] Segundo, distinguiu a oferta como "ato substancial" – digirida à contraparte, tendente a produzir um acordo entre elas e, com isso, cessar a disputa sobre a rescindibilidade do contrato – e a oferta como "ato processual" – dirigida ao juiz, tendente a dele obter "autorização para evitar as consequências do acolhimento da pretensão de rescisão (ou resolução), com a execução de uma modificação do contrato".[269] Somente a oferta tomada como demanda processual, dirigida ao juiz, é que se origina do art. 1.450 e do art. 1.467 do *Codice Civile* como "instituto particular".[270]

Para Mirabelli, a despeito de o exercício do *direito potestativo* atribuído ao requerido situar-se no plano do direito substancial, ele está sujeito a dois "pressupostos que atuam por intermédio do processo", a saber: (i) a propositura da ação correspondente à pretensão de rescisão ou de resolução, com o respectivo julgamento favorável à pretensão do autor; e (ii) o acolhimento da demanda do requerido, com o reconhecimento da adequação da prestação que se pretende desempenhar.[271]

Com essa construção, Mirabelli desloca o exercício do direito potestativo para a fase de (eventual) *execução* da oferta de modificação equitativa. O direito potestativo "não é, como deduzem doutrina e jurisprudência, a oferta, mas é a execução da prestação, que foi ofertada e reconhecida como adequada".[272]

A oferta, com isso, fica reduzida ao "ato tendente a obter a declaração da 'suficiência' da modificação", com o qual se adimple o "ônus do reconhecimento judicial de tal suficiência, que, implicitamente, é posto a cargo do próprio requerido, como pressuposto necessário para que se possa exercer o direito".[273]

---

[268] Ibid., p. 352.
[269] Ibid., p. 353.
[270] Ibid., p. 355. A seu ver, isolar a oferta como "demanda processual" faz com que ela retorne "ao álveo do normal sistema processual" (Ibid., p. 353).
[271] Ibid., p. 355.
[272] Ibid., p. 355.
[273] Ibid., p. 356.

A oferta modificativa seria, em síntese, uma "demanda declaratória".[274] Nas palavras de Mirabelli: "A demanda proposta com a oferta de recondução à equidade é, na verdade, nada mais do que uma demanda acessória, proponível no procedimento de rescisão ou de resolução por excessiva onerosidade, tendente a uma pronúncia declaratória secundária, isto é, ao reconhecimento do conteúdo daquele direito potestativo atribuído ao requerido, reconhecimento que é pressuposto necessário para o exercício do próprio direito, tal como construído pela lei".[275]

12. Décadas de 1970 e 1980

Após um período de produção literária menos intensa, o tema da natureza jurídica da oferta de modificação equitativa foi retomado por Enrico Quadri no início dos anos 70 do século XX.[276]

Escrevendo sobre a retificação do contrato viciado por erro, prevista no art. 1.432 do Código Civil italiano[277] (ao qual corresponde o art. 144 do Código Civil brasileiro[278]), o autor inseriu-a no contexto de outros meios para "sanar o contrato impugnável", orientados à conservação do contrato. Dentre eles, abordou, então, a oferta de modificação equitativa da prestação excessivamente onerosa.

Partindo da impossibilidade de uma revisão do contrato *ex officio* por parte do juiz, Quadri observou que o Código Civil italiano atribuiu ao credor requerido um "verdadeiro e próprio poder" de conservar o contrato, exercido por meio da oferta, da qual adviria a modificação equitativa do contrato.[279]

O autor examinou, ainda, se a modificação do contrato seria efeito da oferta ou da sentença que aferiu a sua equidade. Para ele, a resposta "depende essencialmente do âmbito de discricionariedade que se

---

[274] Ibid., p. 357.
[275] Ibid., p. 356.
[276] QUADRI, Enrico. La rettifica del contratto. Milano: Giuffrè, 1973.
[277] "Art. 1432. Mantenimento del contratto rettificato. La parte in errore non può domandare l'annullamento del contratto se, prima che ad essa possa derivarne pregiudizio, l'altra offre di eseguirlo in modo conforme al contenuto e alle modalità del contratto che quella intendeva concludere."
[278] "Art. 144. O erro não prejudica a validade do negócio jurídico quando a pessoa, a quem a manifestação de vontade se dirige, se oferecer para executá-la na conformidade da vontade real do manifestante."
[279] QUADRI, La rettifica del contratto, op. cit., p. 125.

reconhece ao juiz na valoração da oferta". Se se admitir que o magistrado empregue um "critério flexível e discricionário", ou seja, um "verdadeiro e próprio juízo de equidade", dever-se-ia concluir pela natureza constitutiva da sentença, da qual derivaria a modificação do conteúdo contratual. Ao contrário, uma vez afirmada a "natureza negocial da oferta"[280], seria difícil sustentar a natureza constitutiva do provimento judicial. O papel do juiz estaria, assim, "circunscrito a uma mera averiguação da equidade das condições oferecidas pela parte a tanto legitimada".[281]

Dessas considerações sobre o papel do juiz e o sentido atribuído pela lei à equidade, Quadri extrai a eficácia modificativa da oferta, independentemente da aceitação do devedor: "O contratante exposto à ação de rescisão ou de resolução por excessiva onerosidade tem, pois, um verdadeiro e próprio direito de natureza potestativa, que se exercita com a oferta, a propósito do qual, não sem razão, tem-se falado de *ius variandi* do contrato por ato unilateral de vontade".[282]

O autor conclui tratar-se de um "típico negócio jurídico unilateral, de um ato de autonomia e não de um ato jurídico em sentido estrito".[283]

São desse período, ainda, as obras de Oreste Cagnasso[284] e Paolo Tartaglia[285], ambas voltadas ao estudo da excessiva onerosidade superveniente no âmbito do contrato de empreitada. O primeiro limita-se a apontar a controvérsia em torno da natureza da oferta, remetendo, "por todos", ao escrito de Redenti.[286] O segundo, a seu turno, enfrenta a questão.

Após expor e criticar algumas das principais posições sobre o tema, Tartaglia acolhe a visão de Messineo, vendo na oferta "um verdadeiro e

---

[280] Ibid., p. 126. O autor não chega, nesse ponto, a propriamente demonstrar a sua assertiva, antes a apoiando na doutrina e jurisprudência dominantes. Parece implícita a evocação do mesmo raciocínio utilizado no estudo da oferta de retificação, à qual Quadri atribui a natureza de negócio jurídico unilateral receptício, após concluir que a posição jurídica do destinatário da declaração negocial emitida mediante erro qualifica-se como direito potestativo (Ibid., p. 38 e seguintes).
[281] Ibid., p. 126-127.
[282] Ibid., p. 132-133.
[283] Ibid., p. 133.
[284] CAGNASSO, Appalto e sopravvenienza contrattuale, op. cit..
[285] TARTAGLIA, Paolo. Eccessiva onerosità ed appalto. Milano: Giuffrè, 1983.
[286] CAGNASSO, Appalto e sopravvenienza contrattuale, op. cit., p. 189, nota 138.

próprio *jus variandi* do contrato, por ato unilateral de vontade". E aduz: "A *reductio*, de fato, representa o contradireito concedido pela norma em oposição ao direito de resolução (ou rescisão) e vem manifestada mediante uma declaração de vontade unilateral receptícia dirigida à outra parte". Aludindo a Redenti, o autor nota, contudo, que a oferta deve ser veiculada por meio de um ato processual dirigido simultaneamente ao julgador, o que excluiria a relevância de uma oferta extrajudicial. Analisando a figura sob o viés processual, Tartaglia também adere à concepção redentiana, concluindo ser a oferta "uma figura *sui generis*, que não encontra correspondência precisa na exceção e na demanda reconvencional, tendo pontos de contato com uma e com outra figura".[287]

13. Décadas de 1990 e 2000

São desse período as únicas duas monografias italianas, de que temos conhecimento, integralmente voltadas ao estudo da natureza jurídica e dos efeitos da oferta de modificação equitativa.

a. Francesca Panuccio Dattola[288]

A autora parte da qualificação do direito de o requerido, em demanda resolutória, formular a oferta de modificação equitativa. Sendo "dado absolutamente seguro" o fato de a aceitação do requerente não consistir em fator de eficácia da oferta formulada em juízo, ter-se-ia direito potestativo do requerido e situação de sujeição do requerente.[289]

Dattola entende que o "direito a conservar o contrato" se realiza por meio de procedimento complexo de formação sucessiva (composto de declaração de oferta, sentença constitutiva e ato de adimplemento ou execução)[290]. Com apoio na sistematização dos direitos potestativos feita por Angelo Falzea[291], insere a oferta de modificação equitativa na classe dos direitos potestativos nos quais, a despeito da previsão de exer-

---

[287] TARTAGLIA, Eccessiva onerosità ed appalto, op. cit., p. 67-70.
[288] DATTOLA, Francesca Panuccio. L'offerta di riduzione ad equità. Milano: Giuffrè, 1990. Em que pese o pioneirismo do referido trabalho, em algumas passagens da obra a compreensão é prejudicada por construções pouco claras e citações bibliográficas defeituosas.
[289] Ibid., p. 42-43.
[290] Ibid., p. 45.
[291] Trata-se da seguinte obra: FALZEA, Angelo. La separazione personale. Milano: Giuffrè, 1943 p. 127-139. Nota-se claramente, na obra de Dattola – ela própria professora na *Univer-*

cício em juízo, permite-se ao titular atuar também fora da esfera judicial, mediante acordo com a outra parte. Acentua, então, a distinção entre o "direito substancial à mutação jurídica (direito à conservação do negócio modificado)" e o "direito processual de provocar a pronúncia constitutiva que realiza tal direito".[292] Conclui estar-se diante de um "direito potestativo sujeito a exercício processual".[293]

Indagando qual a vicissitude advinda da pronúncia judicial que julga a oferta, entende que a sentença "provoca a modificação da relação contratual, consistente no reequilíbrio do sinalagma". E conclui: "Uma modificação desse gênero parece, portanto, passível de ser reconduzida às modificações de tipo maior, com a dupla consequência: que a oferta se perfila com eficácia modificativa *da* relação (e não apenas *na* relação), portanto tendencialmente se expressa como ato negocial [...]; e a sentença é constitutiva, enquanto, por um lado, controla, portanto legitima, o exercício do direito e, por outro lado, atua-o".[294] A sentença teria, assim, natureza constitutiva, produzindo efeitos *ex nunc*.[295]

A autora aborda, em seguida, a natureza jurídica da oferta. Nega, primeiramente, tratar-se de negócio processual.[296] Opina, então, pela natureza substancial da oferta de modificação, corroborada pelo fato de sua eficácia ser "univocamente determinada pela vontade do sujeito, antes mesmo da valoração do juiz", sem que a "mediação processual do seu efeito" desnature a essência de ato substancial.[297]

---

sità degli Studi di Messina –, a influência da escola de Messina, que teve como expoentes Salvatore Pugliatti, Vincenzo Panuccio e Angelo Falzea.

[292] DATTOLA, L'offerta di riduzione ad equità, op. cit., p. 46-47. Nesse ponto, a autora emprega expressões idênticas às de FALZEA (La separazione personale, op. cit., p. 151).

[293] DATTOLA, L'offerta di riduzione ad equità, op. cit., p. 47.

[294] Ibid., p. 47-48.

[295] Ibid., p. 50.

[296] A autora considera duas acepções de negócio processual: ato praticado fora do processo (no mais das vezes uma declaração de vontade), cujo conteúdo incide sobre o rito processual; e ato "celebrado no processo por certos sujeitos qualificados como partes." Conclui, então, pela não pertinência da oferta de modificação equitativa a nenhuma das categorias de negócio processual. Não se trataria de ato processual em sentido estrito, dado que a oferta pode ser também extrajudicial; tampouco estaria configurado o negócio processual em sentido amplo, pois a oferta não produz efeitos sobre o rito do processo. (Ibid., p. 54-56).

[297] E aduz: "Em suma, é plausível afirmar que a oferta é um ato substancial (e propriamente uma declaração de vontade), cujos efeitos são, em parte, independentes do processo, sem, contudo, exaurir-se, mesmo neste último caso [oferta feita em juízo], no plano puramente

A despeito da referida tomada de posição, Dattola arremata sem adotar posição monista, sustentando que, nos casos de oferta judicial, "ao lado do ato substancial, consistente em uma declaração de vontade, vem se posicionar o ato processual, mediante o qual se faz valer o já destacado direito potestativo à revisão; ato de exercício de um poder, em via de ação ou de exceção, em um processo global de realização de tal direito".[298]

Na porção final da obra, ao cuidar do enquadramento da oferta nas vicissitudes[299] da relação contratual, o tema da natureza jurídica da oferta é retomado e desenvolvido.[300] Aludindo à doutrina que estuda a oferta de modificação equitativa juntamente com outras figuras (sobretudo a oferta de retificação em matéria de erro), a autora considera que a *reductio* poderia ser inserida no âmbito de uma "teoria geral da revisão da relação jurídica", apta a abarcar "todos os institutos nos quais se prevê uma modificação qualquer do regramento contratual, mediante instrumentos jurídicos de adequação".[301]

A inserção da oferta de modificação equitativa no procedimento de revisão da relação contratual e a sua qualificação como "ato que se insere na execução, na atuação, no desenvolvimento, como se diz, de uma relação jurídica"[302], suscita, para Dattola, uma tomada de posição quanto

---

processual. A independência do processo nota-se pela projeção antecipada dos efeitos da oferta, que é a eficácia própria desse ato já no plano substancial, tanto que, em hipóteses particulares, pode bastar por si só a exaurir a *fattispecie*. A coligação com o processo se observa no sentido de que o efeito da verificação, do reconhecimento da congruidade da oferta, inegavelmente produz-se no processo em que a oferta opera." (Ibid., p. 74-75).

[298] Ibid., p. 79.

[299] Emprega-se a palavra "vicissitudes" para traduzir o termo *"vicende"*, normalmente usado pelos autores italianos de modo bastante elástico. Veja-se, exemplificativamente, Francesco Messineo, em cujo *Manuale*, o rótulo *"vicende del contratto"* designa "aquelas circunstâncias ou aqueles eventos que podem influenciar a sua sorte". A adoção de um "critério expositivo genérico" permitiu a Messineo configurar um grupo assumidamente heterogêneo, composto pelas seguintes figuras: nulidade, anulabilidade, ineficácia, rescindibilidade, incapacidade superveniente, resolução, modificação unilateral, distrato, resilição unilateral, revogação e renúncia, dentre outras (MESSINEO, Manuale di diritto civile e commerciale: volume 3, op. cit., p. 671 ss.). Sobre os sentidos do termo *"vicende"*, vide GAMBINI, Marialuisa. Fondamento e limiti dello ius variandi. Napoli: Edizioni Scientifiche Italiane, 2000, p. 11-15.

[300] DATTOLA, L'offerta di riduzione ad equità, op. cit., p. 135 e seguintes.

[301] Ibid., p. 135-137.

[302] Ibid., p. 145.

à sua natureza negocial. A oferta seria um verdadeiro e próprio negócio jurídico, pois, a despeito de ser fonte de obrigações para o declarante, consistiria em um ato livre, exercício de um direito potestativo e fruto da livre escolha entre manter o contrato ou sujeitar-se à resolução.[303]

Invocando a "aparente contradição" entre a constatação da natureza negocial da oferta de modificação equitativa e o fato de ela operar somente *sobre* a relação – pois as declarações produtoras de alterações "*no* direito", e não "*do* direito", qualificar-se-iam, tendencialmente, como não negociais[304] –, a autora repele o possível paradoxo, pois a oferta acarretaria uma mutação na realidade jurídica preexistente, incidindo "sobre elementos não secundários do contrato, ainda que este permaneça íntegro em seu núcleo essencial".[305]

Firmada a natureza negocial da oferta de modificação equitativa – mais precisamente, negócio jurídico unilateral receptício, dirigido à contraparte e ao juiz –, Dattola julga ser mais "coerente e razoável" atribuir eficácia meramente declarativa à sentença proferida na demanda resolutória ajuizada pelo devedor. Conclui, todavia, de forma algo lacônica, que a pronúncia judicial pressupõe uma aferição positiva da equidade da oferta, assumindo, pois, "valor constitutivo, conquanto de tom menor".[306]

---

[303] Ibid, p. 146-147. A autora argumenta, ainda, com o fato de as declarações não negociais, diferentemente dos negócios jurídicos, não acarretarem autolimitações e possuírem eficácia "quantitativamente menor, justamente por ser conservativa, e não inovadora, com relação aos direitos constituídos e às situações jurídicas anteriores". A oferta de modificação equitativa, por sua eficácia inovadora e pelas autolimitações dela advindas, não se enquadraria nesse modelo (Ibid., p. 148).
[304] Com efeito, para Vincenzo Panuccio a distinção entre mutação *do* direito e mutação *no* direito (no sentido de "transformação que se produz na dinâmica interna da relação jurídica, sem alterar a sua estrutura essencial") está na base do critério diferenciador entre negócios jurídicos e declarações não negociais de vontade (PANUCCIO, Vincenzo. Le dichiarazioni non negoziali di volontà. Milano: Giuffrè, 1966, p. 321-322).
[305] A figura *sub examine* não se reconduziria, ainda, à categoria dos "atos de escolha" (enquadrados, a seu ver, como declarações não negociais), pois nelas a escolha se move dentre "alternativas limitadas, já postas pela lei". Diversamente, o ato de "escolha", na oferta modificativa, corresponderia a um ato de autonomia, exercício de um direito potestativo, caracterizado pela "liberdade de determinar, dentro dos limites postos pela lei, uma parte do conteúdo do contrato." (DATTOLA, L'offerta di riduzione ad equità, op. cit., p. 151-155).
[306] Ibid., p. 155-157.

Por fim, ressaltando a imprescindibilidade da apreciação judicial acerca da congruidade da oferta, a autora destaca a relevância do perfil processual da figura, coerente com a sua inserção em um procedimento. A natureza jurídica da oferta de modificação equitativa seria, assim, *mista*, decompondo-se em um momento substancial e em outro processual. Em suas palavras: "[...] fica confirmada, em substância, a natureza mista do instituto e da relativa disciplina, podendo o seu exercício posicionar-se no plano substancial ou no processual, mediante uma declaração unilateral com que o sujeito manifesta, de forma inequívoca, querer perseguir os efeitos práticos da conservação do contrato, modificando-o, e, no plano processual, concretiza-se no poder de fazer valer o direito por via de ação ou de exceção".[307]

b. *Stefano D'Andrea*

A análise mais profunda e consistente da natureza jurídica da oferta de modificação equitativa do contrato, tanto do ponto de vista substancial quanto do processual, foi levada a cabo por Stefano D'Andrea.[308]

O autor parte de uma primeira sistematização das diversas teorias sobre a natureza jurídica da oferta, agrupando-as em duas correntes, conforme o sentido por elas atribuído ao verbo "evitar", contido nos arts. 1.450 e 1.467, 3 do *Codice Civile*.[309]

Para os partidários da primeira, "evitar" a rescisão ou a resolução significa "evitar que o juiz pronuncie a sentença de rescisão ou de resolução". Nesse polo se inserem cinco teorias, que veem na oferta: (i) uma proposta que, se equitativa, modifica a situação jurídica derivada do contrato (Carnelutti); (ii) um "negócio unilateral dirigido ao autor e diretamente modificativo da situação jurídica" (Quadri); (iii) uma figura integrada por dois atos, sendo uma proposta dirigida ao devedor e uma demanda constitutiva (Redenti); (iv) uma proposta destinada à contraparte que, na eventualidade de não ser aceita, "transmuta-se" em uma

---

[307] Ibid., p. 161 e 196-197.
[308] D'Andrea, L'offerta di equa modificazione del contratto, op. cit.. Sob essa rubrica, o autor englobou as ofertas de modificação do contrato rescindível por lesão (anulável, na disciplina do Código Civil brasileiro) e do contrato resolúvel por excessiva onerosidade superveniente, por considerá-las ambas possuidoras da mesma natureza jurídica (Ibid., p. 5).
[309] Ibid., p. 7 e 13.

demanda constitutiva (tese desenvolvida jurisprudencialmente, a partir do ensaio de Redenti); e (v) uma demanda constitutiva (Boselli).[310]

Já a segunda corrente congrega os que entendem que "evitar" a rescisão ou a resolução significa "evitar as consequências jurídicas que a lei liga à sentença de rescisão (ou de resolução)". Nela, o autor insere as posições de Torrente e a de Mirabelli, acima examinadas.[311]

Dado que o "significado próprio" dos termos "rescisão" e "resolução", tal como resulta da consideração dos dispositivos nos quais aparecem, é o de "sentença de rescisão" e "sentença de resolução", D'Andrea põe-se a averiguar a validade dos argumentos desenvolvidos pelos partidários da corrente minoritária, terminando por refutá-los.[312]

Põe em revista, então, as teorias integrantes do bloco majoritário. Critica a concepção carneluttiana, pois, se a oferta equitativa produz, *per se*, a situação jurídica derivada do contrato, não se trataria de proposta, mas de negócio jurídico unilateral modificativo. Considera, ademais, que a oferta iníqua não produz efeitos.[313]

D'Andrea julga a tese de Quadri um "desenvolvimento rigoroso da intuição presente na nota de Carnelutti", na medida em que teria atribuído à oferta uma natureza jurídica – negócio jurídico unilateral – coerente com a premissa da sua eficácia modificativa. A qualificação de Quadri carece, contudo, observa o autor, de um tríplice aprofundamento. Primeiro, deveria ser confirmada a partir de uma "pesquisa sistemática sobre os significados que o termo oferta e o verbo oferecer assumem em nosso ordenamento". Segundo, seria necessário demonstrar que o termo oferta não designa "uma demanda de sentença constitutiva".[314] Por fim,

---

[310] Desse rol, D'Andrea exclui a teoria de De Martini, por entendê-la contraditória, na medida em que este sustenta ser a oferta uma proposta dirigida ao autor e, ao mesmo tempo, ato que constitui o fundamento de uma exceção em sentido estrito (Ibid., p. 7-9).

[311] Ibid., p. 12-13.

[312] Ibid., p. 14-5 e 18-33.

[313] Ibid., p. 39-46.

[314] Isso porque a presença ou a ausência de poder discricionário a cargo do magistrado não poderia ser tida como fator preponderante para julgar se a modificação do contrato deriva da oferta ou da sentença. Com efeito, a natureza jurídica de proposta contratual seria, em abstrato, compatível com a propositura de uma demanda constitutiva, destinada a produzir efeitos no caso de não aceitação da proposta (sendo essa a tese de Redenti). Ademais, o sistema jurídico italiano conheceria sentenças constitutivas emitidas sem discricionariedade. (Ibid., p. 52-53).

deveria investigar se o negócio jurídico unilateral assume, no processo, "a veste de fato que constitui o fundamento de uma demanda ou a veste de fato que constitui o fundamento de uma exceção", optando-se, ainda, no último caso, entre exceção em sentido amplo e exceção em sentido estrito.[315]

Como bem nota D'Andrea, foi uma importante contribuição de Redenti haver demonstrado a necessidade de considerar os dois perfis da oferta, o substancial e o processual.[316] O autor aponta, contudo, algumas objeções à tese de Redenti. Em primeiro lugar, entende que a qualificação da oferta como proposta dirigida ao autor não foi precedida de uma verificação sistemática acerca dos sentidos de "oferta" e a possibilidade de designarem também um negócio jurídico unilateral modificativo. Ademais, mesmo adotada a configuração da oferta como uma proposta, daí não se seguiria a impossibilidade de essa proposta ser veiculada por meio de uma exceção. Para D'Andrea, não encontra amparo no art. 1.467, 3 do Código Civil italiano a afirmação redentiana de que a rejeição da demanda resolutória depende de um provimento distinto do juiz. Seria imprópria, ademais, a analogia com o art. 2.932 do mesmo Código, dada a inexistência de uma obrigação de o devedor aceitar a proposta do credor, ainda que equitativa.[317]

No tocante à última das cinco teses do bloco dominante, de autoria de Boselli, o autor limita-se a reiterar que a concepção da oferta como fundamento de uma demanda constitutiva depende da prévia demonstração de que a linguagem empregada nos arts. 1.450 e 1.467, 3 do

---

[315] Ibid., p. 49-55.
[316] Ibid., p. 59.
[317] Ibid., p. 58-63. O autor observa, ainda, que a construção de Redenti "apresentava uma certa ambiguidade", tendo sido interpretada de dois modos diversos. Em uma exegese, que julga fiel ao pensamento de Redenti, o credor ofertante pratica dois atos: uma proposta de modificação do contrato, dirigida à contraparte, e uma demanda voltada à obtenção de uma sentença constitutiva, caso o autor recuse a proposta. Outra leitura, contudo, enxerga um só ato, correspondente a uma proposta de modificação "dirigida à outra parte e ao juiz". Se a proposta não for aceita, "assume o valor de demanda". Essa segunda interpretação teria sido acolhida, em diversas ocasiões, pela Corte de Cassação italiana. O autor critica essa transmutação da proposta em demanda. Entende que se trata, em última análise, de um provimento constitutivo emitido de ofício, contrariamente aos princípios do direito processual (Ibid., p. 69-73).

Código Civil italiano (notadamente "oferta" e "ofertar") seja compatível com o sentido de "propor uma demanda".[318]

D'Andrea empreende, então, a análise dos sentidos dos vocábulos "oferta" e "ofertar" no Código Civil italiano e nas leis especiais. Conclui pela existência de três sentidos técnico-jurídicos de "oferta": (a) "negócio jurídico unilateral, idôneo por si só (eventualmente seguido de um *modus adquirendi* ou de outro elemento de *fattispecie*) a provocar a constituição de obrigações e mais geralmente a modificação da situação jurídica", *v.g.*, a oferta de garantia e a oferta de execução do contrato viciado por erro em conformidade com a vontade real do errante, prevista no art. 1.432 do Código Civil italiano (e no art. 144 do Código Civil brasileiro); (b) "proposta endereçada a uma pluralidade de destinatários, ora determinados, ora indeterminados", *v.g.*, a oferta ao público e a oferta de novas ações aos sócios de acionistas de sociedade por ações; e (c) "uma *fattispecie* complexa, constituída pela intimação do credor a cooperar ao adimplemento e por um ato material que inicia a execução da prestação", *v.g.*, a oferta impeditiva dos efeitos da mora do devedor.[319]

O autor aduz que os arts. 1.450 e 1.467, 3 do Código Civil italiano não permitem supor que a "oferta" assuma, neles, um sentido particular, distinto dos três acima expostos. Esse raciocínio afasta a possibilidade de interpretar "ofertar" no sentido de "demandar" e, com isso, conduz à rejeição da tese que qualifica a oferta como demanda voltada à obtenção de uma sentença constitutiva. Restam três hipóteses de sentido: oferta como negócio jurídico unilateral modificativo; como proposta de modificação do contrato dirigida ao autor; ou como *fattispecie* complexa, composta da declaração da intenção de executar a prestação reputada idônea a modificar equitativamente o contrato, somada a atos materiais de início da execução de tal prestação. O autor recusa o último sentido, sobretudo porque (i) a letra dos artigos indica que o credor deve oferecer a modificação do conteúdo do contrato, e não oferecer a prestação; (ii) a oferta da prestação é incompatível com contratos nos quais a prestação do credor também seja de execução diferida, continuada ou periódica; e (iii) a oferta de prestação é incompatível com os casos em que a

---

[318] Ibid., p. 75-77.
[319] Ibid., p. 101-104.

oferta não corresponda a uma assunção de novas obrigações por parte do credor, mas sim à renúncia, por parte dele, a prestações das quais era titular.[320]

D'Andrea admite ser árdua a tarefa de determinar qual, dentre os sentidos remanescentes – negócio jurídico unilateral modificativo e proposta de modificação do contrato dirigida ao autor –, seria aquele acolhido nos citados dispositivos legais. Considera decisivos, a esse respeito, dois argumentos. Primeiramente, no Código Civil italiano e nas leis esparsas, o termo "oferta" designaria, sempre, propostas "endereçadas a uma pluralidade de sujeitos". As propostas dirigidas a um só sujeito "não são nunca designadas pelo legislador com o termo oferta ou com o verbo ofertar". Em segundo lugar, a doutrina pacífica veria, na oferta de retificação do negócio jurídico viciado por erro – com a qual a oferta de modificação equitativa guardaria um nexo sistemático –, um negócio jurídico unilateral modificativo. Resulta daí, portanto, que a dúvida hermenêutica deve ser resolvida optando-se pela interpretação que atribui à oferta o sentido de *verdadeiro negócio jurídico unilateral modificativo*.[321]

Ainda no capítulo destinado ao estudo do perfil substancial da oferta, o autor discorre sobre o efeito da oferta perante o direito do devedor à resolução do contrato. Destaca ser pacífico o entendimento de que o juiz deve valorar a equidade da oferta somente se houver constatado a presença dos elementos constitutivos do direito à rescisão ou à resolução. Exclui-se, portanto, que a oferta produza efeitos assimiláveis aos de uma transação. Não se trataria, tampouco, de fato impeditivo, por ser sucessivo ao nascimento do direito do devedor. Das duas hipóteses – eficácia modificativa (aí incluída a suspensão de um direito) e extintiva –, entende que a oferta tenha um efeito verdadeiramente extintivo do direito à resolução.[322]

---

[320] Ibid., p. 104-109.
[321] Ibid., p. 110-112.
[322] "[...] o efeito da oferta não é meramente suspensivo do direito potestativo de obter a rescisão ou a resolução; uma vez que o juiz, com fundamento na oferta, tenha rejeitado a demanda de rescisão ou de resolução, o direito feito valer pelo autor não pode mais ser exercido; em conclusão, parece que a oferta produz um efeito extintivo do direito de rescisão ou de resolução. [...] Os direitos de rescisão e de resolução por excessiva onerosidade superveniente são instáveis: estes se extinguem se o requerido formula uma oferta equitativa de modificação do contrato." (Ibid., p. 127-133).

Examinando a oferta de modificação equitativa sob o aspecto processual, D'Andrea conclui possuir a oferta eficácia, ao mesmo tempo, modificativa do conteúdo contratual e extintiva do direito de o devedor rescindir ou resolver o contrato. Ela assumiria, no processo, a natureza de *exceção*, e não de demanda.[323] Tratar-se-ia, ademais, de exceção em sentido estrito.[324]

14. Doutrina Italiana Contemporânea

Partindo das duas monografias analisadas nos itens precedentes – com destaque para a de D'Andrea –, o panorama da doutrina italiana atual completa-se com as obras gerais, designadamente manuais, tratados e coleções de comentários ao Código Civil de 1942.[325]

Em linha com a necessidade de simplificação do conteúdo transmitido, os autores de manuais e tratados gerais usualmente não se estendem sobre a natureza da oferta modificativa, por vezes limitando-se a remeter ao exposto nos comentários ao art. 1.450 do Código Civil.[326] Alguns sequer tratam do tema.[327] Outros expõem as principais teorias, sem tomar partido de nenhuma.[328]

O tema merece maior atenção nos volumes constantes de coleções de comentários ao Código Civil. Em parte deles, contudo, constata-

---

[323] D'ANDREA, L'offerta di equa modificazione del contratto, p. 137-138.
[324] Ibid., p. 191, 192 e 200.
[325] Trata-se de vastíssimo universo, do qual colhemos fração que julgamos representativa da situação global.
[326] Nota-se a ausência de referência à obra de D'Andrea em muitas dessas obras gerais.
[327] Não cuidam da natureza da oferta, *v.g.*: TRABUCCHI, Alberto. Istituzioni di diritto civile. 39. ed. Padova: CEDAM, 1999, p. 198 e 695-696; TRIMARCHI, Pietro. Istituzioni di diritto privato. 11. ed., Milano: Giuffrè, 1999, p. 342 e 385; CATAUDELLA, Antonino. I contratti: parte generale. 4. ed., Torino: Giappichelli, 2014, p. 265; GALGANO, Francesco. Trattato di diritto civile: volume 2. 3. ed. Padova: CEDAM, 2015, p. 608; CARNEVALI, Ugo. La risoluzione del contratto. *In*: BESSONE, Mario (org.). Istituzioni di diritto privato. 21. ed. Torino: Giappichelli, 2015, p. 744-757, aqui p. 757; e TORRENTE, Andrea; SCHLESINGER, Piero. Manuale di diritto privato. 23. ed. Atualizado por Franco Anelli e Carlo Granelli. Milano: Giuffrè, 2017, p. 708.
[328] Após expor as principais teorias sobre a natureza jurídica da oferta de modificação equitativa, Riccio conclui, de forma algo melancólica: "Nenhuma das teses enunciadas neste parágrafo pode dizer-se pacífica." (RICCIO, Angelo. Dell'eccessiva onerosità. Bologna: Zanichelli; Roma: Il Foro Italiano, 2010, p. 273 [Coleção Commentario del Codice Civile Scialoja-Branca, organizada por Francesco Galgano]).

-se uma imperfeita simplificação dos ricos debates dos últimos 70 anos. Propõem-se classificações dicotômicas, opondo partidários da natureza substancial da oferta aos que lhe atribuem índole processual. A restrição a dois grupos, por si só, já seria empobrecedora do panorama doutrinário, dado que diversos autores analisam a figura em seus perfis substancial e processual.

Ao reducionismo indevido, soma-se, por vezes, a representação defeituosa e quase caricatural dos polos teóricos. Serve de exemplo a afirmação, colhida em recentíssima obra integrante de prestigiosa coleção de comentários ao Código Civil italiano, de que são duas as teses opostas, a saber, "uma que lhe atribui caráter substancial, aproximando-a a uma proposta contratual, apenas incidentalmente manifestada em juízo; e outra que afirma o seu caráter processual, como instrumento de realização (necessário, mas não suficiente) do direito de evitar a rescisão do contrato".[329]

Não é difícil perceber que muitas das posições doutrinárias não se enquadram na sugerida dicotomia. A configuração de uma proposta contratual é claramente inaplicável a quase todos os integrantes da corrente que atribui natureza negocial à oferta de modificação. O único autor ao qual eventualmente se poderia atribuir essa afirmação é Redenti, mas ele admite, na falta de aceitação, que a sentença do juiz venha a produzir os efeitos do "acordo não alcançado", analogamente ao que se passa com a obrigação de concluir um contrato.[330] Essa possibilidade parece afastar ao menos parcialmente o regime jurídico da proposta de contratar, levando a duvidar da qualificação sugerida.

A despeito disso, o que parece unificar a doutrina contemporânea é a afirmação da *natureza potestativa* do direito a realizar a oferta modificativa[331] e da natureza de *negócio jurídico unilateral receptício* da oferta.[332]

---

[329] DE POLI, Matteo. La rescissione del contratto. Napoli: Edizioni Scientifiche Italiane, 2011, p. 296-297 (Coleção Il Codice Civile: commentario, organizada por Francesco D. Busnelli). A despeito de ter por objeto apenas a oferta de modificação no contexto da lesão, o autor busca analisar as mesmas teorias acima expostas.
[330] REDENTI, L'offerta di riduzione ad equità, op. cit., p. 577.
[331] TERRANOVA, L'eccessiva onerosità nei contratti, op. cit., p. 184; CARPINO, Brunetto. La rescissione del contratto, op. cit., p. 102; CASELLA, Giovanni. La risoluzione del contratto per eccessiva onerosità sopravvenuta. Torino: UTET, 2001, p. 217; BIANCA, Cesare Massimo. Diritto Civile: volume 5, la responsabilità. Milano: Giuffrè, 2003, p. 401; PISU, Luciana Cabella. I rimedi contro l'eccessiva onerosità sopravvenuta. *In*: VISINTINI, Giovanna

Nesse quadro, merece destaque Brunetto Carpino, cuja apreciação da natureza da oferta buscou inovar em relação ao quadro anterior. Alinhando-se com Redenti, o autor qualifica a oferta como negócio jurídico ("declaração com conteúdo dispositivo"), com aptidão para "incidir imediata e unilateralmente sobre o conteúdo do contrato". A singularidade dessa declaração residiria em sua *eficácia provisória*.[333]

Nas palavras de Carpino: "A provisoriedade do efeito é a chave para harmonizar as construções opostas e dar solução satisfatória aos vários problemas derivados da lei. A eficácia é provisória porque a parte interessada não pode ser, por razões óbvias, legitimada a exprimir um juízo sobre a idoneidade da oferta a reconduzir o contrato à equidade, subtraído a qualquer controle. A parte autora exprime a própria valoração, e o contrato se modifica em conformidade. A singularidade da figura colhe-se na circunstância de que a definitividade da eficácia depende de um juízo, e não de uma manifestação de vontade. Tal juízo vem expresso, se a parte autora avalia a oferta conveniente, com uma mera adesão a ela. Não se trata de uma aceitação, mas, precisamente, de um mero juízo que, se positivo, exclui a intervenção do órgão jurisdicional, e se negativo submete a oferta ao juízo decisório do órgão jurisdicional".[334]

(org.). Trattato della responsabilità contrattuale: volume 1, inadempimento e rimedi. Padova: CEDAM, 2009, p. 566; Riccio, Dell'eccessiva onerosità, op. cit., p. 250; Galbusera, Francesca. La risoluzione per eccessiva onerosità sopravvenuta. *In*: Sicchiero, Gianluca; D'Auria, Massimo; Galbusera, Francesca. Risoluzione dei contratti. Napoli: Edizioni Scientifiche Italiane, 2013, p. 425-482, aqui p. 448 (Coleção Trattato di diritto civile del Consiglio Nazionale del Notariato, dirigida por Pietro Perlingieri, IV – 11); Roppo, Vincenzo. Il contratto. 2. ed. Milano: Giuffrè, 2011, p. 957 (Coleção Trattato di diritto privato, organizada por Giovanni Iudica e Paolo Zatti); e Sacco, Rodolfo; De Nova, Giorgio. Il contratto. 4. ed. Torino: UTET, 2016, p. 1562 (afirmação realizada no contexto da oferta de modificação do contrato rescindível).

[332] Geri, Lina Bigliazzi *et al.*. Diritto civile: volume 1, tomo 2: fatti e atti giuridici. Torino: UTET, 1987, p. 861, nota 84 (afirmação realizada no contexto da oferta de modificação do contrato rescindível); Terranova, L'eccessiva onerosità nei contratti, op. cit., p. 185; Roppo, Il contratto, op. cit., p. 958; Bianca, Cesare Massimo. Diritto Civile: volume 3, il contratto. 2. ed. Milano: Giuffrè, 2003, p. 694 (afirmação realizada no contexto da oferta de modificação do contrato rescindível); Pisu, I rimedi contro l'eccessiva onerosità sopravvenuta, op. cit., p. 566; e Sacco & De Nova, Il contratto, op. cit., p. 1706 (oferta como "negócio civilístico").

[333] Carpino, La rescissione del contratto, op. cit., p. 98-99.

[334] Ibid., p. 99.

O ponto, como se verá oportunamente, guarda relação direta com as modalidades de oferta conforme o conteúdo e com a eficácia da sentença que julga equitativa a oferta.

15. Doutrina Nacional

Os autores nacionais ignoram, em grande medida, o tema da natureza jurídica da oferta. Essa realidade deve-se, ao que parece, ao menos em parte, à falta de exame da doutrina italiana.[335] Há, ainda, os que aludem à discussão italiana, sem tomar posição diante dela.[336]

Na doutrina que enfrentou a questão, duas foram as qualificações atribuídas à oferta: (i) figura com natureza substancial, tida como negócio jurídico unilateral[337] ou, com menor frequência, como proposta de contrato em sentido próprio[338]; e (ii) figura *sui generis*.[339]

---

[335] Os autores nacionais que analisaram a doutrina italianas normalmente consultaram apenas manuais ou volumes de comentários ao Código Civil italiano.

[336] YAMASHITA, Hugo Tubone. Contratos interempresariais: alteração superveniente das circunstâncias fáticas e revisão contratual. Curitiba: Juruá, 2015, p. 166-167; e FRANTZ, Laura Coradini. Revisão dos contratos: elementos para sua construção dogmática. São Paulo: Saraiva, 2007, p. 149-151. Análise idêntica à de Laura Frantz é encontrada em POTTER, Nelly. Revisão e resolução dos contratos no Código Civil conforme perspectiva civil-constitucional. Rio de Janeiro: Lumen Juris, 2009, p. 177. A resenha de Laura Frantz foi interpretada por um autor como adesão à tese da natureza processual da oferta (GENEROSO, Fabio Augusto. A função social do contrato como princípio de preservação e desenvolvimento econômico e organismo de limitação da autonomia da vontade e a onerosidade excessiva. São Paulo, 2008. Dissertação [Mestrado em Direito Político e Econômico]. Universidade Presbiteriana Mackenzie, p. 146-47).

[337] RENNER, Rafael. Novo direito contratual: a tutela do equilíbrio contratual no Código Civil. Rio de Janeiro: Freitas Bastos, 2007, p. 232-233.

[338] A título exemplificativo: "O princípio geral é que a oferta é um negócio jurídico receptício, de forma que a aceitação é elemento constitutivo da eficácia da revisão por equidade, ou seja, ausente a aceitação, a oferta do prejudicado pela onerosidade não produz nenhum efeito. A recusa, contudo, deve observar a boa-fé, fundando-se em motivo justificado." (COSTA, José Eduardo da. A revisão dos contratos: entre o *pacta sunt servanda* e o equilíbrio econômico. *In*: LOTUFO, Renan; NANNI, Giovanni Ettore; MARTINS, Fernando Rodrigues (coord.). Temas relevantes de direito civil contemporâneo: reflexões sobre os 10 anos do Código Civil. São Paulo: Atlas, 2012, p. 401-442, aqui p. 440. Note-se a imperfeita compreensão sobre o conceito de negócio jurídico receptício, confundindo-se a recepção com a aceitação como fator de eficácia.

[339] NITSCHKE, Guilherme Carneiro Monteiro. Revisão, resolução, reindexação, renegociação: o juiz e o desequilíbrio superveniente de contratos de duração. Revista Trimestral de Direito Civil, São Paulo, n. 50, p. 135-159, 2012, aqui p. 147. Adere à visão do autor DIAS,

A propósito da segunda posição, sustenta-se a impossibilidade de atribuir à oferta modificativa natureza puramente material ou puramente processual, pois ela, "quando não aceita pela contraparte, perde seu caráter negocial e assume características de uma própria demanda judicial".[340] Essa compreensão da oferta – cuja origem remonta a certa distorção do pensamento de Redenti[341] –, transforma-a em proposta contratual, conversível em demanda no caso de não aceitação. Em última análise, portanto, a despeito da imprecisa qualificação de figura *sui generis*, a tese em comento parece acentuar a *natureza processual* da oferta, pois em caso de aceitação do devedor, o contrato seria modificado por força de acordo e não pelo poder unilateralmente atribuído ao credor *ex* art. 479 do Código Civil.

Registre-se, por fim, que não temos conhecimento de nenhuma decisão judicial em que o tema da natureza jurídica da oferta de modificação equitativa tenha sido examinado.

16. Apreciação Global e Indicação de Sequência

A miríade de construções doutrinárias díspares encontradas no sistema jurídico italiano, aliada à ausência de discussão sobre o tema na doutrina nacional, pode gerar alguma perplexidade quanto aos rumos e aos possíveis resultados de uma investigação científica acerca da natureza jurídica da figura prevista no art. 479 do Código Civil.

Não parece possível dizer que a doutrina italiana tenha alcançado consolidação conceitual suficiente para enfrentar de modo uniforme os pontos críticos do regime jurídico da oferta de modificação equitativa do contrato. Sirva de exemplo a divisão doutrinária encontrada, ainda hoje, acerca da admissibilidade da oferta dita "genérica".[342]

Antônio Pedro Medeiros. Revisão e resolução do contrato por excessiva onerosidade. Belo Horizonte: Fórum, 2017, p. 151.

[340] NITSCHKE, Revisão, resolução, reindexação, renegociação, op. cit., p. 147.

[341] Com efeito, a frase final é retirada de um trecho de Carlo Terranova (TERRANOVA, L'eccessiva onerosità nei contratti op. cit., p. 186, nota 19). Este, por sua vez, a colheu em decisão da Corte de Cassação italiana, julgando-a tributária do pensamento de Redenti. Ela se baseia, no entanto, em uma compreensão imperfeita da tese redentiana (sobre o tema, vide D'ANDREA, Stefano. L'offerta di equa modificazione del contratto, op. cit., p. 69-73).

[342] Cf. o item 24.2.2 *infra*.

Em semelhante cenário, seria lícito até mesmo duvidar da possibilidade de eleger ponto de partida seguro para o exame do problema proposto.

A nosso ver, a heterogeneidade de soluções apontadas, aliada à escassez de dados normativos – lembre-se que o legislador previu a figura *sub examine*, sem, contudo, regulá-la –, recomenda enquadrar previamente a oferta de modificação equitativa no universo das *categorias dogmáticas gerais*.

Ganha relevo, neste passo, a inserção da oferta em uma sequência lógica que permita segregar os marcos juridicamente relevantes, evitando apreciação equivocada ou incompleta da figura, por vezes verificada.

Seguindo essa orientação, parece imprescindível isolar três entes distintos: (i) o *direito a oferecer a modificação equitativa*, posição jurídica ativa titulada pelo credor da prestação tornada excessivamente onerosa; (ii) a *oferta de modificação propriamente dita*, espécie de fato jurídico; e (iii) os efeitos irradiados do fato jurídico em questão, isto é, a *eficácia jurídica da oferta*.[343]

Diga-se, desde logo, que a compreensão de cada um desses entes poderá influenciar, em alguma medida, o estudo dos demais. A despeito disso, o exame segregado justifica-se, pois cada qual levanta questões controvertidas – *v.g.*, a qualificação do direito à oferta como direito potestativo, a natureza negocial da oferta e a espécie de eficácia dela advinda –, havendo relativa autonomia das questões a eles atinentes.

Procederemos, assim, ao estudo de tais entes em seu encadeamento lógico, principiando pelo direito à oferta de modificação equitativa, tal como deduzido do art. 479 do Código Civil.

---

[343] A distinção entre suporte fático, fato jurídico e eficácia jurídica pode ser encontrada, com clareza insuperável, na obra de Pontes de Miranda (vide, em especial: Tratado de Direito Privado: tomo V. 3. ed. Rio de Janeiro: Borsoi, 1970, p. 3-13 e *passim*).

Capítulo III
Direito à Modificação Equitativa

17. Direito Potestativo

Como se viu, é bastante difundida, na literatura jurídica italiana, a natureza potestativa do direito do credor à modificação equitativa do contrato afetado pela excessiva onerosidade superveniente.[344]

Na doutrina nacional, contudo, a despeito de manifestações claras nesse sentido,[345] o panorama mostra-se bem menos límpido. A presença de um direito potestativo seria incompatível com a qualificação de proposta de contratar, por alguns atribuída à oferta do art. 479 do Código Civil. Tampouco a noção de figura *sui generis*, por outros referida, parece amoldar-se aos contornos de um verdadeiro direito potestativo.

Impende, então, averiguar a natureza potestativa do direito à oferta.

17.1. Origem e Terminologia

A expressão "direito potestativo" possui larga difusão na literatura jurídica em língua portuguesa.[346] Ela corresponde à tradução da locução

---

[344] Sustentam claramente a natureza potestativa do direito à oferta: MIRABELLI, Giuseppe. La rescissione del contratto. Napoli: Jovene, 1962, p. 355; QUADRI, Enrico. La rettifica del contratto. Milano: Giuffrè, 1973, p. 133; DATTOLA, Francesca Panuccio. L'offerta di riduzione ad equità. Milano: Giuffrè, 1990, p. 42; e D'ANDREA, Stefano. L'offerta di equa modificazione del contratto. Milano: Giuffrè, 2006, p. 139.
[345] Exemplificativamente: SCHREIBER, Anderson. Equilíbrio contratual e dever de renegociar. São Paulo: Saraiva, 2018, p. 276, nota 6.
[346] Vide, em Portugal, sem pretensão exaustiva: ANDRADE, Manuel A. Domingues de. Teoria geral da relação jurídica: volume I. Coimbra: Almedina, 1997, p. 12 ss.; MOTA PINTO, Carlos

italiana *"diritto potestativo"*[347], cunhada por Giuseppe Chiovenda em conhecida obra sobre a ação no sistema dos direitos.[348]

A "descoberta" da nova categoria, no entanto, deu-se graças a autores alemães que, no final do século XIX e no começo do século XX, progressivamente contribuíram para a depuração do conceito de direito potestativo. São costumeiramente referidos, nessa linha evolutiva[349], os nomes de August Thon[350], Ernst Immanuel Bekker[351], Ludwig Enneccerus[352], Ernst Zitelmann[353] e Konrad Hellwig.[354]

Alberto da. Teoria geral do direito civil. 3. ed. Coimbra: Coimbra Editora, 1999, p. 169 ss.; MOTA PINTO, Carlos Alberto da. Cessão da posição contratual. Reimpressão. Coimbra: Almedina, 2003, p. 234 ss.; ASCENSÃO, José de Oliveira. Direito Civil: teoria geral, volume III, relações e situações jurídicas. Coimbra: Coimbra, 2002, p. 71 ss. e 97 ss.; MENEZES CORDEIRO, António. Tratado de direito civil português: volume I, parte geral, tomo I. 2. ed. Coimbra: Almedina, 2000, p. 170 ss.; ANTUNES VARELA, João de Matos. Das obrigações em geral: volume I. 10. ed. Coimbra: Almedina, 2000, p. 55ss.; COSTA, Mário Júlio de Almeida. Direito das obrigações. 9. ed. Coimbra: Almedina, 2001, p. 69; MENEZES LEITÃO, Luís Manuel Teles de. Cessão de créditos. Coimbra: Almedina, 2005, p. 342 ss.

[347] MOTA PINTO, Cessão da posição contratual, op. cit., p. 234.

[348] A obra de Chiovenda corresponde a uma aula proferida na Universidade de Bolonha, em 3 de fevereiro de 1903. Consultou-se o original, publicado nos *Saggi* (CHIOVENDA, Giuseppe. L'azione nel sistema dei diritti. In:_____. Saggi di diritto processuale civile: volume primo. Roma: Foro Italiano, 1930, p. 3-99), bem como a tradução para o espanhol, de Santiago Sentís Melendo (CHIOVENDA, Giudeppe. La acción en el sistema de los derechos. In: _____. Ensayos de derecho procesal civil: volume I. Tradução de Santiago Sentís Melendo. Buenos Aires: E.J.E.A., 1949, p. 3-130.).

[349] Para o histórico a seguir exposto, consultou-se: CARPINO, Brunetto. L'acquisto coattivo dei diritti reali. Napoli: Jovene, 1977, p. 69-76; MESSINA, Giuseppe. Sui cosiddetti diritti potestativi. In: _____. Scritti giuridici: volume 5. Milano: Giuffrè, 1948, p. 3-37, aqui p. 7-9; ESPÍNOLA, Eduardo; ESPÍNOLA FILHO, Eduardo. Tratado de direito civil brasileiro: volume IX. Rio de Janeiro: Freitas Bastos, 1941, p. 619-622; FERRI, Corrado. Profili dell'accertamento costitutivo. Padova: CEDAM, 1970, p. 22 ss.; e MOTTO, Alessandro. Poteri sostanziali e tutela giurisdizionale. Torino: Giappichelli, 2012, p. 10, nota 13.

[350] Em 1878, Thon propôs o emprego do termo *Befugniss* (que Alessandro Levi traduziu por *"facoltà"*) para designar as hipóteses de "assim chamados direitos" que "não conferem ao seu titular nem uma tutela jurídica, nem uma pretensão, mas sim um imediato poder jurídico [...]", consistente em "produzir, com o seu agir, os pressupostos para fazer entrar em vigor ou para fazer cessar os imperativos estatais" (THON, Augusto. Norma giuridica e diritto soggettivo. Tradução de Alessandro Levi. 2. ed. Padova: CEDAM, 1951, p. 328).

[351] Bekker construiu a figura dos "direitos negativos" (*negativen Rechte*), cujo efeito estaria limitado à suspensão ou à eliminação de outros direitos (BEKKER, Ernst Immanuel. System des heutigen Pandektenrechts. I. Weimar: Hermann Böhlau, 1886, § 28, p. 89 ss. *apud*

A despeito disso, a construção dos direitos potestativos é normalmente associada ao nome de Emil Seckel[355], a quem se deve a primeira sistematização completa da categoria e a sua mais precisa delimitação.[356] Inovando em relação à terminologia então adotada, Seckel cunhou a expressão *Gestaltungsrechte*, que até hoje faz fortuna na Alemanha.[357] Lite-

CARPINO, L'acquisto coattivo dei diritti reali, op. cit., p. 69, nota 2 e demais autores citados na nota 6).

[352] Enneccerus individualizou a categoria das "faculdades de aquisição" (*Erwerbsberechtigungen*), entendidas como direitos que atribuem ao respectivo titular "o poder de adquirir o direito de propriedade ou outros direitos" (ENNECCERUS, Ludwig. Rechtsgeschäft, Bedingung und Anfangstermin. II. Marburg: Elwert, 1889, p. 600-622 *apud* CARPINO, L'acquisto coattivo dei diritti reali, op. cit., p. 70, nota 3 e demais autores citados na nota 6).

[353] Zitelmann propôs, ao lado dos direitos absolutos e dos direitos de crédito, a categoria dos *Rechte des rechtliches Könnens* (ZITELMAN, Ernst. Internationales Privatrecht. II. Leipzig: Duncker & Humblot, 1898 *apud* CARPINO, L'acquisto coattivo dei diritti reali, op. cit., p. 72, nota 9 e demais autores citados na nota 6). Essa expressão pode ser traduzida como "direitos de poder jurídico" ou como "direitos potestativos" (nesse sentido, PONTES DE MIRANDA, Francisco Cavalcanti. Tratado de direito privado: tomo V. 3. ed. Rio de Janeiro: Borsoi, 1970, p. 242 e 306). A terminologia de Zitelmann é referida por Chiovenda pouco antes de este autor sugerir o emprego da locução "direito potestativo", o que leva a crer ter sido a principal influência da nomenclatura adotada pelo processualista italiano (neste sentido, MOTTO, Poteri sostanziali e tutela giurisdizionale, op. cit., p. 10, nota 13). Digna de nota, contudo, a afirmação de Chiovenda no sentido de que a expressão proposta lhe teria sido sugerida pela própria linguagem jurídica italiana, referindo o art. 1.159 do Código Civil de 1865, que tratava das condições potestativas (CHIOVENDA, L'azione nel sistema dei diritti, op. cit., p. 93, nota 83).

[354] Hellwig acolheu o conceito de Zitelmann e propôs a expressão *Rechte auf Rechtsänderungen* ("direitos às modificações jurídicas": HELLWIG, Konrad. Anspruch und Klagerecht. Jena: Gustav Fischer, 1900, p. 116 ss. e 455 ss. *apud* CARPINO, L'acquisto coattivo dei diritti reali, op. cit., p. 72, nota 12 e demais autores citados na nota 6). A expressão é considerada ambígua por Pontes de Miranda (Tratado de direito privado: tomo V, op. cit., p. 308).

[355] Messina aponta Zitelmann, Enneccerus e Seckel como os "pais espirituais" da figura (MESSINA, Giuseppe. Diritti potestativi. In: _____. Scritti giuridici: volume 5. Milano: Giuffrè, 1948, p. 41-57, aqui p. 41). Outros autores destacam somente o nome de Seckel.

[356] VIONNET, Guillaume. L'exercice des droits formateurs. Genève/Zurich/Bâle: Schulthess, 2008, p. 3; FERRI, Profili dell'accertamento costitutivo, op. cit., p. 24; MOTA PINTO, Cessão da posição contratual, op. cit., p. 234; e MOTTO, Poteri sostanziali e tutela giurisdizionale, op. cit., p. 10, nota 13.

[357] SECKEL, Emil. Die Gestaltungsrechte des bürgerlichen Rechts, in Festgabe für Koch, Berlin, 1903, p. 205 ss. *apud* CARPINO, L'acquisto coattivo dei diritti reali, op. cit., p. 3, nota 13 e demais autores citados na nota 6.

ralmente, a locução pode ser traduzida como "direitos conformativos".[358] Pontes de Miranda, contudo, prefere a expressão "direitos formativos", muito embora a julgue equivalente a "direitos de configuração"[359] e a "direitos constitutivos".[360]

A maior parte dos autores modernos parece empregar as expressões "direito potestativo" e "direito formativo" como designativas de uma mesma categoria. Há, todavia, quem afirme ser os *Gestaltungsrechte*, na verdade, *espécie* do gênero direito potestativo. Nesse sentido, Messina aponta três conjuntos de situações agrupadas sob a rubrica dos "direitos potestativos": (a) os direitos negativos de Bekker; (b) as faculdades aquisitivas individualizadas por Enneccerus; e (c) os "poderes de formação (*Gestaltungsrechte*) em sentido estrito, segundo a terminologia proposta por Seckel e ora geralmente seguida na Alemanha", compreensivos de "qualquer outro direito potestativo que confira ao titular a possibilidade de influenciar, exclusivamente com a sua própria atividade, a feição de relações jurídicas preexistentes, no sentido de modificá-las, de extingui-las ou de criar novas".[361]

---

[358] ANDRADE, Teoria geral da relação jurídica: volume I, op. cit., p. 12; MOTA PINTO, Cessão da posição contratual, op. cit., p. 234.

[359] Em sentido semelhante, *Gestaltungsrechte* foi traduzida como "derechos de configuración" na edição espanhola da obra de von Tuhr (VON TUHR, Andreas. Derecho civil: teoría general del derecho civil alemán, volume 1, tomo 1. Tradução de Tito Ravá. Madrid: Marcial Pons, 1998, p. 165).

[360] PONTES DE MIRANDA, Tratado de direito privado: tomo V, op. cit., p. 306 e 308. Seguem a terminologia ponteana: COUTO E SILVA, Clóvis do. A obrigação como processo. São Paulo: José Bushatsky, 1976, p. 87, 151, 161 e 197 (o qual, no entanto, ocasionalmente também se refere a "direito potestativo": Ibid., p. 160 e 161); COUTO E SILVA, Almiro do. Atos jurídicos de direito administrativo praticados por particulares e direitos formativos. Revista da PGE. Porto Alegre, n. 27 (57), suplemento, p. 75-94, dez. 2003; e AGUIAR JÚNIOR, Ruy Rosado de. Extinção dos contratos por incumprimento do devedor: resolução. 2. ed. Rio de Janeiro: AIDE, 2004, p. 21 ss.

[361] MESSINA, Diritti potestativi, op. cit., p. 43. Von Tuhr também afirma que Seckel distinguiria os *Gestaltungsrechte* de outros direitos potestativos (Derecho civil, op. cit., p. 165). Por fim, Pontes de Miranda assevera que os direitos formativos são "espécie de direitos potestativos", sem esclarecer, no entanto, em que consistiria a distinção. Já em outro passo, de forma contraditória, aponta a sucessão terminológica da doutrina alemã, sem estabelecer qualquer distinção conceitual entre as expressões por eles empregadas (Tratado de direito privado: tomo V, op. cit., p. 242 e 308).

Feito esse registro, privilegiaremos neste trabalho a terminologia "direito potestativo", por ser terminologia consagrada na Itália, em Portugal e no Brasil.[362-363]

17.2. Conceito, Poder e Sujeição

Consoante o conceito atribuído aos autores que idealizaram a categoria, direitos potestativos são "poderes em virtude dos quais o seu titular

---

[362] Sem pretensão exaustiva, podem ser mencionados: GOMES, Orlando. Introdução ao Direito Civil. 11. ed. Atualização e notas de Humberto Theodoro Júnior. Rio de Janeiro: Forense, 1995, p. 118 e 119; AMORIM FILHO, Agnelo. As ações constitutivas e os direitos potestativos. Revista Forense, Rio de Janeiro, n. 216, p. 23-31, out./dez. 1966; MOREIRA ALVES, José Carlos. A retrovenda. Rio de Janeiro: Borsoi, 1967, p. 125 (que afirma, de modo significativo: "Somos dos que entendem – e, aliás, nesse sentido se inclina, atualmente, ponderável número de autores – que essa categoria jurídica, criação da dogmática alemã, é de ser acolhida, porquanto, nela, se enquadram poderes que não se ajustam às demais figuras subjetivas conhecidas (assim, o direito subjetivo no sentido em que comumente é empregado, a faculdade jurídica, o poder jurídico), nem estão abrangidas na esfera das faculdades que decorrem da capacidade de fato."); AMARAL, Francisco. Direito civil: introdução. 7. ed. Rio de Janeiro: Renovar, 2008, p. 236-237; LEMOS FILHO, Flávio Pimentel. Direito potestativo. Rio de Janeiro: Lumen Juris, 2017, *passim*; HENNING, Fernando Alberto Corrêa. Ação concreta: relendo Wach e Chiovenda. Porto Alegre: Sergio Fabris, 2000, p. 86 ss.; FONTES, André. A pretensão como situação jurídica subjetiva. Belo Horizonte: Del Rey, 2002, p. 102 ss.; BENACCHIO, Marcelo. Direito subjetivo – Situação jurídica – Relação jurídica. *In*: LOTUFO, Renan; NANNI, Giovanni Ettori (orgs.). Teoria geral do direito civil. São Paulo: Atlas, 2008, p. 186-217 (o autor trata do direito potestativo nas p. 208-209). Um dos campos mais férteis de emprego do conceito de direito potestativo na literatura jurídica nacional encontra-se na distinção entre decadência e prescrição (assim, por exemplo: AMORIM FILHO, Agnelo. Critério científico para distinguir a prescrição da decadência e para identificar as ações imprescritíveis. Revista dos Tribunais, São Paulo, n. 300, p. 7-37, out. 1960; MOREIRA ALVES, José Carlos. A parte geral do projeto de código civil brasileiro: subsídios históricos para o novo código civil brasileiro. São Paulo: Saraiva, 1986, p. 155; CAHALI, Yussef Said. Prescrição e decadência. 2. ed. São Paulo: RT, 2012, p. 29-32; THEODORO JÚNIOR, Humberto. Distinção científica entre prescrição e decadência: um tributo à obra de Agnelo Amorim Filho. Revista dos Tribunais, São Paulo, n. 836, p. 49-68, jun. 2005; THEODORO JÚNIOR, Humberto. Comentários ao novo Código Civil: volume III, tomo II. 3. ed. Rio de Janeiro: Forense, 2006, p. 350 [Coleção Comentários ao Novo Código Civil, coordenada por Sálvio de Figueiredo Teixeira]; SIMÃO, José Fernando. Prescrição e decadência: início dos prazos. São Paulo: Atlas, 2013, p. 181-184.).

[363] Exceção feita, como já se apontou, a Pontes de Miranda e aos autores que adotam a sua terminologia.

pode influenciar situações jurídicas preexistentes, mudando-as, extinguindo-as ou criando novas, mediante atividade própria unilateral".[364]

O núcleo do referido conceito está na noção de *poder*. O titular do direito potestativo não possui a faculdade de exigir determinada prestação de outrem (pretensão),[365] mas sim tem o *poder* de provocar alterações em uma dada esfera jurídica.

A amplitude dessa noção é digna de nota. Nela se enquadram situações nas quais não há relação jurídica preexistente, bastando a genérica alusão a uma situação jurídica.[366] Como consequência lógica, nem sempre o direito potestativo estará dirigido a um sujeito passivo[367], podendo exaurir-se na produção de determinado efeito na esfera do próprio titular.

---

[364] MESSINA, Diritti potestativi, op. cit., p. 41. Idêntica fórmula em PULEO, Salvatore. I diritti potestativi: individuazione della fattispecie. Milano: Giuffrè, 1959, p. 1. Em sentido semelhante: OERTMANN, Paul. Introducción al derecho civil. Traduzido por Luís Sancho Seral. Barcelona: Labor, 1933, p. 364 ("Entende-se por direitos potestativos aquelas faculdades do sujeito que contêm algum poder para a produção de efeitos jurídicos e que outorgam ao seu titular a possibilidade de produzir, mediante a própria atividade e por declaração unilateral, um efeito de direito") e MOTA PINTO, Cessão da posição contratual, op. cit., p. 356-357.

[365] Pontes de Miranda observa que a afirmação corrente seria fruto de "confusão entre desnecessidade de intervenção ou cooperação do sujeito passivo e inexistência de pretensão: o sujeito passivo tem de abster-se de impedir ou dificultar o direito formativo" (Tratado de direito privado: tomo V, op. cit., p. 462). Parece-nos, contudo, que a observação não tem o condão de invalidar o sentido principal da lição corrente, dado que no direito potestativo o resultado almejado independe de uma específica conduta do sujeito passivo.

[366] Adotamos a terminologia de José de Oliveira Ascensão, para quem (i) *situações jurídicas* (em sentido estrito) são "situações de pessoas, resultantes da valoração histórica da ordem jurídica"; (ii) *posições jurídicas* são espécies de situações jurídicas caracterizadas pela unilateralidade, *i.e.*, são posições de um sujeito reguladas pelo Direito; e (iii) *relações jurídicas* são modalidades de situações jurídicas caracterizadas pela "conjunção de duas ou mais posições subjetivas, em que cada uma só se define juridicamente por referência às outras" (Direito Civil: teoria geral, volume III, op. cit., p. 10, 11, 54 e 56 ss.).

[367] No tocante à esfera jurídica modificada por conta do exercício do direito potestativo, Seckel subdivide-os em *Eigengestaltungsrechte*, nos quais apenas a esfera jurídica do titular é modificada, e *Eingriffsrechte*, que afetam a esfera jurídica de outrem (SECKEL, Die Gestaltungsrechte des bürgerlichen Rechts, op. cit., p. 213 apud CARPINO, L'acquisto coattivo dei diritti reali, op. cit., p. 73-74). Menezes Cordeiro também classifica os direitos potestativos em "com destinatário" e "sem destinatário" (Tratado de direito civil português: volume I, op. cit., p. 172). Vide, ainda, OERTMANN, Introducción al derecho civil, op. cit., p. 365.

Essa amplitude pareceu desmedida a parte considerável da doutrina, que preferiu circunscrever a categoria às hipóteses de produção de efeitos perante a esfera jurídica de um sujeito passivo.[368] Tais parecem ser, efetivamente, os casos típicos e mais importantes de direito potestativo.

A posição passiva correlata ao direito potestativo – que *pode* estar presente, quando se adota noção ampla, ou *deve* estar presente, quando se acolhe conceito restritivo – é chamada de *sujeição*, definida como a "situação de necessidade inelutável, em que está constituído o adversário do titular dum direito potestativo, de suportar na sua esfera as consequências constitutivas, extintivas ou modificativas do exercício daquele direito".[369]

Foi mérito de Chiovenda destacar a situação de sujeição (*soggezione*) da contraparte do direito potestativo.[370] Após apontar diversos exemplos de direitos potestativos, ele afirma: "Em todos esses casos, encontramo-nos frente a um poder do titular do direito, de produzir, mediante uma manifestação de vontade, um efeito jurídico no qual possua interesse, ou a cessação de um estado jurídico desvantajoso; e isso frente a uma pessoa, ou a várias, que não estão obrigadas a nenhuma prestação para com ele, mas estão somente *sujeitas*, de modo a não poderem se subtrair, ao efeito jurídico produzido. [...] O lado praticamente impor-

---

[368] Assim, *v.g.*, CARPINO, L'acquisto coattivo dei diritti reali, op. cit., p. 97. Essa é a posição majoritária da doutrina alemã, segundo informa VIONNET, L'exercice des droits formateurs, op. cit., p. 12. Conquanto frequentes, as definições restritivas muitas vezes vêm desacompanhadas da necessária justificativa. Nesse sentido, André Fontes define o direito potestativo como o "poder de influir na esfera jurídica alheia, modificando-a" (A pretensão como situação jurídica subjetiva, op. cit., p. 102). Flávio Pimentel de Lemos Filho adota conceito similar, após expor, em sequência e sem qualquer relevo crítico, diversas noções distintas entre si (Direito potestativo, op. cit., p. 35).

[369] MOTA PINTO, Cessão da posição contratual, op. cit., p. 358.

[370] Uma vez configurada a ação como um direito potestativo, a presença da situação de sujeição permitiu a Chiovenda encontrar um denominador comum a todas as ações, incluindo as meramente declaratórias e as condenatórias. Brunetto Carpino observou que, até o contributo de Seckel, somente o "lado ativo da relação potestativa" havia sido individualizado, tendo sido mérito de Chiovenda completar a construção da figura (L'acquisto coattivo dei diritti reali, op. cit., p. 74). Também Fernando Alberto Corrêa Henning vê, na lição de Chiovenda, um deslocamento do "centro de equilíbrio" do conceito, que deixaria de estar na produção de efeitos ideais para se situar na noção de sujeição (Ação concreta, op. cit., p. 116). Com a ênfase na situação de sujeição, restou aberto o caminho para as noções restritivas de direito potestativo.

tante dessas figuras jurídicas é a *sujeição* das pessoas frente ao titular do poder: a sujeição de sua vontade, enquanto *não podem querer* que o efeito não se produza".[371]

Dentre as classificações possíveis, a mais difundida ordena os direitos potestativos consoante o tipo de eficácia (o tipo de mutação *lato sensu* produzida na realidade jurídica). De acordo com ela, os direitos potestativos dividem-se em constitutivos (ou geradores), modificativos e extintivos.[372]

Os direitos potestativos *constitutivos* tendem à constituição de uma relação ou de uma situação jurídica até então inexistente. São exemplos: o direito do oblato de aceitar a proposta de contrato, os direitos de apropriação, dentre os quais o direito de caça e de pesca,[373] e o direito do adquirente de imóvel à obtenção do registro do título translativo.[374]

Já os direitos potestativos *modificativos* são "direitos à modificação ou à precisão (que modificação seja) de relação jurídica existente, sem se eliminar a identidade".[375] Pode-se exemplificar com o direito de escolha nas obrigações alternativas[376], o direito do credor de constituir o devedor em mora[377], o direito do credor de assinalar prazo para a prestação, o

---

[371] CHIOVENDA, L'azione nel sistema dei diritti, op. cit., p. 21.

[372] PONTES DE MIRANDA, Tratado de direito privado: tomo V, op. cit., p. 306-307; ANDRADE, Teoria geral da relação jurídica: volume I, op. cit., p. 13-15; MOTA PINTO, Teoria geral do direito civil, op. cit., p. 175-176; MENEZES CORDEIRO, Tratado de direito civil português: volume I, op. cit., p. 172; ASCENSÃO, Direito Civil: teoria geral, volume III, op. cit., p. 98. Este último inclui uma quarta espécie de eficácia, aludindo aos direitos potestativos "transmissivos ou reversivos", os quais provocam a "transmissão de uma situação jurídica", de que seria exemplo o direito de preferência com eficácia real.

[373] PONTES DE MIRANDA, Tratado de direito privado: tomo V, op. cit., p. 242, 299, 306 e 313; VON TUHR, Derecho civil, op. cit., p. 165-166.

[374] PONTES DE MIRANDA, Tratado de direito privado: tomo V, op. cit., p. 274, 293 e 301.

[375] Ibid., p. 307.

[376] Chiovenda nega tratar-se de direito potestativo, pois, em sua visão, o poder de escolha não teria autonomia frente à relação obrigacional (L'azione nel sistema dei diritti, op. cit., p. 23). Nas monografias nacionais voltadas ao estudo do tema de que temos conhecimento, prevalece a qualificação do direito de escolha como direito potestativo (PEREIRA LIRA, Ricardo César. A obrigação alternativa e a obrigação acompanhada de prestação facultativa. Rio de Janeiro [s. ed.], 1970, p. 44; e LACAZ, Marina Vessoni Labate. Obrigações alternativas: características e noções fundamentais. São Paulo: Almedina, 2016, p. 45).

[377] O exemplo é controvertido. Negam tratar-se de direito potestativo, dentre outros, Chiovenda (L'azione nel sistema dei diritti, op. cit., op. cit., 23) e Mota Pinto, para quem se tra-

direito do devedor de oferecer a coisa e constituir o credor em mora e o direito de substituir o terceiro (art. 438 do Código Civil).[378]

Por fim, os direitos potestativos *extintivos* dirigem-se à extinção de uma relação jurídica ou outra situação jurídica já existente, tais como o direito à separação e ao divórcio, o direito à decretação da nulidade do negócio jurídico, o direito à anulação, à resolução, à resilição e à rescisão do negócio jurídico, além do direito à compensação.[379]

17.3. Natureza Jurídica

O conceito de direito potestativo impôs-se por sua importância prática e capacidade explicativa. Até os dias de hoje, no entanto, a doutrina controverte sobre diversas questões a ele relativas.

A própria natureza do direito potestativo é fonte inesgotável de disputa, desde a origem de sua construção dogmática. Seckel afirmou serem os direitos potestativos "'direitos subjetivos concretos', cujo conteúdo é o poder de 'conformação' de relações jurídicas concretas por meio de um negócio jurídico unilateral."[380]

A qualificação dos direitos potestativos como (nova) espécie de direito subjetivo encontrou forte resistência por parte de diversos autores, o que levou a duvidar da própria viabilidade dogmática da figura. Escrevendo em 1906, Messina já dava conta da reação negativa por parte daqueles que reputavam inconcebível um direito subjetivo sem o correlato dever do sujeito passivo.[381]

---

taria de "faculdade integrada no conteúdo do direito de crédito" (Cessão da posição contratual, op. cit., p. 244, nota 2).

[378] Pontes de Miranda, Tratado de direito privado: tomo V, op. cit., p. 243, 307 e 313; Von Tuhr, Derecho civil, op. cit., p. 166-167.

[379] Pontes de Miranda, Tratado de direito privado: tomo V, op. cit., p. 243-244, 307 e 313; Von Tuhr, Derecho civil, op. cit., p. 167 e 199 ss. É controversa a inclusão, nesse rol, da renúncia à herança, à propriedade e a outros direitos reais. Se Von Tuhr, por um lado, o admite (Derecho civil, op. cit., p. 199), já Pontes de Miranda entende que, nesses casos, a faculdade extintiva não é conteúdo de um direito, sendo o suporte fático da perda do direito o próprio ato do seu exercício (Tratado de direito privado: tomo V, op. cit., p. 307).

[380] Seckel, Die Gestaltungsrechte des bürgerlichen Rechts, op. cit., p. 210 apud Messina, Sui cosiddetti diritti potestativi, op. cit., p. 3; e Barnini, Claudio. Gestaltungsgeschäfte e poteri formativi: considerazioni sul negozio giuridico unilaterale. Rivista trimestrale di diritto e procedura civile, Milano, n. 36 (2), p. 549-581, jun. 1982, aqui p. 562.

[381] Messina, Sui cosiddetti diritti potestativi, op. cit., p. 22.

Nas décadas seguintes, a figura continuou sendo vista com desconfiança por uma fração da doutrina italiana.[382] Sintomática, nesse sentido, é a posição tomada por Francesco Carnelutti e Mario Allara em obras gerais de considerável repercussão em meados do século XX, ambos claramente contrários à admissibilidade da categoria dos direitos potestativos. Para o primeiro, os conceitos de direito facultativo e de direito potestativo, como espécies de direito subjetivo, são errados, "porque todo direito subjetivo tem, em si, tanto o elemento facultativo como o elemento potestativo".[383] A seu turno, o segundo assevera: "Não acreditamos na categoria do direito potestativo. À parte as dificuldades de individualizar tal categoria e distinguir tais direitos da capacidade de agir, à parte as dúvidas que nascem acerca da colocação de alguns casos na categoria, falta sobretudo, no chamado direito potestativo, a *relatio ad alterum*; há um direito, mas falta o correspondente dever; falta, portanto, uma relação jurídica. [...] se com relação a semelhante comportamento se quiser falar em uma *relatio ad alterum*, no sentido de que os demais consociados são obrigados a não impedir o comportamento do titular do chamado direito potestativo, vem-se a considerar não mais um pretenso direito potestativo, mas a relação de liberdade pessoal".[384]

---

[382] Um útil levantamento da doutrina italiana até o final da década de 1930 pode ser encontrado em Espínola & Espínola Filho, Tratado de direito civil brasileiro: volume IX, op. cit., p. 622-623, notas "l" e "m". Os autores apontam 16 (dezesseis) autores favoráveis e 15 (quinze) autores expressamente contrários à categoria dos direitos potestativos, o que dá conta da acirrada divisão existente naquela época. Registre-se, aliás, a posição contrária dos autores: "Realmente, o que se terá, invariavelmente, será, ou uma simples possibilidade, ou, então, uma faculdade (poder-força), mas, nunca, o exercício de um direito com autonomia própria, nem se podendo identificar, com o direito subjetivo, as faculdades, poderes ou forças, que se destacam do seu conteúdo, pois, separados, não constituem direitos – já tendo ficado definitivamente demonstrado, no n. anterior, que somente a unidade desses fatores é que forma o todo – direito subjetivo." (Espínola & Espínola Filho, Tratado de direito civil brasileiro: volume IX, op. cit., p. 625-626). Também se posiciona contrário à categoria dos direitos potestativos Miguel Maria de Serpa Lopes (Exceções substanciais: exceção de contrato não cumprido, exceptio non adimpleti contractus. Rio de Janeiro: Freitas Bastos, 1959, p. 69).

[383] Carnelutti, Francesco. Teoria generale del diritto. Reimpressão da 3. ed. (Roma: Foro Italiano, 1951). Napoli: Edizioni Scientifiche Italiane, 1998, p. 156.

[384] Allara, Mario. Le nozioni fondamentali del diritto civile: volume I. 5. ed. Torino: Giappichelli, 1958, p. 249-250.

Ainda hoje, a despeito de a doutrina italiana majoritária admitir a figura e parecer filiá-la aos direitos subjetivos[385], levantam-se respeitáveis vozes dissonantes.[386]

Não deixa de ser significativo, aliás, que alguns dos defensores da categoria oponham os direitos potestativos ao que denominam "direitos subjetivos em sentido estrito"[387], o que deixa transparecer a disparidade entre uns e outros, bem como certo divórcio dos direitos potestativos em relação ao núcleo conceitual "clássico" dos direitos subjetivos.

Em que pesem as respeitáveis posições contrárias, a inclusão dos direitos potestativos na categoria dos direitos subjetivos parece compatível com diversas noções destes. Menezes Cordeiro, por exemplo, conceituando o direito subjetivo como "permissão específica de aproveitamento de um bem", conclui: "O direito potestativo é, na verdade, o produto de normas que conferem poderes. Trata-se, no entanto, de poderes atribuídos ao beneficiário através do intermear de *normas permissivas*, isto é: ao titular cabe, segundo o seu livre-arbítrio, atuar ou não o poder que a norma lhe conceda. Desta forma, o poder que a lei confira ao titular é visto como um bem, que ele aproveitará, ou não, como

---

[385] Escrevendo em 1959, Salvatore Puleo observava que a doutrina "nitidamente prevalecente" qualificava os direitos potestativos como verdadeiros direitos subjetivos (I diritti potestativi, op. cit., p. 1). Exemplo dessa corrente é SANTORO-PASSARELLI, Francesco. Dottrine generali del diritto civile. 9. ed. Napoli: Jovene, 1997, p. 72-73.

[386] É o caso, por exemplo, de Natalino Irti, para quem "a figura do direito potestativo é incompatível, não somente com as definições gerais do direito subjetivo, mas com a própria ideia de relação jurídica". O poder característico do direito potestativo não teria relevância normativa, bastando a afirmação da autonomia privada para fundamentar as hipóteses normalmente reconduzidas à categoria (Introduzione allo studio del diritto privato. Padova: CEDAM, 1990, p. 42-44). A orientação de Irti é seguida por Francesco Ferraro (Patto di opzione e operazione economica. Milano: Giuffrè, 2016, p. 36). Angelo Lener também considera um "excesso de qualificação irrelevante" configurar como direitos subjetivos situações que seriam, na verdade, "específicos poderes jurídicos" (Potere (dir. priv.). *In*: CALASSO, Francesco (org.). Enciclopedia del diritto: volume XXXIV. Milano: Giuffrè, 1985, p. 610-642, aqui p. 627). Também nega tratar-se de direitos autônomos Giuseppe Lumia, para quem os direitos potestativos são, em verdade, "poderes conferidos aos respectivos titulares em conexão com outras situações jurídicas, cujo conjunto constitui um determinado direito subjetivo" (Lineamenti di teoria e ideologia del diritto. 3. ed. Milano: Giuffrè, 1973, p. 119).

[387] ANDRADE, Teoria geral da relação jurídica: volume I, op. cit., p. 10; MOTA PINTO, Teoria geral do direito civil, op. cit., p. 172, e MOTA PINTO, Cessão da posição contratual, op. cit., p. 356.

quiser. Deste modo se poderá compreender a inclusão dos 'direitos' potestativos na figura mais extensa dos direitos subjetivos".[388]

Oliveira Ascensão julga "normativista" a posição de Menezes Cordeiro, adotando conceito distinto. Para ele, o direito subjetivo é uma "posição individual e concreta que assegura um círculo de autodeterminação, no sentido de uma atuação livre para a prossecução de interesses próprios, ainda que por interposição duma vontade alheia". Essa concepção não o impede de qualificar o direito potestativo como modalidade de direito subjetivo.[389]

Também Pontes de Miranda posiciona os direitos potestativos dentre os direitos subjetivos, os quais conceitua como posições de vantagem conferidas a alguém por meio da incidência da regra jurídica em determinado suporte fático.[390]

Alinhamo-nos à corrente majoritária, que enxerga, nos direitos potestativos, uma classe de direitos subjetivos. Nesse ponto, vem à baila a advertência de Messina, no sentido de que os conceitos científicos gerais não podem aspirar a verdades absolutas, tampouco descurar de novos fenômenos, somente por não se encaixarem nos conceitos habituais. Ao contrário, deve-se induzir o conceito geral a partir da totalidade dos fenômenos individuais.[391]

18. Natureza do Direito à Modificação Equitativa

18.1. Duas Interpretações Possíveis

A análise da natureza das posições jurídicas tituladas pelo credor e pelo devedor, no contexto da oferta de modificação equitativa do contrato, deve partir do teor dos arts. 478 e 479 do Código Civil.

O primeiro dispositivo atribui ao devedor da prestação tornada excessivamente onerosa o direito de "pedir a resolução do contrato", devendo os "efeitos da sentença que a decretar" retroagir à data da citação. O art. 479, então, complementa: "A resolução poderá ser evitada, oferecendo-se o réu a modificar equitativamente as condições do contrato".

---

[388] Tratado de direito civil português: volume I, op. cit., p. 171-172.
[389] Direito Civil: teoria geral, volume III, op. cit., p. 66-67 e 71-79.
[390] Tratado de direito privado: tomo V, op. cit., p. 226 e 306.
[391] MESSINA, Sui cosiddetti diritti potestativi, op. cit., p. 22.

A oferta de modificação equitativa surge, portanto, no contexto de um *processo jurisdicional* – judicial ou arbitral – instaurado pelo devedor, almejando sentença que decrete a *resolução* do contrato.[392] É nesse preciso cenário que a lei atribui ao credor a possibilidade de se *contrapor* à iniciativa do devedor, mantendo a relação contratual, conquanto modificada.

A nosso ver, a posição jurídica do credor, regulada no citado dispositivo, pode ser qualificada como *liberdade de propor*, ao devedor, a modificação do conteúdo do contrato, ou como *poder* de provocar a respectiva modificação.

Em um dos polos dessa dualidade, vale notar, pode-se tanto considerar presente um direito subjetivo potestativo, como ver configurado um poder, integrado ao direito subjetivo de crédito. Isso porque, em qualquer dos dois casos, estará, correlata ao poder ou ao direito potestativo, a sujeição do devedor.[393]

O exame da posição jurídica do credor complementa-se, naturalmente, com a consideração da conduta do devedor da prestação excessivamente onerosa frente à oferta de modificação. Trata-se de saber se o devedor tem a faculdade (ou mesmo o poder) de manifestar-se sobre os termos da modificação equitativa objeto da declaração do credor, aceitando-a ou rejeitando-a; ou, ao contrário, se ele se encontra na situação de necessidade de suportar a modificação da relação contratual declarada pelo credor (sujeição), desde que ela se mostre, aos olhos do julgador, equitativa.

Conjugando as duas perspectivas, tem-se, em síntese, duas possíveis interpretações. A primeira extrai da norma a atribuição, ao credor, de uma mera liberdade de ofertar (propor), ao devedor, a modificação equitativa do contrato. O devedor, portanto, não estaria sujeito à modi-

---

[392] Redenti já observara que a "oferta" de modificação vem tratada, nos arts. 1.450 e 1.467 do Código Civil italiano, como "ato ou atividade do réu para opor-se a uma demanda (de rescisão ou de resolução) alheia e evitar-lhe o acolhimento, isto é, como episódio ou fenômeno que se atua no processo" (L'offerta di riduzione ad equità. Rivista trimestrale di diritto e procedura civile, Milano, n. 1 (1), p. 576-583, mar. 1947, aqui p. 578).

[393] Uma clara exposição das situações jurídicas elementares encontra-se em LUMIA, Lineamenti di teoria e ideologia del diritto, op. cit., p. 109 ss. Para o autor, os direitos potestativos correspondem a poderes conexos a outras situações jurídicas elementares, cujo conjunto consistiria em um direito subjetivo.

ficação equitativa. Ao contrário, a declaração do credor assumiria o valor de *oferta dirigida ao devedor, i.e.*, de uma autêntica proposta de contrato, ainda que formulada no contexto de um processo judicial ou arbitral.

A segunda exegese extrai do art. 479 do Código Civil a atribuição de um *poder* ao credor, cujo exercício levaria à modificação equitativa da relação contratual, sem que o devedor, em razão de sua *situação de sujeição*, pudesse tomar alguma medida para evitar a modificação em questão.[394]

18.2. Análise e Tomada de Posição

Para que se possa tomar posição frente a essas posições antagônicas, é fundamental considerar a *função* do direito de modificação equitativa. Não parece haver dúvida de que ela reside em *evitar a resolução, mantendo a relação contratual*. Sendo a resolução, nesse contexto, necessariamente pleiteada em juízo, "evitar a resolução" deve ser entendido como *evitar que o juiz pronuncie a sentença de resolução*.[395] Vejamos, então, a compatibilidade dessa função com as duas interpretações acima cogitadas.

A qualificação da declaração do credor como proposta de contrato dirigida ao devedor demanda a valoração de suas possíveis condutas frente à oferta. Ao passo que a aceitação não parece trazer maiores dificuldades, o mesmo já não pode ser dito a respeito de uma possível recusa do devedor. Nesse caso, vislumbram-se duas possibilidades: (a) a eventual recusa poderia ser tida como inócua, cabendo ao julgador aferir a equidade da proposta, cuja presença levaria à modificação das bases do contrato nos termos ofertados; ou (b) a eventual recusa constituiria óbice à apreciação da equidade da proposta por parte do julgador.

Ambas as construções mostram-se problemáticas. A primeira, ao negar eficácia à recusa do devedor, traduz incompatibilidade com a natureza hipotética de proposta de contratar. No regime do Código Civil brasileiro, a oferta *vincula* o proponente (ainda que não o obrigue[396]), tendo o destinatário o poder[397] de aceitá-la ou a faculdade de recusá-la.

---

[394] Essa, como se viu, é a interpretação da maioria da doutrina italiana em relação ao art. 1467, 3 do *Codice Civile*.
[395] Vide, por todos, D'Andrea, L'offerta di equa modificazione del contratto, op. cit., p. 34.
[396] Pontes de Miranda, Tratado de direito privado: tomo XXXVIII, op. cit., p. 48-49.
[397] Tem-se, aqui, verdadeiro direito potestativo do oblato (Pontes de Miranda, Tratado de direito privado: tomo II, op. cit., p. 435; Ibid., tomo V, op. cit., p. 313).

À vinculação do ofertante corresponde, pois, uma situação de sujeição enquanto a proposta permanecer em vigor.

Se a recusa do suposto oblato não é eficaz, a própria declaração de aceitação desconstitui-se como exercício de um poder, inexistindo, pois, verdadeira oferta. Ao contrário, a inocuidade da recusa e a superfluidade da aceitação caracterizariam, a bem da verdade, uma situação de sujeição do declaratário, correlata a um poder e não à liberdade de propor um contrato modificativo da relação em curso.

A segunda construção suscita reflexão distinta. Nesse caso, bastará ao devedor recusar a proposta do credor (ainda que equitativa) para que a resolução seja decretada. Somente essa vertente, portanto, é compatível com a cogitada natureza jurídica de proposta de contrato.

Essa qualificação, no entanto, impede que a função do direito de modificação equitativa – evitar a resolução – seja alcançada. A prevalecer tal entendimento, o art. 479 do Código Civil meramente autorizaria as partes a negociar uma possível alteração equitativa do contrato, sem, contudo, atribuir ao credor remédio eficaz contra o poder resolutório do devedor. A adoção dessa perspectiva leva, pois, a esvaziar a previsão normativa, tornando-a inócua.[398] A possibilidade de negociação, como parece evidente, independe de qualquer previsão legal a respeito.

Talvez se pudesse argumentar que a recusa de uma oferta equitativa seria abusiva e, como tal, ineficaz, o que preservaria o remédio conservativo conferido ao credor. O controle de eventual abusividade da recusa do devedor não altera, a nosso ver, o quadro acima delineado. Admitir esse controle implicaria apenas postergar o reconhecimento da eficácia da recusa a momento posterior à verificação da equidade da oferta por parte do julgador, sem diferença prática alguma. Isso porque, constatada a natureza equitativa da oferta, a recusa seria inócua, restando evidenciado, novamente, o poder atribuído ao credor. Caso, ao contrário, o julgador rejeite a equidade da oferta, dessa circunstância resultará, por

---

[398] Boselli foi, possivelmente, o primeiro a afirmá-lo de modo claro: "Portanto, ou a apreciação do magistrado tem alguma serventia, e então parece necessário deduzir que aqui, uma vez reconhecida a idoneidade da modificação, possa o proponente, por si só, evitar a resolução; ou a modificação só pode ser obra necessariamente comum das partes, e então mister concluir que, no art. 1.467, escreveu-se uma disposição perfeitamente inútil." (BOSELLI, Aldo. La risoluzione del contratto per eccessiva onerosità. Torino: UTET, 1952, p. 296). Em sentido semelhante, CARPINO, La rescissione del contratto, op. cit., p. 102.

si só, a inaptidão da declaração do credor à produção de efeitos modificativos da relação contratual, sendo supérflua a recusa.

Afastada a possibilidade de configurar a declaração do credor como proposta de contratar[399], confirma-se a superioridade da leitura que qualifica a posição jurídica do credor como *poder de modificação unilateral do contrato*. Com ela, atribui-se ao credor medida reativa eficaz contra o direito à resolução titulado pelo devedor, preservando o pleno alcance da função prevista em lei (evitar a resolução e manter a relação contratual).

Essa interpretação do art. 479 do Código Civil poderia levantar alguma dúvida em relação ao emprego do verbo "oferecendo-se". Não parece correto, contudo, vinculá-lo à proposta de contratar. Ao contrário, o mesmo verbo comparece sem tal conotação em outros dispositivos do

---

[399] O exame da doutrina italiana revela que a tese da oferta de modificação equitativa como proposta de contratar nunca foi claramente sustentada naquele país (D'ANDREA, L'offerta di equa modificazione del contratto, op. cit., p. 36). De todos os autores consultados, Enrico Enrietti é quem mais se aproxima desta tese, ao sustentar que a oferta de modificação "assume a função e a estrutura de uma *proposta contratual* feita pelo requerido ao autor [...]." Mas nem mesmo ele considera a falta de aceitação impeditiva da eficácia da "proposta", pois julga aplicável, nesse caso, o art. 2.932 do Código Civil italiano, cuja incidência analógica já fora advogada por Redenti (D'AMELIO, Mariano; FINZI, Enrico (org.). Codice civile: libro delle obbligazioni, commentario, volume I. Firenze: G. BARBERA, 1948, p. 902). Carnelutti também emprega certas expressões que poderiam levar a duvidar da natureza jurídica por ele atribuída à declaração do credor. No afã de afirmar, em aberta polêmica com Mirabelli, a natureza de negócio de direito material e o caráter obrigatório da oferta, Carnelutti qualifica a declaração do credor como "proposta de modificação do contrato, à qual a lei reconhece a eficácia de modificá-lo desde que seja equânime, mesmo sem a aceitação da parte contrária." Mas o autor vai além, ao atribuir efeitos mesmo à oferta iníqua, afirmando: "Se o juiz o julgar ainda iníquo, *malgrado a modificação*, acolherá a demanda porque a oferta não é suficiente" (CARNELUTTI, Francesco. Preclusione dell'offerta di riduzione del contratto ad equità. Rivista di diritto processuale, Padova, n. 8 (2), p. 108-111, 1953, aqui p. 110). Como já se observou, a posição de Carnelutti parece ter advindo da consideração da letra do art. 1.467, 3 do Código Civil italiano, "que *prima facie* induz, quase de modo automático, a configurar a oferta como proposta contratual". Mas a qualificação de um negócio modificativo do conteúdo contratual, independentemente da vontade do devedor – e mesmo que iníqua a modificação declarada –, deveria tê-lo levado a configurar a declaração do credor como negócio jurídico unilateral modificativo (D'ANDREA, L'offerta di equa modificazione del contratto, op. cit., p. 41). Em que pese a literalidade da referência à "proposta de modificação do contrato", quer-nos parecer que Carnelutti, ao atribuir-lhe a eficácia de modificar o contrato mesmo sem a aceitação do devedor, afasta-se do regime da proposta de contrato e configura a posição jurídica do credor de modo consentâneo com a corrente que nela vê um direito potestativo.

Código Civil (*v.g.*, nos arts. 352, 401, incisos I e II, 456 parágrafo único e 1.433, inciso VI, dentre outros).

O melhor termo de comparação encontra-se, a nosso ver, nos arts. 144 e 157, §2º do Código Civil, que tratam de "ofertas" visando à manutenção de negócios jurídicos no contexto do erro e da lesão, respectivamente. A despeito da pouca atenção dada pela doutrina nacional à natureza jurídica dessas figuras, encontram-se afirmações no sentido de que o direito à "oferta" de execução do contrato em conformidade com a vontade real do declarante configuraria um direito potestativo.[400]

O verbo oferecer parece ter sido empregado, no citado dispositivo, no sentido de "dispor-se" ou "sujeitar-se" a alterar o contrato. Nesse sentido, ele pode denotar a vinculação do credor à modificação objetivada, tal como se passa em uma oferta de contratar. Mas as semelhanças, como se viu, param por aqui. A oferta de contratar depende, essencialmente, para ser eficaz, da declaração de aceitação por parte do oblato. Tornar a modificação equitativa do contrato dependente da aceitação do devedor é distorcer e esvaziar o conteúdo do art. 479 do Código Civil, construindo uma posição jurídica inócua, eis que insuscetível de alcançar a finalidade a ele atribuída.

A única exegese que, efetivamente, possibilita ao credor "evitar a resolução" é a que lhe atribui o poder de, unilateralmente, modificar (de modo equitativo) a relação contratual, sem que a isso o devedor possa se opor.

19. Função do Direito à Modificação Equitativa

A função do poder conferido ao credor *ex* art. 479 do Código Civil é "evitar a resolução", mantendo viva a relação contratual. Trata-se, na

---

[400] Afirma Humberto Theodoro Junior, ao analisar o art. 144 do Código Civil: "Ao direito potestativo de invalidar o contrato, que toca ao autor do erro substancial, a lei antepõe o direito, *também potestativo*, atribuído àquele que não errou, de salvar o negócio e impedir sua anulação, mediante alteração que resguarde a vontade real do primeiro." (Comentários ao novo Código Civil: volume III, tomo II, op. cit., p. 113, grifo nosso). A posição é referida e aceita por Gustavo Tepedino, Heloisa Helena Barboza e Maria Celina Bodin de Moraes, para quem o dispositivo legal em comento "estabelece um *direito potestativo* de conservar o contrato para a parte que recebe a manifestação de vontade viciada por erro." (Código Civil interpretado conforme a Constituição da República: volume I. 2. ed. São Paulo: Renovar, 2011, p. 281; grifo nosso).

feliz expressão de Angelo Lener[401], de um *contrapoder* atribuído no contexto de um pleito voltado à destruição da relação contratual. O meio para alcançar o fim conservativo é a modificação equitativa do contrato.

A espelhar essa realidade, há tempos a doutrina italiana associa a oferta de modificação equitativa à atuação do princípio da conservação dos negócios jurídicos.[402] Com efeito, a *reductio ad aequitatem* pode ser inserida no vasto rol dos meios conducentes à manutenção dos negócios jurídicos, usualmente reunidos sob a consideração iluminante do referido princípio.[403]

Retornando à matriz teórica de que se partiu – o direito potestativo –, a consideração dessa finalidade conservativa pode ser aprofundada por meio do exame de determinada classificação dos direitos potestativos encontrada na doutrina. Costuma-se subdividi-los em autônomos ou independentes, de um lado, e integrados ou dependentes, de outro.[404-405]

---

[401] LENER, Angelo. Potere (dir. priv.). *In*: CALASSO, Francesco (org.). Enciclopedia del diritto: volume XXXIV. Milano: Giuffrè, 1985, p. 610-642, aqui p. 624.

[402] Vide, por exemplo, Marcello Andreoli, que antes mesmo da entrada em vigor do Código de 1942 já vinculava a revisão dos contratos ao princípio da conservação (Revisione delle dottrine sulla sopravvenienza contrattuale. Rivista di diritto civile, Padova, n. 30, p. 309-376, 1938, aqui p. 374).

[403] Vide o item 3.

[404] MENEZES CORDEIRO, Tratado de direito civil português: volume I, op. cit., p. 172. A distinção encontra-se em Von Tuhr, que julga uma "questão difícil e debatida" saber se o direito potestativo deve considerar-se anexo ao crédito ou à relação obrigacional. Dentre os direitos integrantes da relação jurídica, inclui os direitos de denúncia, de resolução e de impugnação (Derecho civil, op. cit., p. 229-230). Vide, ainda, ENNECCERUS, Ludwig. Derecho civil, parte general, volume 1, introducción, derecho objetivo, derechos subjetivos, sujeto del derecho, objeto del derecho. 13ª revisão, por Hans Carl Nipperdey. Tradução da 39ª edição alemã, com estudos de comparação e adaptação, por Blas Pérez González e José Alguer. *In*: ENNECCERUS, Ludwig; KIPP, Theodor; WOLFF, Martin. Tratado de derecho civil: tomo I, parte general, 1, Barcelona: Bosch, 1934, p. 296. O ponto também é abordado por Messina, que destaca o caráter gradual da relação de dependência: "Os direitos potestativos ora são autônomos, ora estão em relação de dependência de um direito de senhorio ou de uma situação passiva de obrigação ou de ônus, e a dependência pode ser mais ou menos estreita. Quando é máxima, o direito potestativo não pode ser separado do direito principal e, portanto, não pode ser cedido nem renunciado isoladamente. Há casos, ao invés, em que, apesar de existir relação de dependência, o direito potestativo pode ser objeto de renúncia autônoma." (MESSINA, Diritti potestativi, op. cit., p. 42). Pontes de Miranda também refere brevemente a questão, ao afirmar que alguns direitos potestativos (formativos, em sua terminologia) são "sós", ao passo que outros são "unidos a outros" (PONTES DE MIRANDA, Tratado de direito privado: tomo V, op. cit., p. 308).

Advirta-se que a maioria dos casos é formada por direitos potestativos integrados.[406]

A esse respeito, é bastante clara a exposição de Mota Pinto, ao distinguir (i) direitos potestativos *autônomos ou independentes*, "com valor próprio", os quais constituem a menor parte dos direitos potestativos, tais como: o direito de preferência convencional, o direito de retrato (na venda com pacto de retrovenda), o direito de aceitar uma proposta de contrato e os direitos de apropriação; (ii) direitos potestativos *dependentes e ligados ao crédito*, os quais modificam o seu conteúdo, tais como: o direito de escolha nas obrigações genéricas e alternativas (quando a escolha pertencer ao credor), a *facultas alternativa*, nas obrigações facultativas, e o direito do credor de fixar um prazo razoável para o adimplemento em caso de mora; e (iii) direitos potestativos *dependentes e ligados à relação contratual como um todo*, os quais afetam a sua "existência ou conteúdo", tais como: o direito do dono da obra à redução do preço em caso de defeitos que a tornem inadequada[407], o direito de denúncia, o direito de resolução, o direito de anular o contrato[408], o direito de confirmar o contrato anulável e o direito de revogação.[409-410]

---

[405] Um dos principais interesses da distinção está em delimitar os direitos potestativos transmissíveis. Sobre este ponto, vide: MOTA PINTO, Cessão da posição contratual, op. cit., p. 235 ss.; ANTUNES VARELA, Das obrigações em geral: volume II, op. cit., p. 325-327; MENEZES LEITÃO, Cessão de créditos, op. cit., p. 342-347; HAICAL, Gustavo. Cessão de crédito: existência, validade e eficácia. São Paulo: Saraiva, 2013, p. 34-39.

[406] Mota Pinto observa que a "quase totalidade" dos direitos potestativos é constituída de direitos dependentes ou integrados (Cessão da posição contratual, op. cit., p. 237). Algumas situações encontram-se em uma espécie de "zona fronteiriça" entre direitos potestativos integrados e meras faculdades contidas em determinados direitos subjetivos. Daí, por exemplo, a controvérsia relativa à qualificação do direito à constituição do devedor em mora, tidas por muitos como um mero ato de realização do direito de crédito, inqualificável como direito potestativo (MESSINA, Sui cosiddetti diritti potestativi, op. cit., p. 37).

[407] Hipótese prevista no art. 1.222 do Código Civil português: "Artigo 1222º (Redução do preço e resolução do contrato) 1. Não sendo eliminados os defeitos ou construída de novo a obra, o dono pode exigir a redução do preço ou a resolução do contrato, se os defeitos tornarem a obra inadequada ao fim a que se destina. 2. A redução do preço é feita nos termos do artigo 884º."

[408] Em outro passo, contudo, o autor exclui tratar-se de direito potestativo, pois tal faculdade integraria a "relação obrigacional *lato sensu*, emergente do comportamento típico das negociações, e não a relação emergente do contrato" (MOTA PINTO, Cessão da posição contratual, op. cit., p. 358).

[409] MOTA PINTO, Cessão da posição contratual, op. cit., p. 234-240.

Os direitos potestativos dependentes desempenham papel auxiliar em relação ao fim da obrigação ou ao fim contratual. Já o direito potestativo autônomo "não está inseparavelmente ligado ao crédito, pois não modifica o próprio conteúdo deste, nem está indissoluvelmente ligado ao conjunto da relação contratual, pois não desempenha uma função auxiliar tendo em vista o fim do contrato".[411]

Aprofundando a análise dos direitos potestativos dependentes, Mota Pinto distingue-os com base no exercício de uma função auxiliar dirigida ao "fim do crédito" ou ao "fim do contrato". Em um contrato, observa, "ao lado do interesse da parte contratual como credor, isto é, ao lado deste limitado interesse na recepção da prestação devida, existe um interesse mais amplo, o interesse de cada contratante na consecução do fim contratual." O fim contratual consistiria no escopo de "alcançar aquela finalidade liberal ou aquela concreta necessidade, correspondente à troca das prestações, na medida em que se objetivaram no conteúdo do negócio [...]".[412]

Os direitos potestativos ligados à relação contratual como um todo teriam a função de proteger as partes contra vicissitudes passíveis de afetar a consecução do fim contratual. Essa função também seria perseguida pelos direitos extintivos, na medida em que eles atuam quando o fim contratual, sob a ótica do titular do direito, já foi alcançado (*v.g.*, direito de denúncia), quando o seu alcance é impossível, ou quando há o risco de o contrato realizar um interesse diverso daquele projetado (*v.g.*, direito de resolução).[413]

O autor qualifica os direitos de resolução e modificação da relação contratual por conta de alteração anormal das circunstâncias[414], previstos no art. 437º do Código Civil português, como direitos potestativos dependentes, vinculados ao fim contratual. O direito à alteração do contrato afetado pela alteração das circunstâncias estaria a serviço do fim

---

[410] Pontes de Miranda também distingue direitos formativos oriundos da "relação jurídica de crédito" e aqueles resultantes da "relação jurídica de obrigação" (Tratado de direito privado: tomo XXII, op. cit., p. 26).
[411] Mota Pinto, Cessão da posição contratual, op. cit., p. 239-240.
[412] Ibid., p. 242.
[413] Ibid., p. 246-247.
[414] Ibid., p. 245-246.

contratual de forma *positiva*, pois *permite a realização do fim* em um cenário no qual ele vinha ameaçado.[415]

As considerações de Mota Pinto permitem delinear mais precisamente a função do direito de modificação equitativa previsto no art. 479 do Código Civil. Por meio do seu exercício, tutela-se não somente o interesse creditório, mas o fim do contrato como um todo.

A persistência da possibilidade de alcançar o fim do contrato é condição de manutenção da eficácia contratual. A impossibilidade de alcançar o fim, ao contrário, é condição resolutiva de eficácia (ineficácia superveniente).[416] Pode-se afirmar, assim que o direito de modificação equitativa visa a assegurar a plena eficácia do contrato.

A delimitação da função do direito potestativo de modificação equitativa também é relevante, ao que nos parece, para a análise da relação dinâmica do jogo de poderes (resolutório e modificativo) instaurado no processo.

20. Controle do Direito à Modificação Equitativa

Afirmado o poder modificativo do credor e rejeitada a tese que vê no art. 479 do Código Civil uma proposta de contrato, outras questões permanecem em aberto. Uma delas diz respeito à tutela da posição jurídica do devedor, enquanto titular de uma esfera jurídica que também é afetada pelo exercício do poder de modificação equitativa.

A configuração de uma *situação de sujeição* parece insuficiente para traduzir plenamente a posição do devedor frente à declaração modificativa, mormente quando essa é vista sob um ângulo dinâmico, isto é, quando inserida no procedimento revisional culminante na sentença. Dito de outro modo, uma posição jurídica de pura inação não parece apta a qualificar de modo exaustivo a situação do devedor.

---

[415] Ibid., p. 376-377.
[416] Para um profundo exame das condições de eficácia do negócio jurídico e a dupla perspectiva das condições resolutivas de eficácia, vide JUNQUEIRA DE AZEVEDO, Negócio jurídico e declaração negocial, op. cit., p. 116-120. Naturalmente, a tutela do fim contratual pode ser alcançada por diversos meios, dentre os quais se destaca a figura da frustração do fim do contrato. Sobre o tema, na literatura nacional, vide: COGO, Rodrigo Barreto. A frustração do fim do contrato. São Paulo: Renovar, 2012, *passim*.

Poder-se-ia repropor aqui, em certa medida, a dificuldade de sistematização da categoria dos direitos potestativos.[417] Abarcando situações extremamente heterogêneas – desde modificações jurídicas limitadas à esfera de interesses do titular[418] até modificações que afetam a esfera jurídica alheia sem conteúdo predeterminado, passando por modificações na esfera alheia com conteúdo predefinido[419] –, o conceito de direito potestativo, por seu alto grau de abstração, é insuscetível de fornecer resposta a questões mais concretas e dinâmicas.

A tutela da posição do devedor está diretamente relacionada à possibilidade de ele exercer algum tipo de *controle* sobre o poder atribuído ao credor. Viu-se que o direito à modificação equitativa do contrato é legalmente atribuído ao credor com uma específica finalidade: permitir a conservação do vínculo contratual. Mas não é apenas a *finalidade* do direito modificativo que vem determinada pela lei. Circunscreve-se, ainda, o *meio* para atingi-la. Para tanto, deverá o credor dispor-se a modificar o conteúdo da relação contratual. E, o que é mais importante, tal modificação deverá ser *equitativa*, a implicar a necessidade de atender aos interesses dos contratantes de modo equilibrado.

Alcançado esse ponto, parece possível afirmar que o credor é titular de um poder modificativo cujo legítimo exercício pressupõe determinadas *circunstâncias* (a configuração da excessiva onerosidade superveniente e a propositura de demanda visando à resolução da relação contratual) e está orientado a determinado *fim* (a manutenção da possibilidade de alcançar o fim contratual e, por esta via, a permanência da eficácia do contrato). De outra banda, o *meio* predisposto ao credor – modificação equitativa dos termos do contrato – permite-lhe escolher, dentre as possíveis alterações da relação contratual, aquela que julgar mais adequada.

Tais características tornam o poder do credor passível de controle, com o objetivo de verificar se a modificação proposta é adequada ao fim e, sobretudo, ao meio legalmente estipulados. O exercício do poder

---

[417] Apontada até mesmo pelos seus defensores. Vide, a título de exemplo, BETTI, Emilio. Teoria generale del negozio giuridico. 2. ed. Reimpressão corrigida. Napoli: Edizioni Scientifiche Italiane, 1994, p. 37, nota 6.
[418] Salvo quando se tenha dos direitos potestativos uma noção mais restrita.
[419] É o caso das obrigações alternativas, em que o poder modificativo de escolha observa balizas previamente definidas pelas partes.

modificativo deverá observar os limites advindos da boa-fé objetiva e do seu fim econômico-social, balizas ao exercício lícito de toda posição jurídica (art. 187 do Código Civil). A constatação de que os direitos potestativos também podem ser exercidos abusivamente é aceita pela doutrina moderna[420], bastando exemplificar com a hipótese de abuso do poder de resilir uma relação contratual (art. 473, § único do Código Civil[421]).

A via do exercício inadmissível de posição jurídica não suscita controvérsia. Outra via, menos tradicional e ainda carente de maior embasamento doutrinário, poderia ser tentada por meio do recurso à noção de *interesse legítimo*, que, não obstante originária do direito administrativo, tem o seu emprego no campo do direito privado defendido por parte da doutrina.[422]

Por *interesse legítimo*, pode-se entender uma situação de vantagem inativa. Trata-se de posição jurídica de vantagem, "como expressão da qualificação de relevância do interesse (material) de um determinado sujeito a um resultado favorável, consistente, conforme o caso, na conservação ou na modificação (em um sentido a cada vez preestabelecido) de uma realidade jurídica".[423] Já a nota de inatividade ou inércia advém do fato de o resultado favorável depender não da conduta do titular do interesse legítimo, mas sim de um comportamento alheio.[424] O que caracteriza esse comportamento alheio, por sua vez, é a *discricionariedade* do seu agente.[425] Esse comportamento discricionário pode assumir diversas configurações, mas sempre se distinguirá da liberdade absoluta ou puro arbítrio, de um lado, e da conduta vinculada, de outro.

---

[420] Vide, a respeito, a consistente demonstração de Rescigno, Pietro. L'abuso del diritto. Rivista di diritto civile. Padova, n. XI (1), p. 205-290, 1965, aqui p. 247-252 e 257-259. No mesmo sentido, SÁ, Fernando Augusto Cunha de. Abuso do direito. Coimbra: Almedina, 1997, p. 613.

[421] "Art. 473. A resilição unilateral, nos casos em que a lei expressa ou implicitamente o permita, opera mediante denúncia notificada à outra parte.
Parágrafo único. Se, porém, dada a natureza do contrato, uma das partes houver feito investimentos consideráveis para a sua execução, a denúncia unilateral só produzirá efeito depois de transcorrido prazo compatível com a natureza e o vulto dos investimentos."

[422] Destaque-se, a respeito, a obra de Lina Bigliazzi Geri (Contributo ad una teoria dell'interesse legittimo nel diritto privato. Milano: Giuffrè, 1967).

[423] Geri, Contributo ad una teoria dell'interesse legittimo, op. cit., p. 56-57.

[424] Geri, Contributo ad una teoria dell'interesse legittimo, op. cit., p. 57.

[425] Geri, Contributo ad una teoria dell'interesse legittimo, op. cit., p. 61.

No caso do art. 479 do Código Civil, o credor é livre para decidir se exerce ou não o direito à modificação da relação contratual. Uma vez que delibere exercê-lo, no entanto, estará adstrito a oferecer uma alteração *equitativa*, o que exige a consideração também dos interesses do devedor. Há inegável margem de liberdade também na escolha do modo pelo qual se dará a recondução do contrato a parâmetros de equilíbrio – liberdade que poderá ser exercida de forma diversas, conforme a determinação do conteúdo da oferta –, mas o recurso à equidade ao mesmo tempo limita e delimita essa esfera de liberdade.

Se se quiser aludir à tripartição acima referida – liberdade plena, discricionariedade e vinculação –, parece razoável qualificar a posição jurídica do credor como um *poder discricionário*. De fato, sem perder a essência de um poder – com a consequência principal de sujeitar o devedor à decisão de exercê-lo ou não –, ele está sujeito a limites advindos da necessidade de considerar os interesses da contraparte. A seguir essa sugestão, a posição jurídica do devedor ganharia complexidade, passando a ser caracterizada por uma posição passiva (sujeição) conjugada a outra ativa (interesse legítimo).

Capítulo IV
Ato de Modificação Equitativa: Natureza e Classificação

21. Natureza Jurídica do Ato de Modificação Equitativa

21.1. Exercício de Direitos Potestativos

Para alguns autores, a natureza potestativa do direito do credor à modificação equitativa do contrato tem por corolário a natureza negocial do ato de exercício da referida posição jurídica.[426] Subjacente a essa qualificação, está a suposição de que os direitos potestativos sempre se exercem por meio de negócios jurídicos unilaterais. Essa suposta implicação deve, assim, ser enfrentada.

---

[426] Exemplificativa é a posição de Dattola, ainda que a autora oscile entre afirmações mais ou menos categóricas ao longo de sua obra. Em dada passagem, lê-se: "Portanto, o sujeito que exerce o direito potestativo de oferecer a recondução do contrato à equidade vincula-se pela sua própria iniciativa e, consequentemente, este ato deve ser considerado negocial." (DATTOLA, Francesca Panuccio. L'offerta di riduzione ad equità. Milano: Giuffrè, 1990, p. 147). Em outro trecho, alude à "reconhecida relação muito estreita entre os direitos potestativos e os negócios unilaterais" (Ibid., p. 157). Por fim, sustenta não se poder duvidar da afirmação de que "os atos de exercício de direitos potestativos possuem caráter negocial", de onde conclui: "a oferta é um negócio, enquanto ato de exercício do direito potestativo" (Ibid., p. 164). Rodolfo Sacco estabelece a relação em sentido inverso: "O poder do sujeito legitimado a oferecer é o habitual poder de quem está legitimado a uma declaração contratual; este se pode qualificar como direito potestativo, consoante a qualificação que se costuma dar ao poder de emitir declarações contratuais." (SACCO, Rodolfo; DE NOVA, Giorgio. Il contratto. 4. ed. Torino: UTET, 2016, p. 593).

A natureza dos atos de exercício de direitos potestativos parece suscitar controvérsia desde a origem da construção da categoria. Há quem estabeleça uma relação necessária entre o exercício das aludidas posições jurídicas e os negócios jurídicos unilaterais. Essa corrente pode ser considerada majoritária.[427] Outros, a seu turno, admitem a natureza versátil dos atos de exercício dos direitos potestativos.

No primeiro grupo, avulta o nome de Seckel, cuja própria definição de *Gestaltungsrechte*, já referida, neles via "'direitos subjetivos concretos', cujo conteúdo é o poder de 'conformação' de relações jurídicas concretas *por meio de um negócio jurídico unilateral*".[428] Von Tuhr também observava que o exercício dos direitos potestativos se dá por meio de um ato unilateral qualificável como negócio jurídico.[429] E Chiovenda, por fim, destacou o fato de que, nos direitos potestativos, o poder de produzir um efeito jurídico ou cessar um estado jurídico desvantajoso é exercido "mediante uma manifestação de vontade".[430] A natureza negocial dos

---

[427] VIONNET, Guillaume. L'exercice des droits formateurs. Genève/Zurich/Bâle: Schulthess, 2008, p. 14. A afirmação foi feita com base na literatura alemã e suíça. O autor registra a corrente minoritária, que admite, ao lado dos direitos potestativos exercidos mediante *actes juridiques*, aqueles levados a efeito por meio de *actions juridiques* (Ibid., p. 14-15). Os conceitos de *acte juridique* e de *action juridique* correspondem a negócio jurídico e ato jurídico em sentido estrito, como resta claro das respectivas definições (TERCIER, Pierre; PICHONNAZ, Pascal. Le droit des obligations. 5. ed. Genève/Zurich/Bâle: Schulthess, 2012, p. 45-46).

[428] SECKEL, Emil. Die Gestaltungsrechte des bürgerlichen Rechts, in Festgabe für Koch, Berlin, 1903, p. 210 *apud* MESSINA, Giuseppe. Sui cosidetti diritti potestativi. *In*: _____. Scritti giuridici: volume 5. Milano: Giuffrè, 1948, p. 3-37, aqui p. 3; e BARNINI, Claudio. Gestaltungsgeschäfte e poteri formativi: considerazioni sul negozio giuridico unilaterale. Rivista trimestrale di diritto e procedura civile, Milano, n. 36 (2), p. 549-581, jun. 1982, aqui p. 562 (grifo nosso).

[429] Após afirmá-lo, aduz que o exercício dos direitos potestativos pode efetuar-se por declaração de vontade, dirigida a um interessado ou a uma autoridade, ou por meio de um ato processual, como a propositura de uma ação. Em nota de rodapé, Von Tuhr afirma ser discutida a questão sobre se, nesta última hipótese, ação e negócio jurídico integram um "fato jurídico composto". E refere, nesse ponto, a posição de Seckel, para quem "todo exercício de um direito privado se efetua por negócio jurídico". (VON TUHR, Andreas. Derecho civil: teoría general del derecho civil alemán, volume 1, tomo 1. Tradução de Tuto Ravá. Buenos Aires: Depalma, 1946, p. 165 e nota 7b).

[430] CHIOVENDA, Giuseppe. L'azione nel sistema dei diritti. *In*:_____. Saggi di diritto processuale civile: volume primo. Roma: Foro Italiano, 1930, p. 3-99, aqui p. 21. A tônica na situação de sujeição não parece ter sido casual. Com efeito, uma vez configurada a ação como um direito potestativo, a presença da situação de sujeição permitiu a Chiovenda encontrar um denominador comum a todas as ações, incluindo as meramente declaratórias e as conde-

atos de exercício dos direitos potestativos também é afirmada pela doutrina italiana mais recente.[431]

No segundo grupo, já Enneccerus pontuou a amplitude dos meios de exercício dos direitos em questão: "A modificação se produz em virtude de mera declaração de vontade (formal ou não formal), ou mediante um ato determinado, ou mediante uma declaração de vontade junto com uma sentença judicial constitutiva, ou com a declaração de outra autoridade ou, finalmente, sem intervenção alguma de nossa vontade."[432] Messina também qualificou os atos de exercício como "ato real ou negócio jurídico, autônomo ou integrado de um provimento da autoridade judiciária".[433]

A discrepância doutrinária justifica-se por dois fatores: a maior ou menor amplitude dada à categoria dos direitos potestativos e o entendimento a respeito da qualificação de determinadas hipóteses de direito potestativo. Note-se que a categoria construída por Enneccerus é mais ampla do que a de Seckel, por exemplo.[434]

---

natórias. Fernando Alberto Corrêa Henning vê, na lição de Chiovenda, um deslocamento do "centro de equilíbrio" do conceito, que deixaria de estar na produção de efeitos ideais para se se situar na noção de sujeição (Ação concreta: relendo Wach e Chiovenda. Porto Alegre: Sergio Fabris, 2000, p. 116).

[431] LENER, Angelo. Potere (dir. priv.). In: CALASSO, Francesco (org.). Enciclopedia del diritto: volume XXXIV. Milano: Giuffrè, 1985, p. 610-642, aqui p. 629; e CARPINO, Brunetto. Diritti potestativi. Enciclopedia giuridica Treccani: volume 12. Roma: Istituto della Enciclopedia Italiana, 2007, p. 1-12, aqui p. 8.

[432] ENNECCERUS, Ludwig. Derecho civil, parte general, volume 1, introducción, derecho objetivo, derechos subjetivos, sujeto del derecho, objeto del derecho. 13ª revisão, por Hans Carl Nipperdey. Tradução da 39ª edição alemã, com estudos de comparação e adaptação, por Blas Pérez González e José Alguer. In: ENNECCERUS, Ludwig; KIPP, Theodor; WOLFF, Martin. Tratado de derecho civil: tomo I, parte general, 1. Barcelona: Bosch, 1934, p. 294.

[433] MESSINA, Giuseppe. Diritti potestativi. In: _____. Scritti giuridici: volume 5. Milano: Giuffrè, 1948, p. 41-57, aqui p. 55.

[434] Na categoria dos "direitos à modificação jurídica ou direitos de formação", Enneccerus engloba as seguintes espécies: (i) as faculdades de aquisição, entendidas como "direitos a adquirir um direito mediante ato próprio ou sem ele"; (ii) os direitos de extinção; (iii) as exceções; e (iv) os "direitos de modificação de um direito em sentido estrito", que define como "os direitos a modificar ou a determinar mais precisamente uma relação jurídica existente, sem suprimir a sua identidade, por exemplo, o direito de eleição na obrigação alternativa, o direito de denúncia com o fim de produzir o vencimento". O próprio autor esclarece que Seckel não engloba, dentre os direitos formativos, os direitos a adquirir sem ato próprio e as exceções (ENNECCERUS, Derecho civil: parte general, op. cit., p. 295-296 e notas 12 e 15).

Acreditamos que uma compreensão adequada do quadro geral dos fatos jurídicos conduza necessariamente à natureza flexível – e, portanto, não necessariamente negocial – dos atos de exercício dos direitos potestativos.

Nesse sentido, é seguro afirmar que, ao lado dos direitos potestativos de exercício negocial – os quais, de fato, correspondem à maior parte dos casos –, também há direitos potestativos exercidos por meio de *atos jurídicos em sentido estrito*. Buscando exemplos de tais atos nas três esferas de eficácia dos direitos potestativos, pode-se mencionar o direito de caça e de pesca[435] (eficácia constitutiva), o direito de escolha nas obrigações alternativas[436] (eficácia modificativa) e o direito de resolução[437] (eficácia extintiva).

Mais problemática parece a admissibilidade de direitos potestativos exercidos por meio de *atos-fatos*. Essa possibilidade dependeria de uma especial conjunção de premissas, tais como, a título exemplificativo, a qualificação da concretização das obrigações genéricas como direito potestativo, aliada à concepção de se tratar de ato-fato;[438] ou a atribuição, à caça e à pesca, da qualificação de atos-fatos.[439-440]

---

[435] JUNQUEIRA DE AZEVEDO, Antonio. Negócio jurídico e declaração negocial. São Paulo, 1986. Tese (Titular em Direito Civil). Faculdade de Direito, Universidade de São Paulo, p. 32, nota 4.

[436] Ao menos para parte da doutrina, trata-se de ato jurídico *stricto sensu*: PONTES DE MIRANDA, Francisco Cavalcanti. Tratado de direito privado: tomo XXII, 3. ed. Rio de Janeiro: Borsoi, 1971, p. 132; e COUTO E SILVA, Clóvis do. A obrigação como processo. São Paulo: José Bushatsky, 1976, p. 204-205. Este último alude à posição de Pontes de Miranda, sem atentar, contudo, para o fato de o jurista alagoano incorrer em contradição e arrolar, em outro volume do Tratado, o direito de escolha dentre os "negócios jurídicos fundados em direitos formativos" (PONTES DE MIRANDA, Tratado de direito privado: tomo III, op. cit., p. 141).

[437] PONTES DE MIRANDA, Tratado de direito privado: tomo XXV, op. cit., p. 319 ("A manifestação de vontade [de resolver] é ato jurídico. Não pode ser, em princípio, sob condição."); COUTO E SILVA, A obrigação como processo, op. cit., p. 87; e AGUIAR JÚNIOR, Ruy Rosado de. Extinção dos contratos por incumprimento do devedor: resolução. 2. ed. Rio de Janeiro: AIDE, 2004, p. 31.

[438] Clóvis do Couto e Silva nega que a concretização se qualifique como direito formativo modificativo, justamente por se realizar, em sua visão, mediante "atividades ou volições que entram no mundo jurídico como fatos", sendo, pois, ato-fato (A obrigação como processo, op. cit., p. 197). Tampouco Pontes de Miranda inclui a concretização, nas obrigações genéricas, ao lado da escolha, nas alternativas, como espécie de direito formativo modificativo (Tratado de direito privado: tomo V, op. cit., p. 242, 307 e 313).

ATO DE MODIFICAÇÃO EQUITATIVA: NATUREZA E CLASSIFICAÇÃO

Assente que a qualificação de um dado direito como potestativo, dada a amplitude e a heterogeneidade dessa categoria, não implica a natureza negocial do respectivo ato de exercício, permanece a necessidade de investigar, no caso concreto, a natureza do ato de exercício do direito de modificação equitativa previsto no art. 479 do Código Civil.

A alternativa, aqui, põe-se claramente entre o negócio jurídico e o ato jurídico em sentido estrito (ato jurídico não negocial). Isso porque, se a modificação do conteúdo do contrato parece, *prima facie*, eficácia típica de um ato negocial, a ausência de liberdade "plena", por assim dizer, poderia repropor a questão no campo dos atos jurídicos *stricto sensu*. Tratemos, pois, da distinção entre o negócio jurídico e o ato jurídico em sentido estrito.

21.2. Negócio Jurídico e Ato Jurídico *Stricto Sensu* – As Declarações Não Negociais de Vontade

Muitos critérios já foram propostos para diferenciar o negócio jurídico e o ato jurídico *stricto sensu*.[441]

---

[439] Pontes de Miranda qualifica-os como atos-fatos (Tratado de direito privado: tomo XV, op. cit., p. 30). Adere à qualificação Marcos Bernardes de Mello (Teoria do fato jurídico: plano da existência. 16. ed. São Paulo: Saraiva, 2010, p. 137). É Pontes de Miranda, ainda, quem afirma: "[N]em cabe dizer-se que os direitos formativos geradores só se podem exercer por meio de negócio jurídico, como, *a priori*, lançou E. Seckel [...] se bem que o negócio jurídico seja o meio ordinário para se exercer direito formativo gerador, há os meios menos frequentes, como o ato de caçar (quando se outorgou direito de caça) e, até, sem intervenção da vontade, como se o que achou coisa perdida a entrega à autoridade pública e o proprietário, aparecendo, declara que derrelinquira antes a propriedade, pois, nessa espécie, a coisa tem de ser restituída ao achador e não ser posta em hasta pública." (Tratado de direito privado: tomo III, op. cit., p. 29). Esse passo é referido por Almiro do Couto e Silva para corroborar a assertiva de que "nem só negócios jurídicos constituem instrumento de exercício de direitos formativos, embora seja o que mais frequentemente ocorra; também atos jurídicos 'stricto sensu' e, em raros casos, até atos-fatos jurídicos desempenham essa função." (Atos jurídicos de direito administrativo praticados por particulares e direitos formativos. Revista da PGE, Porto Alegre, n. 25 (57), suplemento, p. 79-95, dez. 2003, aqui p. 81).

[440] Essa não é a qualificação de Antonio Junqueira de Azevedo, para quem, à exceção da invenção, os demais casos de ocupação possuem a natureza de atos materiais, subespécie de ato jurídico em sentido estrito (Negócio jurídico e declaração negocial, op. cit., p. 32, nota 4).

[441] Vicente Ráo faz uma síntese das distinções propostas pela doutrina alemã, porém denuncia os "excessos dogmáticos" e "sutilezas desmedidas" característicos dos estudos sobre os atos não-negociais. A despeito de aludir a "atos jurídicos", esclarece que o conceito por ele

Pontes de Miranda observa que, nos atos jurídicos *stricto sensu*, "a vontade é sem escolha de categoria jurídica, donde certa relação de antecedente a consequente, em vez de relação de escolha a escolhido".[442]

Adotando a mesma linha, Marcos Bernardes de Mello observa que a eficácia dos atos jurídicos não negociais vem predeterminada na lei e "se realiza necessariamente, sem que a vontade da pessoa possa modificá-la, para ampliá-la, restringi-la ou evitá-la". E aduz inexistir, *in casu*, "poder de escolha de categoria jurídica nem, consequentemente, poder de estruturar o conteúdo da relação jurídica que constitua a eficácia atribuída, inalteravelmente, pela lei ao fato jurídico correspondente". Daí conceituar o ato jurídico em sentido estrito como "o fato jurídico que tem por elemento nuclear do suporte fáctico manifestação ou declaração unilateral de vontade cujos efeitos jurídicos são prefixados pelas normas jurídicas e invariáveis, não cabendo às pessoas qualquer poder de escolha da categoria jurídica ou de estruturação do conteúdo das relações jurídicas respectivas".[443]

Menezes Cordeiro, outrossim, seguindo a tradição de Paulo Cunha, também vê nos atos em sentido estrito apenas a liberdade de celebração, ao passo que nos negócios jurídicos haveria, ainda, a "liberdade de estipulação", permitindo a formulação do conteúdo e dos efeitos do ato.[444]

Antonio Junqueira de Azevedo, por sua vez, conceitua negócio jurídico como "toda declaração de vontade vista socialmente como destinada a produzir efeitos jurídicos em nível de igualdade". Os atos jurídicos em sentido estrito, por sua vez, produziriam efeitos jurídicos de modo indireto, funcionando "antes como condição, e não causa, dos efeitos jurídicos".[445-446]

---

adotado coincide substancialmente com o de negócio jurídicos dos alemães (Ato jurídico. 4. ed. São Paulo: RT, 1999, p. 40 e 43).

[442] PONTES DE MIRANDA, Tratado de direito privado: tomo II, op. cit., p. 447.
[443] MELLO, Teoria do fato jurídico: plano da existência, op. cit., p. 164-166.
[444] MENEZES CORDEIRO, António. Tratado de direito civil português: volume I, parte geral, tomo I. 2. ed. Coimbra: Almedina, 2000, p. 298 e 325. Em sentido similar, Pietro Rescigno julga o autor do ato jurídico *stricto sensu* livre para querê-lo, mas não para querer os respectivos efeitos, decorrentes diretamente da lei. O negócio jurídico, em contrapartida, é livre não apenas na celebração, mas também nos motivos (Incapacità naturale e adempimento. Reimpressão (Napoli: Jovene, 1950). Napoli: Edizioni Scientifiche Italiane, 1982, p. 108-114).
[445] JUNQUEIRA DE AZEVEDO, Negócio jurídico e declaração negocial, op. cit., p. 25 e 32-33. Significativa a aplicação do critério à qualificação do reconhecimento de filho: "O homem,

ATO DE MODIFICAÇÃO EQUITATIVA: NATUREZA E CLASSIFICAÇÃO

A extrema heterogeneidade dos atos jurídicos *stricto sensu* – característica que os torna inaptos à construção de uma categoria jurídica unitária, ao menos para parte da doutrina[447] – recomenda complementar a análise confrontando a declaração de modificação equitativa com a espécie de ato jurídico não negocial com a qual ela guarda maior proximidade.

Referimo-nos às *declarações não negociais de vontade*, cujo estudo, na Itália, é devido sobretudo a Vincenzo Panuccio.[448] Por serem verdadeiras

que, em conversa confidencial, ou em carta reservada, confessa ser pai de alguém, não faz declaração negocial; suas palavras podem servir de meio de prova mas não se destinam a produzir, por si, efeitos jurídicos. Já o que se dirige ao registro civil e se declara pai, ou o que vai ao tabelião e reconhece o filho por escritura pública, ou, ainda, o que, em testamento, por qualquer das formas admitidas, afirma ser pai, está ciente, no comum dos casos, de que seu ato terá consequências jurídicas, e é assim que socialmente se vê sua atitude. Logo, aqui, nestes casos, há declaração negocial e há negócio jurídico. [...] Feita essa análise, percebe-se que o reconhecimento de filho, voluntariamente feito, não pode ser equiparado às declarações de paternidade feitas incidentalmente, não cercadas de qualquer aura de juridicidade [...]." (Ibid., p. 50 e 52). A qualificação, vale notar, não é pacífica. A título exemplificativo, Pontes de Miranda vê no reconhecimento de filho um ato jurídico *stricto sensu* (Tratado de direito privado: tomo II, op. cit., p. 455).

[446] Em sentido semelhante, Roberto H. Brebbia entende que "a verdadeira chave para a separação das duas categorias funda-se na circunstância de que, por meio dos negócios jurídicos, as partes se propõem a autorregular os seus interesses, sendo este fim relevante para a lei, ao passo que nos atos jurídicos 'stricto sensu' tal finalidade de autorregulação não existe, perseguindo-se somente um resultado jurídico que a lei toma em conta somente para lhe outorgar outro efeito relevante, que se produz, ainda que não se o tenha querido." (Hechos y actos jurídicos: comentario de los artículos 896 a 943 del Código Civil, doctrina y jurisprudencia, tomo I. Buenos Aires: Astrea, 1979, p. 70).

[447] Werner Flume acentua a impossibilidade de construir um "autêntico sistema de atos jurídicos", pois, a seu ver, a única característica comum às variadas hipóteses assim qualificadas reside no fato de não se tratar de negócios jurídicos (El negocio jurídico: parte general del derecho civil, tomo 2. 4. ed. Tradução de José María Miquel González e Esther Gómez Calle. Madrid: Fundación Cultural del Notariado, 1998, p. 142). Na Itália, Vincenzo Panuccio considera os atos não negociais uma categoria resultante de "mera determinação negativa", por essa razão "cientificamente inutilizável" (Le dichiarazioni non negoziali di volontà. Milano: Giuffrè, 1966, p. 33-34).

[448] PANUCCIO, Le dichiarazioni non negoziali di volontà, op. cit. O autor emprega de forma indistinta as expressões "declaração não negocial de vontade" e *"partecipazione di volontà"*. Esta última corresponderia à tradução de *Willensmitteilung*, expressão devida a Alfred Manigk (PANUCCIO, Le dichiarazioni non negoziali di volontà, op. cit., p. 12 e nota 24). A tradução mais apropriada de ambas as expressões – *Willensmitteilung* e *partecipazione di volontà* –, em português, é "comunicação de vontade" (PONTES DE MIRANDA, Tratado de direi-

declarações de vontade[449], elas se situam em uma zona fronteiriça entre o campo negocial e o dos atos jurídicos *stricto sensu*, o que torna o seu estudo especialmente importante e mais fecundo do ponto de vista prático.[450]

Após cuidada sistematização dos casos de declaração não negocial, o autor propõe, como critério distintivo entre ela e o negócio jurídico, o "tipo de eficácia dos atos" e o "correspondente tipo de mutação do mundo jurídico". Nesse sentido, somente os negócios jurídicos provocam uma "mutação substancial do estado jurídico preexistente", possuindo, então, eficácia inovadora e constitutiva.[451]

Panuccio observa que, do ponto de vista prático, a distinção seria também de grau e de quantidade. E aduz, de forma significativa: "Somente o negócio opera uma modificação profunda na realidade jurídica, constituindo relações novas, ou extinguindo ou modificando essencialmente relações já constituídas; e, nesse sentido, somente ele produz uma transformação de tipo maior. As declarações não negociais de vontade possuem, a seu turno, uma relevância mais modesta, por importância e por extensão de efeitos, e, nesse sentido, pode afirmar-se que a modificação por elas produzida é de tipo menor."[452]

---

to privado: tomo II, op. cit., p. 451; JUNQUEIRA DE AZEVEDO, Negócio jurídico e declaração negocial, op. cit., p. 36, nota 10).

[449] A doutrina nacional que melhor analisou a matéria admite a existência de declarações de vontade fora do campo negocial, ainda que as conforme e exemplifique de modo diverso (PONTES DE MIRANDA, Tratado de direito privado: tomo II, op. cit., p. 474; JUNQUEIRA DE AZEVEDO, Negócio jurídico e declaração negocial, op. cit., p. 35-36). Em sentido contrário, Custódio da Piedade Ubaldino Miranda vê nos atos jurídicos em sentido estrito uma "simples atuação da vontade, um comportamento que, em vista dos fatos que o acompanham, os chamados fatos concludentes (facta concludentia), revelam uma manifestação de vontade sem conteúdo negocial" (Teoria geral do negócio jurídico. São Paulo: Atlas, 1991, p. 20-21). A definição não se presta, contudo, a apanhar diversos casos usualmente qualificados como atos jurídicos *stricto sensu*. Indevida, ainda, a associação dos fatos concludentes aos atos jurídicos em sentido estrito. É certo haver atos não-negociais manifestados por meio diverso do comportamento concludente, assim como há, conquanto mais raramente, negócios jurídicos declarados por meio de *facta concludentia* (v.g., a aceitação da oferta contratual por meio de atos de apropriação, utilização ou execução).

[450] PANUCCIO, Le dichiarazioni non negoziali di volontà, op. cit., p. 33-34 e 318.

[451] Ibid., p. 48 e 306-307.

[452] Ibid., p. 308.

A eficácia do negócio jurídico – prossegue o autor – conduz a uma *inovação* em relação à situação jurídica preexistente, podendo ser classificada em três espécies principais: criativa, modificativa e extintiva. Na segunda classe, inserem-se as "modificações em sentido técnico", dentre as quais se situam as modificações do sujeito, do conteúdo e do objeto da prestação. Em todos esses casos, há uma "mutação *do* direito" e, necessariamente, uma fonte negocial.[453]

Em contrapartida, nas declarações não negociais de vontade, há uma "mutação *no* direito", no sentido de "transformação que se produz na dinâmica interna da relação jurídica, sem alterar a sua estrutura essencial". Na grande maioria dos casos, tais declarações estarão inseridas no processo de *realização do direito*, compreensivo de "todos os fatos juridicamente relevantes que se interpõem entre o momento do nascimento do direito e o momento da sua realização típica, culminante no adimplemento e no comportamento devido".[454]

As declarações não negociais de vontade desempenham, assim, uma "função mediadora"[455], no sentido de orientar o pontual adimplemento das prestações ao longo da relação, já preordenado pela relação de base, a qual permanece inalterada.[456]

No universo das declarações não negociais de vontade tão bem esquadrinhado por Panuccio, parece oportuna a referência àquelas dotadas de *eficácia determinativa*, com as quais a declaração de modificação equitativa do contrato parece guardar maior proximidade. Nesse campo, distinguir-se-iam (i) as "declarações determinativas maiores", próprias de relações obrigacionais "essencialmente indeterminadas"; e (ii) as "declarações determinativas menores", atinentes a relações obrigacionais "relativamente indeterminadas".[457]

A distinção entre umas e outras residiria no papel desempenhado pelo interesse, como critério de determinação da prestação devida. Nas hipóteses de indeterminação *não essencial*, já há a predeterminação

---

[453] Ibid., p. 319-320 (grifo do autor).
[454] Ibid., p. 322-324 (grifo do autor).
[455] Panuccio destaca, ainda uma função de *conservação* e *prorrogação* de direitos, desempenhada, por exemplo, pelas declarações de interrupção da prescrição (Le dichiarazioni non negoziali di volontà, op. cit., p. 325).
[456] Ibid., p. 333-334.
[457] Ibid., p. 106.

de uma classe de objetos, dentro da qual o declarante poderá livremente escolher, sem que a aptidão de tais alternativas à satisfação do interesse do credor desempenhe um papel autônomo no ato de escolha. Diz-se, então, que o interesse "permanece absorvido na estrutura interna das atividades descritas, e não possui nenhuma função determinativa autônoma". É o caso das obrigações alternativas e genéricas. Ao contrário, nas obrigações *essencialmente indeterminadas*, o interesse da parte é o critério principal de determinação da prestação, conquanto não exclusivo. Nelas, portanto, a alternativa deve ser escolhida consoante a sua maior aptidão à satisfação do interesse do destinatário. São relações desse tipo aquelas oriundas de contratos de trabalho, mandato e empreitada, dentre outros. Em tais casos, as declarações determinativas assumem "função necessária e insubstituível" e se caracterizam pela maior amplitude e discricionariedade.[458]

Como exemplos de declarações do primeiro tipo, o autor refere as *ordens*, por meio das quais o empregador dirige o trabalho do empregado[459], bem como as *instruções* necessárias à determinação do modo de execução da prestação (usualmente de fazer) que permita a melhor satisfação do interesse do credor, encontradiças nos contratos de mandato, de transporte e de empreitada, dentre outros.[460]

As declarações determinativas "menores", por sua vez, podem dizer respeito: ao objeto da prestação (cujo melhor exemplo é a escolha de uma dentre as prestações possíveis, nas obrigações alternativas[461]); ao local da prestação; ao tempo da prestação; ao beneficiário da prestação; e, por fim, nos contratos de execução periódica ou continuada, à entidade e ao tempo da prestação singular.[462]

---

[458] Ibid., p. 101-104.

[459] Panuccio registra a corrente que atribui natureza negocial às ordens, porém sustenta ponto de vista distinto, por entender que as ordens se limitam a "determinar em concreto" aqueles direitos e obrigações que, embora de modo genérico, já se encontram previstos no contrato, que é a sua única fonte (Le dichiarazioni non negoziali di volontà, op. cit., p. 128).

[460] Ibid., p. 130-134.

[461] De escolha também se tratará quando a alternativa disser respeito ao tempo, ao local ou à modalidade de pagamento (PONTES DE MIRANDA, Tratado de direito privado: tomo XXII, op. cit., p. 125).

[462] PANUCCIO, Le dichiarazioni non negoziali di volontà, op. cit., p. 140-151.

Panuccio nega que as declarações determinativas "menores" tenham natureza negocial, raciocinando sobretudo com base na escolha das obrigações alternativas, a seu ver a mais "importante e vinculativa" das declarações determinativas em questão.[463] Em suas palavras: "Não se pode considerar efeito constitutivo, modificativo de tipo maior, como há nos negócios, a simples passagem de um a outro dos elementos de uma alternativa predeterminada; o efeito inovador existe propriamente quando a alternativa é posta, porque então, efetivamente, limita-se a liberdade de determinação do sujeito, dentro de um âmbito reduzido, não já quando se opera nesse âmbito. Observou-se, exatamente, que o ato de exercício da escolha (mesmo quando consta de uma declaração expressa) não é negócio, porque a declaração não pode modificar a relação jurídica preexistente, determinando somente um elemento de fato: a prestação devida".[464]

21.3. Natureza Negocial do Ato de Exercício do Direito à Modificação Equitativa

Retomando a indagação de que se partiu, parece clara a qualificação negocial do ato de modificação equitativa do contrato à luz dos critérios adotados pela doutrina nacional. A despeito de prever a função conservativa e condicionar a eficácia do ato à equidade da modificação, o art. 479 do Código Civil deixa considerável espaço de autonomia ao credor, que será livre para determinar a modificação no conteúdo do contrato, necessária à sua recondução à equidade. Algo bastante distinto, como se vê, da escolha nas obrigações alternativas – qualificada por muitos como ato jurídico em sentido estrito –, em que a atuação da parte está confinada a optar por uma dentre duas ou mais prestações previamente delimitadas.

---

[463] Não há, contudo, consenso doutrinário acerca da natureza do ato de escolha. Panuccio afirma que a corrente majoritária, àquele tempo, orientava-se pela qualificação negocial (PANUCCIO, Le dichiarazioni non negoziali di volontà, op. cit., p. 144). Vide, na doutrina nacional, PONTES DE MIRANDA, Tratado de direito privado: tomo XXII, op. cit., p. 132; e Clóvis do Couto e Silva (A obrigação como processo, op. cit., p. 204-205), ambos optando pela configuração de um ato jurídico em sentido estrito. Naturalmente, a qualificação negocial do ato de escolha nas obrigações alternativas influenciaria a qualificação da declaração modificativa do art. 479 do Código Civil, dado que, nesta, a liberdade do declarante é inequivocamente mais extensa.

[464] PANUCCIO, Le dichiarazioni non negoziali di volontà, op. cit., p. 145.

Tampouco parece haver dúvida a respeito da presença, no caso em exame, da vontade de produzir efeitos jurídicos ou do reconhecimento social dessa vontade (a "aura de juridicidade" de que fala Junqueira de Azevedo[465]).

Cabe prosseguir com o exame mais detido das declarações de vontade com eficácia modificativa, na linha traçada por Panuccio.[466]

Tanto os negócios jurídicos como as declarações não negociais podem gerar efeitos modificativos, em sentido amplo, de uma relação contratual preexistente. A diferença está no tipo da modificação e nos resultados que ela provoca. Nos negócios jurídicos, alteram-se o sujeito, o conteúdo ou o objeto da prestação. Nos atos jurídicos *stricto sensu*, em contrapartida, a mutação dá-se no plano interno da relação, estando limitada a *determinar e a concretizar* o adimplemento das prestações ao longo da relação, sem alterar a estrutura da relação obrigacional.[467]

A oposição entre *transformações externas* e *mutações internas* das situações jurídicas foi bem apreendida por Angelo Falzea, que a tornou um dos eixos da distinção entre eficácia jurídica constitutiva e eficácia jurídica declarativa. Ao passo que as transformações externas sempre acarretam uma modificação, em grau variável, da situação jurídica, os desenvolvimentos internos preservam a "identidade estrutural e substancial da situação". Prossegue o autor: "Falando com estrito rigor, nos

---

[465] JUNQUEIRA DE AZEVEDO, Negócio jurídico e declaração negocial, op. cit., p. 52.

[466] Antes da obra de Panuccio, o tema dos atos não-negociais em geral foi objeto de estudo, na Itália, por Giuseppe Mirabelli, que os classificou em (i) atos exteriores; (ii) atos com elemento interior; e (iii) atos de comunicação. Afasta-se a pertinência dos primeiros para a discussão da qualificação da declaração modificativa do contrato. Na segunda classe, enquadram-se os comportamentos em relação aos quais exige-se que o agente tenha almejado uma "modificação da situação de fato", sendo irrelevante a sua eventual intenção dirigida a consequências jurídicas. Já o que diferencia os negócios jurídicos das comunicações seria a vinculatividade dos primeiros. Comunicações seriam "declarações não vinculativas", "atos aos quais o ordenamento não liga um compromisso ou vínculo a cargo do sujeito, no sentido de que ele não é levado a exercer uma certa conduta por ter emitido a declaração" (MIRABELLI, Giuseppe. L'atto non negoziale nel diritto privato italiano. Napoli: Jovene, 1955, p. 305 e 313). Não parece haver dúvida de que a declaração de modificação equitativa do contrato não se enquadra em nenhuma das categorias propostas por Mirabelli.

[467] Nem sempre, contudo, o discurso será de fácil transposição para o plano da análise concreta das figuras. Basta notar que Pontes de Miranda vê, na escolha das obrigações alternativas, uma modificação do conteúdo da obrigação (Tratado de direito privado: tomo XXII, op. cit., p. 128).

desenvolvimentos internos tem-se uma mutação através da situação, um transformar-se que se desenvolve totalmente por dentro desta. [...] Pode bem ocorrer que a transformação jurídica traga um evento novo, incompatível com o esquema da situação jurídica preexistente, de que serão, portanto, alterados os elementos essenciais, objetivos ou subjetivos. Mas pode também ocorrer que o evento novo trazido pela transformação jurídica seja em tudo coerente com a situação considerada e se insira perfeitamente em sua linha originária de desenvolvimento: assim que a mutação passa através da situação, deixando intacto o seu conteúdo estrutural e substancial".[468]

Falzea distingue, então, a eficácia *modificativa*, própria das transformações externas, da eficácia meramente *especificativa*, própria das mutações internas. No conceito de "simples especificação ou determinação do conteúdo da situação jurídica", entrariam os atos ou fatos com função mediadora e integrativa de situações jurídicas com caráter genérico em grau mais acentuado. Ele exemplifica com as ordens do empregador e as instruções do mandante, cuja função é a de especificar a prestação diante das circunstâncias concretas. E conclui: "Por isso as ordens e as instruções, assim como qualquer outra declaração cujo papel venha a se exaurir no especificar o conteúdo da situação jurídica, não pertencem à categoria dos negócios jurídicos."[469]

Na declaração de modificação equitativa, alteram-se a prestação ou a contraprestação, o tempo, o lugar ou o modo de sua realização. Há, assim, uma efetiva *mudança do conteúdo da relação contratual*.[470]

---

[468] FALZEA, Angelo. Efficacia giuridica. In:_____. Ricerche di teoria generale del diritto e di dogmatica giuridica: volume 2, dogmatica giuridica. Milano: Giuffrè, 1997, p. 3-194, aqui p. 147 e 157-159.
[469] FALZEA, Efficacia giuridica, op. cit., p. 163-165. Em obra posterior, retoma o critério distintivo das declarações não-negociais, observando nelas vir evidenciado um interesse já valorado e eficaz, contudo "suscetível de desenvolvimentos internos que, conquanto potencialmente contidos na programação originária, devem ser determinados e concretizados em uma programação complementar" (FALZEA, Angelo. Atto reale e negozio giuridico. In:_____. Ricerche di teoria generale del diritto e di dogmatica giuridica: volume 2, dogmatica giuridica. Milano: Giuffrè, 1997, p. 719-808, aqui p. 807).
[470] Uma exposição sistemática das modificações da relação jurídica, em geral, e das modificações objetivas em especial (subdivididas em modificação relativa ao conteúdo da prestação, à modalidade cronológica da prestação e à modalidade topográfica da prestação), pode ser encontrada em: ALLARA, Mario. La teoria delle vicende: corso di diritto civile, anno acca-

Não se trata de meramente concretizar ou especificar as potencialidades de um programa obrigacional previamente traçado, ainda que de modo mais genérico, mudando-o "por dentro".

O próprio fato gerador da alteração equitativa prenuncia, aliás, essa realidade. A declaração do credor visa a reconduzir à equidade dada relação contratual afetada por acontecimento extraordinário, superveniente e perturbador, além de um limite juridicamente aceitável, da economia contratual. Nesse quadro, não há prestação a ser determinada ou lacuna a ser integrada; impõe-se a alteração do conteúdo do contrato, sob pena de resolver-se o vínculo. Vista a questão sob outro ângulo, a fonte do poder modificativo do credor não está no contrato, mas na lei, o que reforça a externalidade da mutação provocada na relação contratual.

Os verbos "especificar", "integrar" ou "desenvolver" não se mostram aptos a designar a eficácia da declaração prevista no art. 479 do Código Civil. O que se declara é uma *mudança*, verdadeira e própria, da relação contratual. Exsurge aqui, ainda, o sentido *revisional* do ato de modificação, atinente a uma revaloração do equilíbrio contratual à luz do novo panorama fático subsequente à sua conclusão.

Não se perca de vista, ademais, o sentido próprio da modificação, isto é, a passagem de uma situação juridicamente relevante a outra.[471] No caso em exame, ulteriores posições jurídicas caracterizarão a situação reequilibrada, diferenciando-a da anterior. Daí, também, a eficácia inovadora e constitutiva (*lato sensu*), própria dos negócios jurídicos.

Pode-se concluir, então, de forma segura, que o ato de exercício do direito à modificação equitativa do contrato, previsto no art. 479 do Código Civil, qualifica-se como *negócio jurídico unilateral*.

Coerentemente com a qualificação negocial, o credor tem autonomia para desenhar a modificação do conteúdo da relação contratual que atenda às necessidades das partes, desde que atinja o resultado equitativo.[472] Por outro lado, a esfera de liberdade do credor sofre limitações

---

demico 1949-50. Torino: G. Giappichelli, 1950, p. 25 ss. e 124 ss. A sistematização exposta na referida obra altera, em parte, a classificação contida em ALLARA, Mario. Le fattispecie estintive del rapporto obbligatorio: corso di diritto civile. Torino: G. Giappichelli, 1952 (parcialmente publicada em 1948), p. 7 ss.

[471] FALZEA, Efficacia giuridica, op. cit., p. 148-149.

[472] Naturalmente, a lei poderia ter predisposto os critérios de modificação do contrato, ou mesmo deferido a revisão ao juiz, caso em que se poderia cogitar de qualificação diversa. Não é, contudo, o que se deduz do art. 479 do Código Civil.

condizentes com a invasão da esfera jurídica alheia, advinda do exercício de um direito potestativo, o que não desnatura a eficácia modificativa e inovadora do negócio jurídico. A limitação, ao contrário, confirma a autonomia, pois se trata, no fundo, de um contrapeso justificado pelo poder de provocar alterações na esfera jurídica alheia e pela eficácia inovadora da atuação do credor, configuradora de um verdadeiro negócio jurídico unilateral modificativo do conteúdo da relação contratual.

Bem vistas as coisas, soa incompreensível a posição de Francesca Panuccio Dattola, que, a despeito de qualificar a *reductio ad aequitatem* como modificação em sentido técnico, sustenta haver mutação "na" relação, e não "da" relação. A esse resultado chega por conta da inserção da oferta de modificação equitativa no procedimento de revisão da relação contratual, qualificando-a como "ato que se insere na execução, na atuação, no desenvolvimento, como se diz, de uma relação jurídica".[473] Há uma insanável contradição nesse posicionamento. Ao que tudo indica, a afirmação de uma mutação "na" relação está fundada em uma suposta conformação do processo de revisão da relação contratual, que a alteraria, porém manteria os seus "traços essenciais". Essa manutenção, contudo, assinala apenas a preservação da identidade da relação, afastando a presença de uma "inovação radical"[474], encontrada, exemplificativamente, na figura da novação. Ao contrário do que Dattola, equivocadamente, parece compreender, a modificação da relação é perfeitamente compatível com a manutenção da sua identidade (*i.e.*, dos seus traços essenciais).

Observe-se, por fim, que o fato de parte da doutrina qualificar a proposta de contratar como um ato não negocial não infirma a qualificação acima exposta.[475]

---

[473] DATTOLA, L'offerta di riduzione ad equità, op. cit., p. 140 e 145.
[474] A expressão é de FALZEA, Efficacia giuridica, op. cit., p. 149.
[475] Reina divergência quanto à qualificação da proposta de contratar. Há quem a configure como negócio jurídico unilateral, corrente à qual aderimos. Nesse sentido: JUNQUEIRA DE AZEVEDO, Negócio jurídico e declaração negocial, op. cit., p. 38; PONTES DE MIRANDA, Tratado de direito privado: tomo II, op. cit., p. 422 e 430; MENEZES CORDEIRO, António. Tratado de direito civil português: volume II, direito das obrigações, tomo II, constituição das obrigações. Coimbra: Almedina. 2010, p. 683; e ALMEIDA, Carlos Ferreira de. Contratos I: conceitos, fontes, formação. 2. ed. Coimbra: Almedina, 2003, p. 105. Outros autores, contudo, afirmam tratar-se de um "ato negocial", sem ser negócio jurídico. A título exemplificativo: SCOGNAMIGLIO, Renato. Contratti in generale. 3. ed. Milano: Vallardi, 1972,

22. Classificação do Negócio Jurídico de Modificação Equitativa

22.1. Negócio Unilateral e Receptício

Estabelecida a natureza negocial do ato de exercício do direito à modificação equitativa do contrato, afigura-se importante classificá-lo dentre as principais categorias de negócio jurídico.

Em primeiro lugar, trata-se, indubitavelmente, de *negócio jurídico unilateral*, eis que celebrado por uma só parte (o credor da prestação tornada excessivamente onerosa). Ainda que se possa perfeitamente admitir a oferta de modificação equitativa formulada conjuntamente por mais de uma pessoa, sempre que elas figurarem no mesmo polo da relação contratual, ter-se-á, então, negócio jurídico unilateral subjetivamente complexo[476], o que obviamente não altera o fato de haver uma única parte, isto é, um único centro de interesses.

Os negócios unilaterais costumam ser classificados em receptícios e não receptícios. O critério distintivo não se relaciona à existência de destinatário, dado que, como bem esclarece Betti, toda declaração pos-

---

p. 91 (Coleção Trattato di diritto civile, dirigida por Giuseppe Grosso e Francesco Santoro-Passarelli, vol. 4, fasc. 2); e CARRESI, Franco. Il contratto: volume 2. Milano: Giuffrè, 1987, p. 754 (Coleção Trattato di diritto civile e commerciale, dirigida por Antonio Cicu e Francesco Messineo e continuada por Luigi Mengoni, vol. XXI, t.2). Nesse caso, descartada a configuração de um ato jurídico em sentido estrito (por força do próprio adjetivo "negocial"), a oferta de contrato consistiria, para parte da doutrina, em um ato pré-negocial. É o que sustentam: PASSARELLI, Francesco Santoro. Dottrine generali del diritto civile. 9. ed. Napoli: Jovene, 2012, p. 209-210; MESSINEO, Francesco. Il contratto in genere: tomo I. Milano: Giuffrè, 1973, p. 294-295 (Coleção Trattato di diritto civile e commerciale, dirigida por Antonio Cicu e Francesco Messineo, vol. XXI, t.1); e MIRABELLI, Giuseppe. Dei contratti in generale. Torino: UTET, 1958, p. 30-31 (Coleção Commentario del Codice Civile, livro IV, t.2). O afastamento da proposta de contratar da categoria dos negócios jurídicos, por parte destes autores, dá-se, no entanto, por razões que não se aplicam ao negócio unilateral gerador da modificação equitativa do contrato. Isso porque à proposta de contratar faltaria autonomia, desejando o ofertante o efeito contratual advindo da sua coligação necessária com a aceitação. A oferta seria, assim, uma "porção de um negócio". Como se vê, nenhum destes supostos óbices à qualificação negocial da oferta de contrato encontra-se presente no tocante à declaração modificativa do art. 479 do Código Civil.

[476] BETTI, Emilio. Teoria generale del negozio giuridico. 2. ed. Reimpressão corrigida. Napoli: Edizioni Scientifiche Italiane, 1994, p. 302-303; e CARIOTA-FERRARA, Luigi. Il negozio giuridico nel diritto privato italiano. Napoli: Morano, 1949, p. 131.

sui destinatário.[477] Ao contrário, a natureza receptícia da declaração diz respeito às características do seu destinatário. Com efeito, as declarações negociais unilaterais podem dirigir-se a um destinatário específico, terceiro interessado no negócio (dito "contrainteressado"[478]), como é o caso da oferta, da aceitação e do negócio de outorga de poderes de representação. E podem, ainda, destinar-se a um círculo social de extensão variável, cujo interesse no negócio dependerá da confiança por ele criada, *v.g.*, a renúncia, a promessa de recompensa (dirigida a pessoa indeterminada) e o negócio de instituição de fundação.

As declarações receptícias são dirigidas a um "destinatário determinado infungível" e a ele são "comunicadas, em razão do interesse que ele possui no conteúdo da declaração". Elas são eficazes quando feitas em presença do destinatário, ou quando emitidas em condições tais que "o destinatário devesse, com o uso da diligência normal, tomar conhecimento da comunicação a ele endereçada".[479] Nelas, portanto, a recepção da declaração, por parte do destinatário, desempenha o papel de *fator de eficácia* do negócio jurídico.[480]

Há consenso em considerar receptícia a declaração de modificação equitativa emitida pelo credor.[481] Mas tal consenso se dissipa quando

---

[477] BETTI, Teoria generale del negozio giuridico, op. cit., p. 133.
[478] Sobre os possíveis sentidos dessa expressão, vide DONISI, Carmine. Il problema dei negozi giuridici unilaterali. Napoli: Jovene, 1972, p. 364, nota 284.
[479] BETTI, Teoria generale del negozio giuridico, op. cit., p. 133-134. Registre-se que parte da doutrina, com a qual não concordamos, adota critério distinto, considerando receptícios somente os atos unilaterais produtores de efeitos desfavoráveis ao terceiro interessado. Apreciando criticamente essa corrente, DONISI, Il problema dei negozi giuridici unilaterali, op. cit., p. 360-363.
[480] JUNQUEIRA DE AZEVEDO, Negócio jurídico e declaração negocial, op. cit., p. 116.
[481] TARTAGLIA, Paolo. Eccessiva onerosità ed appalto. Milano: Giuffrè, 1983, p. 68; DATTOLA, L'offerta di riduzione ad equità, op. cit., p. 157; MACARIO, Francesco. Adeguamento e rinegoziazione nei contratti a lungo termine. Napoli: Jovene, 1996, p. 298, nota 95; GERI, Lina Bigliazzi *et al.*. Diritto civile: volume 1, tomo 2, fatti e atti giuridici. Torino: UTET, 1987, p. 861, nota 84; TERRANOVA, Carlo. L'eccessiva onerosità nei contratti. Milano: Giuffrè, 1995, p. 193 (Coleção Codice civile: commentario, organizada por Piero Schlesinger), p. 185; ROPPO, Vincenzo. Il contratto. 2. ed. Milano: Giuffré, 2011, p. 958 (Coleção Trattato di diritto privato, organizada por Giovanni Iudica e Paolo Zatti); BIANCA, Cesare Massimo. Diritto Civile: volume 3, il contratto. 2. ed. Milano: Giuffrè, 2003, p. 694; BIANCA, Cesare Massimo. Diritto Civile: volume 5, la responsabilità. Milano: Giuffrè, 2003, p. 399; e QUADRI, Enrico. La rettifica del contratto. Milano: Giuffrè, 1973, p. 47 (a propósito da oferta de retificação do contrato anulável por erro).

se trata de definir quem é seu destinatário. Há quem considere o negócio modificativo endereçado somente ao devedor[482], somente ao juiz[483] ou a ambos.[484] Afirmá-lo destinado a ambos (devedor e juiz) comporta, ainda, ao menos em tese, três possibilidades: declaração dirigida a ambos de forma indistinta, declaração dirigida primordialmente ao devedor[485] e declaração dirigida primordialmente ao juiz.

A índole receptícia da declaração modificativa do contrato emitida pelo credor *ex* art. 479 do Código Civil não parece questionável. Para concluí-lo, basta observar que o negócio unilateral tem um destinatário certo e determinado, cujo interesse na eficácia modificativa não poderia ser mais evidente: o devedor da prestação excessivamente onerosa. A própria fórmula adotada pela lei, aliás, comprova a conclusão. Como sagazmente observa Bianca, a alusão a "oferta", nos dispositivos legais pertinentes, "indica sobretudo a natureza receptícia da declaração, que, para ter efeito, deve ser levada ao conhecimento da outra parte".[486]

Impõe-se considerar, por outro lado, o fato de a oferta ser apresentada em juízo. Não é demasiado recordar a formulação de Redenti, retomada por tantos outros, para quem a oferta de *reductio ad aequitatem* consiste em uma "declaração de vontade de caráter negocial dirigida à outra parte, ainda que formalmente inserida em um ato processual destinado, ao mesmo tempo, ao juiz".[487]

Naturalmente, o sentido dessa inserção processual será distinto consoante a posição que se adote quanto à natureza da oferta de modificação equitativa. A presente análise parte da premissa da natureza substancial da oferta, como negócio jurídico unilateral modificativo da relação contratual.

É necessário distinguir, de um lado, o *ato substancial* (negócio jurídico da oferta) e, de outro, o *ato processual* que serve de meio para levar a

---

[482] Tartaglia, Eccessiva onerosità ed appalto, op. cit., p. 68
[483] Mirabelli, Giuseppe. La rescissione del contratto. 2. ed. Napoli: Jovene, 1962, p. 355.
[484] Dattola, L'offerta di riduzione ad equità, op. cit., p. 157; e Geri *et al*, Diritto civile, op. cit., p. 861, nota 84.
[485] Qualificando a declaração como "proposta modificativa do contrato", Macario julga-a destinada "principalmente, à parte autora e, indiretamente, ao juiz" (Adeguamento e rinegoziazione nei contratti a lungo termine, op. cit., p. 298, nota 95).
[486] Bianca, Diritto Civile: volume 3, op. cit., p. 679.
[487] Redenti, L'offerta di riduzione ad equità, op. cit., p. 577.

declaração ao conhecimento do devedor e do juiz. A ciência da declaração negocial por parte do juiz é imperativa, na medida em que lhe caberá não apenas aferir a tempestividade da sua apresentação em juízo, mas também permitir a manifestação do devedor a respeito dela – conquanto a recusa deste não retire a eficácia da oferta – e oportunamente valorar a sua equidade.

Nesse sentido, parece correto afirmar que a eficácia do negócio jurídico em comento – extintiva do poder resolutório do devedor e modificativa da relação contratual – também dependerá da sua recepção por parte do julgador, ou melhor, de sua emissão em condições de ser por ele recebida (o que implicará a observância das regras processuais aplicáveis). Em outras palavras, uma declaração emitida extraprocessualmente e não informada ao juiz não produzirá os seus efeitos típicos.

Exsurge daí, em conclusão, importante classificação do negócio jurídico previsto no art. 479 do Código Civil: trata-se de negócio unilateral e *receptício*, destinado em primeiro lugar ao devedor da prestação excessivamente onerosa (por sua qualidade de contrainteressado) e, por conta de sua necessária inserção no processo, dirigido também ao juiz.

22.2. Negócio Solene – A Questão da Oferta Extraprocessual

A necessidade de apresentar a oferta em juízo torna-a, a nosso ver, um *negócio jurídico solene*. Isso porque, a despeito da ausência de prescrição formal no plano do direito substantivo – incidindo, pois, o princípio geral da liberdade das formas (art. 107 do Código Civil[488]) –, o credor deverá observar a forma do ato processual que serve de suporte à oferta.

Com isso não se pretende eliminar a possibilidade de o credor ofertar ao devedor, fora do processo, a modificação equitativa do contrato. Cabe indagar, então, qual o sentido a atribuir a essa conduta e, particularmente, se se trata da mesma figura prevista no art. 479 do Código Civil.

Para que se possa equiparar a oferta realizada extraprocessualmente à figura contemplada no art. 479 do Código Civil, seria necessário qualificá-la como negócio jurídico unilateral modificativo da relação contratual. Essa qualificação, contudo, não parece acertada, dado que a

---

[488] "Art. 107. A validade da declaração de vontade não dependerá de forma especial, senão quando a lei expressamente a exigir."

eficácia típica da oferta do art. 479 independe da aceitação do devedor. Ao contrário, a oferta formulada fora do juízo somente produzirá efeitos se o devedor com ela concordar. Descartado o paralelo entre os dois atos, a qualificação permanece em aberto.

Se a oferta for séria e determinada, contendo os elementos necessários para que o devedor possa aceitá-la, tratar-se-á de uma verdadeira proposta de contrato. Se, ao revés, ela for indeterminada, provavelmente se estará diante de *invitatio ad offerendum*, ou de ato que de algum modo delimite o início de tratativas.

Na hipótese de aceitação da oferta, pode-se ver a eliminação de uma situação de incerteza objetiva, que se caracteriza, de um lado, pela impossibilidade de antever o desfecho da demanda resolutória ajuizada – ou a ajuizar – pelo devedor, e, de outro, pelo desconhecimento, pelas partes, da valoração judicial da equidade da oferta formulada – ou a formular – pelo credor. A supressão da incerteza traz à tona uma determinada categoria de negócio jurídico, que os italianos denominam *negozio di accertamento*, e que podemos designar, em que pese alguma oscilação terminológica, por negócio de fixação.[489]

Aprofundando a análise, no entanto, parece haver, na espécie, *algo mais* do que a supressão da incerteza, causa típica dos negócios de fixação. Com efeito, há um litígio, atual ou potencial, na medida em que o devedor ajuizou a demanda resolutória ou estará em vias de fazê-lo, caso não se obtenha o acordo com relação à oferta do credor. As partes, portanto, agem de modo a terminar a lide existente, ou a prevenir a lide potencial. Está-se diante, portanto, de uma verdadeira e própria transação.[490]

Estarão presentes, ainda, as concessões recíprocas de parte a parte, que constituem elemento essencial da transação. O sentido concreto dessas concessões comporta múltiplas possibilidades. Uma delas, no

---

[489] Sobre essa categoria vide, na literatura nacional: CHATEAUBRIAND FILHO, Hindemburgo. Negócio de acertamento: uma abordagem histórico-dogmática. Belo Horizonte: Del Rey, 2004. Emprega a expressão "negócio jurídico de fixação", dentre outros: FARATH, George Ibrahim. Contribuição à análise dogmática da transação. São Paulo, 2003. Dissertação (Mestrado em Direito Civil). Faculdade de Direito, Universidade de São Paulo, p. 93 e *passim*.

[490] Sobre a causa da transação, e sua distinção em relação à causa do negócio de fixação, vide FARATH, Contribuição à análise dogmática da transação, op. cit., p. 22-27 e 93-97; e CHATEAUBRIAND FILHO, Negócio de acertamento, op. cit., p. 130-132.

entanto, parece estar sempre presente: a renúncia, por parte do credor, ao exercício do direito potestativo à modificação equitativa do contrato (ou, conforme o caso, a renúncia a fazer valer o direito já exercido por meio de oferta judicialmente formulada).

A qualificação atribuída à oferta formulada extraprocessualmente – *proposta de transação* – confirma a profunda distinção entre o exercício do poder unilateral de modificação equitativa e a eventual solução consensual, negociada. Nela, há a conservação da relação contratual, com ou sem a sua modificação. O credor pode, inclusive, oferecer outros negócios ou vantagens pecuniárias desvinculadas do contrato do qual se originou a prestação excessivamente onerosa. O efeito será, sempre, afastar a possibilidade de o devedor invocar o acontecimento extraordinário e imprevisível como fundamento de um pleito resolutório.

22.3. Negócio de Segundo Grau com Eficácia Modificativa – *Ius Variandi*

Pode-se classificar o negócio jurídico *sub examine*, ainda, em função de sua eficácia. O negócio em tela acarreta a modificação de uma anterior relação jurídica. Pode ser visto, assim, como pertencente à mais ampla categoria dos *negócios de segundo grau*, compreensiva de todos os negócios "dirigidos a regular de algum modo (fixar, confirmar, interpretar, resolver, absorver etc.) negócios jurídicos precedentemente concluídos entre as mesmas partes [...]".[491]

Há uma coligação funcional entre o contrato cuja resolução é demandada pelo devedor da prestação excessivamente onerosa (negócio de primeiro grau) e a oferta de modificação equitativa do art. 479 do Código Civil.[492] A preexistência de uma relação contratual é, ademais, razão justificativa da atribuição patrimonial originada da oferta modificativa[493] (causa de atribuição patrimonial[494]).

---

[491] BETTI, Teoria generale del negozio giuridico, op. cit., p. 244. Não por acaso, Betti trata da oferta de modificação equitativa no contexto dos negócios de segundo grau (Ibid., p. 245). No mesmo sentido: D'ANDREA, Stefano. L'offerta di equa modificazione del contratto. Milano: Giuffrè, 2006, p. 236.

[492] CRISCUOLI, Giovanni. Contributo alla specificazione del negozio modificativo. Giustizia civile: rivista mensile di giurisprudenza, Milano, ano 7 (1), p. 846-859, 1957, aqui p. 855.

[493] ROPPO, Il contratto, op. cit., p. 355.

[494] Para os diversos sentidos de causa, vide JUNQUEIRA DE AZEVEDO, Negócio jurídico e declaração negocial, op. cit., p. 121-129.

O negócio jurídico com eficácia modificativa de uma relação contratual – negócio modificativo – é figura bastante heterogênea. Interessa-nos aqui, sobretudo, o negócio modificativo (geneticamente) unilateral, e não os negócios modificativos (geneticamente) bilaterais ou plurilaterais. A categoria não é isenta de controvérsias. Se a modificação bilateral de negócios jurídicos não é disputada – bastando pensar nos diuturnos aditamentos contratuais –, o mesmo já não se pode afirmar a respeito de modificações de relações contratuais efetuadas por um só dos contratantes.

Dentre os efeitos típicos dos negócios jurídicos unilaterais,[495] não se usa incluir a modificação de relações jurídicas já constituídas, que ostentaria, assim, índole excepcional.[496] Daí, inclusive, a exigência de tipicidade de negócios unilaterais modificativos.[497] O caráter *sui generis* da figura advém, em última análise, da parcial discrepância entre o agente negocial e as esferas jurídicas sobre as quais a eficácia negocial se projeta: negócio geneticamente unilateral com eficácia bilateral.

Em tempos mais recentes, a doutrina italiana tem procurado traçar os limites de uma possível categoria de atos[498] unilaterais modificativos, a que se vem denominando de *ius variandi*.[499] Por ele se entende, de modo geral, o "poder de modificar *ex uno latere* o arranjo de interesses

---

[495] A título exemplificativo, Jacques Martin de la Moutte refere os efeitos extintivo, declarativo e translativo como os usualmente atribuídos aos negócios unilaterais (L'acte juridique unilatéral: essai sur sa notion et sa technique en droit civil. Paris: Imprimerie Bernard Frères/Librairie du Recueil Sirey, 1951, p. 236).

[496] Carmine Donisi qualifica a conexão entre os negócios unilaterais e os direitos potestativos como "hipótese marginal", que a seu ver estaria longe de representar a característica constante do "paradigma negocial unilateral" (Il problema dei negozi giuridici unilaterali, op. cit., p. 42-43).

[497] BARNINI, Gestaltungsgeschäfte e poteri formativi, op. cit., p. 558.

[498] Refere-se aqui a "atos unilaterais", ao invés de "negócios unilaterais", dado que a categoria do *ius variandi*, a que se pretende referir, vem sendo construída pela doutrina moderna de modo a nela enquadrar não somente negócios jurídicos unilaterais, mas também atos jurídicos em sentido estrito.

[499] Sobre o tema, consultamos: SCHLESINGER, Piero. Poteri unilaterali di modificazione ("ius variandi") del rapporto contrattuale. Giurisprudenza commerciale, 19.1., jan./fev. 1992, p. 18-24; GAMBINI, Marialuisa. Fondamento e limiti dello *ius variandi*. Napoli: Edizioni Scientifiche Italiane, 2000; SIRENA, Pietro. Le modificazioni unilaterali. *In*: ROPPO, Vincenzo (org.). Trattato del contratto: tomo 3, effetti, 2. Milano: Giuffrè, 2006, p. 141-149; e SCARPELLO, Aldo. La modifica unilaterale del contratto. Padova: CEDAM, 2010.

projetado, aportando-lhe uma variação tal, de modo a não alterar a fisionomia original da relação".[500] Discute-se, a respeito, a inclusão da *reductio ad aequitatem* nesse grupamento de casos, o que já havia sido afirmado por Messineo[501].

Na ampla classe de atos unilaterais modificativos, reúnem-se situações de atos jurídicos em sentido estrito e de verdadeiros negócios jurídicos modificativos.[502] No primeiro caso – *v.g.*, ordens do empregador e as instruções do mandante –, seria mais apropriado falar em eficácia especificativa, como já se viu a propósito da classificação da eficácia jurídica de Falzea.[503]

O poder modificativo unilateral (*ius variandi*) pode ter fonte legal ou convencional. No direito brasileiro, parecem ser poucos os casos de *ius variandi ex lege*. Exemplos, a nosso ver, são a modificação da empreitada imposta pelo dono da obra ao empreiteiro – desde que proporcional ao projeto e mediante acréscimo de preço –[504] e as contraordens do remetente, em matéria de transporte.[505]

A recondução da oferta de modificação equitativa ao âmbito do *ius variandi* não é pacífica. Há quem a negue, pelo fato de naquela ser menor a discricionariedade do credor, em comparação com os demais casos de *ius variandi*, bem como pelo fato de a modificação do contrato ser realizada por meio de sentença judicial.[506] Parece-nos, ao contrário, possível a inserção.[507] E isso porque ainda há margem de discricionariedade, maior ou menor, na conduta do credor. Ademais, mesmo que se

---

[500] GAMBINI, Fondamento e limiti dello *ius variandi*, op. cit., p. 79.

[501] MESSINEO, Francesco. Dottrina generale del contratto: artt. 1321-1469 cod. civ. 3. ed. Milano: Giuffrè, 1948, p. 532; MESSINEO, Francesco. Manuale di diritto civile e commerciale: volume 3. 9. ed. Milano: Giuffrè, 1959, p. 694.

[502] GAMBINI, Fondamento e limiti dello *ius variandi*, op. cit., p. 71-75; e SIRENA, Le modificazioni unilaterali, op. cit., p. 144-145.

[503] FALZEA, Efficacia giuridica, op. cit., p. 163-165. Cf. o item 21.3 *supra*.

[504] "Art. 625. Poderá o empreiteiro suspender a obra: [...] III – se as modificações exigidas pelo dono da obra, por seu vulto e natureza, forem desproporcionais ao projeto aprovado, ainda que o dono se disponha a arcar com o acréscimo de preço."

[505] "Art. 748. Até a entrega da coisa, pode o remetente desistir do transporte e pedi-la de volta, ou ordenar seja entregue a outro destinatário, pagando, em ambos os casos, os acréscimos de despesa decorrentes da contra-ordem, mais as perdas e danos que houver."

[506] SCARPELLO, La modifica unilaterale del contratto, op. cit., p. 24.

[507] No mesmo sentido, GAMBINI, Fondamento e limiti dello *ius variandi*, op. cit., p. 88-89.

atribua eficácia constitutiva à sentença, a nosso ver restará preservado o nexo causal que une a modificação do contrato à oferta do credor.[508] Em suma, havendo modificação do contrato por iniciativa de uma só das partes contratantes, a nosso ver estarão suficientemente preservados o núcleo conceitual e a função[509] do *ius variandi*.

Mais delicado é o fundamento do *ius variandi*, objeto de discussão sobretudo por conta da controvérsia acerca da validade de cláusulas atributivas do poder de modificação unilateral fora dos casos expressamente previstos em lei. Nesse ponto, a doutrina reconhece a ausência de uma norma geral a permitir a modificação unilateral dos contratos, diversamente do que se passa em matéria de extinção.[510] A falta é justificada, diga-se, pois modificar um dado contrato é tido como algo *mais gravoso* do que a sua extinção.[511-512] À míngua de regra geral, os autores parecem divididos entre os que fundam o poder modificativo na possibilidade de determinação *per relationem* do conteúdo contratual[513] e os que

---

[508] Cf. o item 31 *infra*.

[509] Acentua a homogeneidade da função dos negócios modificativos enquadrados no *ius variandi* GAMBINI, Fondamento e limiti dello *ius variandi*, op. cit., p. 182.

[510] No direito brasileiro, a regra geral em matéria de poder unilateral extintivo encontra-se no *caput* do art. 473 do Código Civil, que estatui: "A resilição unilateral, nos casos em que a lei expressa ou implicitamente o permita, opera mediante denúncia notificada à outra parte."

[511] SCHLESINGER, Piero. Poteri unilaterali di modificazione, op. cit., p. 19; SIRENA, Le modificazioni unilaterali, op. cit., p. 141.

[512] Confirma-se, também por esse argumento, o desacerto do argumento *a maiori ad minus* empregado pela doutrina que propõe a extensão do poder modificativo ao credor. Cf. o item 6 *supra*.

[513] É a posição de FICI, Antonio. Il contrato "incompletto". Torino: Giappichelli, 2005, p. 188-194. Criticamente: GAMBINI, Fondamento e limiti dello *ius variandi*, op. cit., p. 215-216; e SCARPELLO, La modifica unilaterale del contratto, op. cit., p. 73-78. Anote-se, ademais, a ausência, no Código Civil brasileiro, de norma similar ao art. 1.349 do *Codice Civile*, que dispõe:
"Art. 1349. Determinazione dell'oggetto. Se la determinazione della prestazione dedotta in contratto è deferita a un terzo e non risulta che le parti vollero rimettersi al suo mero arbitrio, il terzo deve procedere con equo apprezzamento. Se manca la determinazione del terzo o se questa è manifestamente iniqua o erronea, la determinazione è fatta dal giudice.
La determinazione rimessa al mero arbitrio del terzo non si può impugnare se non provando la sua mala fede. Se manca la determinazione del terzo e le parti non si accordano per sostituirlo, il contratto è nullo.
Nel determinare la prestazione il terzo deve tener conto anche delle condizioni generali della produzione a cui il contratto eventualmente abbia riferimento."

admitem a sua validade dentro dos mesmos limites prescritos à condição potestativa.[514]

Seja como for, a discussão sobre a base legal do *ius variandi* não parece afetar o tema da oferta de modificação equitativa, pois a validade da modificação unilateral em caso de oferta do credor da prestação excessiva onerosa advém de autônoma previsão legal e do fato de a modificação, nesse caso, seguir parâmetros equitativos. Confirmam-se, assim, a qualificação e a classificação do negócio jurídico previsto no art. 479 do Código Civil – ambas construídas sobre premissas já examinadas.

A reflexão em torno do *ius variandi* é útil, em contrapartida, para iluminar a necessidade de impor determinadas balizas ao exercício, naturalmente discricionário, do poder modificativo.[515] O ponto está relacionado à classificação a seguir exposta.

22.4. Negócio Potestativo, Negócio Motivado e com Fim Predeterminado

Como resulta da investigação sobre a natureza da posição jurídica titulada pelo credor da prestação tornada excessivamente onerosa[516], o negócio jurídico em exame pressupõe um direito potestativo conferido por lei ao seu autor. A presença desse antecedente necessário pode ser vista como fundante de uma classificação autônoma dos negócios jurídicos.

O ponto, pouco usual na doutrina, foi abordado por Antonio Junqueira de Azevedo. Para ele, há determinados negócios que "supõem *motivos objetivos*", dentre os quais estariam aqueles fundados em direito potestativo e os realizados com o escopo de adimplir uma obrigação, os quais denomina, respectivamente, negócios discricionários e negócios vinculados.[517] A seu ver, os negócios discricionários devem estar "fundamentados em motivos fixados *a priori*". E arremata: "São atos unilaterais com justa causa". Como exemplos, aponta, dentre outros: a deserdação; a revogação da doação por ingratidão; a despedida do contratado, pelo tomador de serviços, antes do término do prazo do contrato; e a suspensão do comodato pelo comodante antes do decurso do prazo contratual.[518]

---

[514] Scarpello, La modifica unilaterale del contratto, op. cit., p. 125.
[515] A preocupação perpassa de algum modo toda a doutrina que tratou do tema. Vide, por todos, Gambini, Fondamento e limiti dello *ius variandi*, op. cit., p. 196 ss.
[516] Cf. o capítulo III, especialmente o item 18.2 *supra*.
[517] Junqueira de Azevedo, Negócio jurídico e declaração negocial, op. cit., p. 216-217.
[518] Ibid., p. 217.

Em complemento à proposição do autor, parece ser o caso de segregar, a bem da clareza, o direito potestativo pressuposto pelo negócio e o motivo objetivo fixado em lei. Notamos, ainda, uma certa fluidez do termo "discricionário", a recomendar a sua substituição por "motivado". Sugerimos, assim, classificar a figura em exame como negócio potestativo (que também poderia ser dito "formativo")[519] e motivado.

No caso da oferta de modificação equitativa[520], o motivo fixado em lei ("motivo objetivo" ou "justa causa") consiste no exercício do poder resolutório por parte do devedor e, em última análise, na própria alteração das circunstâncias presentes quando da celebração do negócio.

A predeterminação de um motivo objetivo permite o controle sobre a legalidade do ato praticado.[521] No caso específico do negócio modificativo do art. 479 do Código Civil, a lei prescreve uma *segunda instância de controle*, por assim dizer. Isso porque a modificação deve ser equitativa, isto é, deve conduzir a uma solução de equilíbrio entre as partes.

Essa segunda esfera de controle difere da primeira. A equidade da declaração do credor não se põe como *motivo*, ainda que objetivo, mas como um dado *resultado*, isto é, um fim a ser obrigatoriamente perseguido com o negócio. Evoca-se aqui a tradicional contraposição entre *causa* e *motivo*, que remonta à dicotomia medieval formada por *causa impulsiva* e *causa finalis*. Ao passo que a primeira designa, precisamente, os "motivos psicológicos que impeliram cada um dos dois sujeitos", a segunda alude ao "fim último perseguido pelo sujeito, por exemplo, na compra e venda, respectivamente a obtenção do preço ou da coisa".[522]

Modernamente, a *causa finalis* especifica-se por meio de duas noções, aptas, em tese, a qualificar o resultado equitativo. Referimo-nos aos conceitos de causa e de fim do negócio jurídico. Com efeito, no contexto da

---

[519] BARNINI, Gestaltungsgeschäfte e poteri formativi, op. cit., p. 549.

[520] Naturalmente, o autor não refere a oferta de modificação equitativa dentre os exemplos de negócio discricionário, pois a figura não estava presente no direito positivo então vigente. O simples fato de o direito do credor ofertante qualificar-se como potestativo bastará, no entanto, à inserção do caso em exame na classe por ele sugerida.

[521] "A exigência de justa causa, em ambos [negócios discricionários e atos dos órgãos públicos], tem a função de dar legalidade ao ato." (JUNQUEIRA DE AZEVEDO, Negócio jurídico e declaração negocial, op. cit., p. 217).

[522] GIORGIANNI, Michele. Causa del negozio giuridico (diritto privato). *In*: CALASSO, Francesco (org.). Enciclopedia del Diritto: volume VI. Milano: Giuffrè, 1960, p. 559.

notória polissemia da palavra causa[523], predominam dois sentidos objetivos da expressão "causa do negócio jurídico": função econômico-social típica e fim individual ou concreto. A despeito de ter tido como precursor, na doutrina italiana, Vittorio Scialoja[524], o primeiro sentido costuma vir associado à magistral obra de Emilio Betti, para quem a causa-função seria a síntese dos elementos essenciais do tipo negocial, permanecendo, pois, uniforme em todos os negócios pertencentes ao mesmo tipo.[525]

A noção de causa concreta, por sua vez, tomada como fim prático ou interesse concretamente perseguido pelas partes, ganhou impulso após a denúncia da inaptidão da causa abstrata para lidar com a riqueza dos negócios jurídicos *in concreto*.[526] Bianca sintetiza a ideia: "Pesquisar a efetiva função prática do contrato quer dizer, precisamente, pesquisar o interesse concretamente perseguido. Isto é, não basta verificar se o esquema usado pelas partes é compatível com um dos modelos contratuais, mas é preciso pesquisar o significado prático da operação com relação a todas as finalidades que – ainda que tacitamente – integraram o contrato".[527]

À luz dessas noções, parece mais adequado considerar que a *causa* do negócio jurídico em exame – a sua função econômico-social – reside na mudança unilateral da relação contratual preexistente, sem, contudo, afetar o seu núcleo essencial. Já o fim do negócio – a sua causa concreta

---

[523] Para uma bela síntese dos sentidos possíveis, vide JUNQUEIRA DE AZEVEDO, Negócio jurídico e declaração negocial, op. cit., p. 128 e 129. Mais recentemente, o tema foi tratado com profundidade por PENTEADO, Luciano de Camargo. Doação com encargo e causa contratual. Campinas: Millennium, 2004, p. 64-89 e *passim*.

[524] SCIALOJA, Vittorio. Negozi giuridici. 3. ed. Roma: Foro Italiano, 1933, p. 89 e 90.

[525] BETTI, Teoria generale del negozio giuridico, op. cit., p. 180-183.

[526] Uma segunda crítica à causa-função, de índole ideológica, deveu-se ao fato de que ela funcionaria como indevido instrumento de controle da autonomia privada. Ela pode ser encontrada, dentre outros, em GORLA, Gino. El contrato: problemas fundamentales tratados según el método comparativo y casuístico. Tradução de José Ferrandis Villela. Barcelona: Bosch, 1959, p. 265-266. Para a raiz histórica da doutrina da função econômico-social, vide FERRI, Giovanni Battista. Causa e tipo nella teoria del negozio giuridico. Milano: Giuffrè, 1968, p. 126 e 127.

[527] BIANCA, Diritto Civile, vol. 3, op. cit., p. 453. Já tivemos oportunidade de discorrer sobre os conceitos de causa, fim e motivo (MARINO, Francisco Paulo De Crescenzo. Interpretação do negócio jurídico. São Paulo: Saraiva, 2011, p. 118-137). Sobre o fim contratual, vide ainda: MOTA PINTO, Carlos Alberto da. Cessão da posição contratual, Reimpressão. Coimbra: Almedina, 2003, p. 373-380.

– consiste na sua recondução a parâmetros equitativos, à luz das novas circunstâncias.

Conclui-se que o próprio modelo legal do negócio jurídico previsto no art. 479 do Código Civil traz, a ele integrado, o fim concreto a ser perseguido pelo declarante. A despeito de não ser uma técnica muito frequente de regulação, ela é encontrada em outros modelos negociais. Podem ser lembrados, a esse título, dentre outros: o contrato de financiamento (mútuo de escopo), a locação para temporada (art. 48 da Lei nº 8.245/91[528]); o transporte por amizade ou cortesia[529] e alguns subtipos de doação, especificamente a doação remuneratória (art. 540 do Código Civil[530]) e a doação *propter nuptias* (art. 546 do Código Civil[531])[532]. Em todos esses casos, a causa contratual é "colorida" por um determinado fim concreto.

O entroncamento dessas classes negociais, como se vê, não é casual. Pode-se afirmar que, em razão da gênese unilateral e da eficácia modificativa do negócio jurídico, associadas ao direito potestativo por ele suposto, a lei cria um duplo limite: fixa um motivo objetivo e impõe um fim concreto a ser alcançado.

---

[528] "Art. 48. Considera-se locação para temporada aquela destinada à residência temporária do locatário, para prática de lazer, realização de cursos, tratamento de saúde, feitura de obras em seu imóvel, e outros fatos que decorrem tão-somente de determinado tempo, e contratada por prazo não superior a noventa dias, esteja ou não mobiliado o imóvel."

[529] Referida, embora não conceituada, no art. 736 do Código Civil.

[530] "Art. 540. A doação feita em contemplação do merecimento do donatário não perde o caráter de liberalidade, como não o perde a doação remuneratória, ou a gravada, no excedente ao valor dos serviços remunerados ou ao encargo imposto."

[531] "Art. 546. A doação feita em contemplação de casamento futuro com certa e determinada pessoa, quer pelos nubentes entre si, quer por terceiro a um deles, a ambos, ou aos filhos que, de futuro, houverem um do outro, não pode ser impugnada por falta de aceitação, e só ficará sem efeito se o casamento não se realizar."

[532] As "doações motivadas" mereceram análise a parte em PENTEADO, Doação com encargo e causa contratual, op. cit., p. 175-187.

Capítulo V
Negócio de Modificação Equitativa: Existência, Validade e Eficácia

23. Existência

O estudo do negócio jurídico modificativo do contrato afetado pela excessiva onerosidade superveniente, previsto no art. 479 do Código Civil, somente estará completo quando os seus traços característicos forem examinados nos três planos negociais: existência, validade e eficácia. Trata-se, pois, de analisar as especificidades desse modelo negocial no que tange aos seus elementos de existência, requisitos de validade e condições de eficácia.[533]

Antes, contudo, de prosseguir, parece oportuno um esclarecimento sobre o sentido da interface do negócio jurídico *sub examine* com o direito processual.

23.1. Interface com o Processo

Como já foi visto, deflui dos arts. 478 e 479 do Código Civil que a oferta de modificação equitativa deve ser realizada *em juízo*, mais precisamente

---

[533] A linha mestra da exposição contida neste capítulo – a moldura, por assim dizer, no qual os temas serão inseridos – seguirá a obra de Antonio Junqueira de Azevedo (Negócio jurídico: existência, validade e eficácia. 4. ed. São Paulo: Saraiva, 2010; e, sobretudo, Negócio jurídico e declaração negocial. São Paulo, 1986. Tese (Titular em Direito Civil). Faculdade de Direito, Universidade de São Paulo).

no bojo da demanda resolutória movida pelo devedor da prestação tornada excessivamente onerosa.[534]

Mas o *contexto* jurisdicional não é o único ponto de contato entre o negócio modificativo em questão e o direito processual. Ao lado dos efeitos que se projetarão sobre a relação jurídica de direito material (relação contratual), a oferta, devidamente inserida no ato processual adequado, provoca determinados *efeitos processuais*. O primeiro deles, ao que parece, é a imposição, ao juiz, do dever de apreciar e julgar o pedido formulado pelo credor. A rejeição do pleito resolutório talvez possa ser vista, ainda, como um efeito processual mediato da oferta.

O fato de o negócio modificativo estar inserido em um ato processual atrai a incidência das normas de direito processual, as quais regerão, designadamente, o tempo e a forma do ato praticado.

Por fim, a própria eficácia modificativa da relação contratual dependerá da pronúncia judicial, cuja natureza será abordada no capítulo subsequente.

Essa reflexão conduz, quase inevitavelmente, à indagação sobre se o negócio em tela configuraria – para os que admitem a categoria[535] – um negócio jurídico processual. O tema vem sofrendo profunda renovação na literatura nacional por conta de diversos dispositivos do Código de

---

[534] Acerca da oferta extraprocessual, cf. o item 22.2 *supra*.

[535] Ensina Cândido Rangel Dinamarco que a posição contrária à existência de negócios jurídicos processuais se prende à ausência, no processo, de liberdade para que as partes determinem o conteúdo dos negócios realizados, a impedir a "vinculação entre a vontade manifestada no ato e o efeito a ser produzido", a seu ver característica dos negócios jurídicos (DINAMARCO, Cândido Rangel. Instituições de direito processual civil: volume 2. 7. ed. São Paulo: Malheiros, 2017, p. 551). Para uma resenha dos autores contrários à admissibilidade da categoria, vide NOGUEIRA, Pedro Henrique. Negócios jurídicos processuais. 2. ed. Salvador: JusPodivm, 2016, p. 142-145; e CUNHA, Leonardo Carneiro da. Negócios jurídicos processuais no processo civil brasileiro. *In*: CABRAL, Antonio do Passo; NOGUEIRA, Pedro Henrique (orgs.). Negócios processuais. 3. ed. Salvador: JusPodivm, 2017, p. 39-74 (Coleção Grandes temas do novo CPC, vol. 1, coordenada por Fredie Didier Jr.), aqui p. 46-48. É necessário, contudo, atentar para as opiniões emitidas antes da entrada em vigor do Código de Processo Civil de 2015, pois é possível que tenham se alterado, ou venham a se alterar. É o caso, aliás, de Dinamarco, que passou a admitir a figura, por entender que o novo diploma processual abre espaço ao autorregramento de interesses no bojo do processo (DINAMARCO, Instituições de direito processual civil, volume 2, op. cit., p. 553).

Processo Civil de 2015, sobretudo o art. 190.[536] A despeito disso, ainda parece haver muita incerteza sobre os critérios distintivos dos "verdadeiros" negócios jurídicos processuais, bem como sobre a própria recondução das "convenções processuais" – para empregar expressão rente à letra do referido art. 190 – à categoria dos negócios jurídicos processuais.[537]

Afaste-se, de plano, qualquer relação do negócio jurídico do art. 479 do Código Civil com as aludidas "convenções processuais", seja pela ausência da plurilateralidade a elas inerente[538], seja pela inexistência dos efeitos especificados na norma processual.

Já no tocante ao conceito de negócio jurídico processual, em que pese a disparidade de conceitos empregados pela doutrina brasileira contemporânea, parece haver um núcleo comum a todos, consistente na produção de efeitos processuais, isto é, na aptidão do negócio jurídico a "constituir, modificar e extinguir situações processuais, ou alterar

---

[536] "Art. 190. Versando o processo sobre direitos que admitam autocomposição, é lícito às partes plenamente capazes estipular mudanças no procedimento para ajustá-lo às especificidades da causa e convencionar sobre os seus ônus, poderes, faculdades e deveres processuais, antes ou durante o processo.
Parágrafo único. De ofício ou a requerimento, o juiz controlará a validade das convenções previstas neste artigo, recusando-lhes aplicação somente nos casos de nulidade ou de inserção abusiva em contrato de adesão ou em que alguma parte se encontre em manifesta situação de vulnerabilidade."

[537] A doutrina majoritária entende que as "convenções processuais" do art. 190 do novo Código de Processo Civil são verdadeiros negócios jurídicos processuais. Nesse sentido, a título exemplificativo: DINAMARCO, Instituições de direito processual civil, volume 2, op. cit., p. 553; GODINHO, Robson Renault. Negócios processuais sobre o ônus da prova no novo código de processo civil. São Paulo: Revista dos Tribunais, 2015, p. 111; CABRAL, Antonio do Passo. Convenções processuais. Salvador: JusPodivm, 2016, p. 68; YARSHELL, Flávio Luiz. Convenção das partes em matéria processual: rumo a uma nova era? In: CABRAL & NOGUEIRA (org.), Negócios processuais, op. cit., p. 75-92, aqui p. 77; CUNHA, Negócios jurídicos processuais, op. cit., p. 69; e VIDAL, Ludmilla Camacho Duarte. Convenções processuais no paradigma do processo civil contemporâneo. Rio de Janeiro: Gramma, 2017, p. 121. Em sentido contrário, afirmando peremptoriamente que "as convenções processuais, amplamente admitidas pelo art. 190 do novo Código de Processo Civil, que ostentam natureza e conteúdo estritamente processual, não têm qualquer identidade dogmática com os negócios jurídicos processuais, de cunho substancial e que têm por objeto o direito controvertido": TUCCI, José Rogério Cruz e. Natureza e objeto das convenções processuais. In: CABRAL, Negócios processuais, op. cit., p. 23-29, aqui p. 28.

[538] CABRAL, Convenções processuais, op. cit., p. 51.

o procedimento".[539] O que parece subjazer a essa nota característica, e se confirma a partir dos exemplos apontados em doutrina, é a potencial produção de efeitos exclusivamente, ou ao menos preponderantemente, processuais. Não é o caso, como parece claro, da oferta de modificação equitativa do art. 479 do Código de Processo Civil, cuja natureza substancial é inequívoca, a despeito da interface processual acima mencionada. Dito de outro modo, o fato de o negócio modificativo celebrado pelo credor ser praticado em juízo, produzir determinados efeitos processuais e estar sujeito às regras processuais (sobretudo no tocante aos quesitos tempo e forma), não o torna um negócio jurídico de direito processual.[540-541]

23.2. Conteúdo (Modificações Possíveis)

Para que o negócio jurídico exista, ele deve possuir algum conteúdo. Indagação enfrentada pela doutrina diz respeito ao conteúdo possível do negócio modificativo, isto é, a quais tipos de modificação do contrato podem ser ofertadas pelo credor. A lei não dispõe sobre essa questão, limitando-se a prescrever a equidade da alteração contemplada. Essa previsão, como vimos, não diz respeito aos meios, mas aos fins da mutação do conteúdo contratual levada a cabo por meio da oferta.[542]

A despeito da falta de indicação, na lei, dos meios a seguir, a própria finalidade a ser alcançada termina por limitá-los, conquanto de forma

---

[539] CABRAL, Convenções processuais, op. cit., p. 49. Em sentido semelhante, VIDAL, Convenções processuais, op. cit., p. 124.

[540] Uma útil classificação dos negócios jurídicos com base em sua relação com o processo pode ser encontrada em JUNQUEIRA DE AZEVEDO, Negócio jurídico e declaração negocial, op. cit., p. 54-56. Embora não guarde identidade com nenhuma das quatro hipóteses por ele aventada, a oferta de modificação equitativa parece aproximar-se do que o autor denomina de "negócios jurídicos formalmente processuais", os quais se regulam "quanto ao conteúdo, pelo direito material, quanto à forma, pelo direito processual e – é importante que se acrescente – quanto aos efeitos propriamente, por ambos, segundo seus respectivos campos." (Ibid., p. 55).

[541] Consoante Vittorio Denti, a doutrina tradicionalmente exclui a pertinência da oferta de modificação equitativa do art. 1.467, 3 do *Codice* à categoria dos negócios processuais (DENTI, Vittorio. Negozio processuale. *In*: CALASSO, Francesco (org.). Enciclopedia del diritto: volume XXVIII. Milano: Giuffrè, 1978, 138-145, aqui p. 139).

[542] Cf. os itens 22.4 *supra* e 25 *infra*.

indireta. A doutrina reconhece a amplitude do conteúdo da oferta[543], porém esforça-se em prever limites para as possíveis modificações do contrato. Vejamos algumas das situações hipotéticas e os seus enquadramentos possíveis, a começar por aquelas atinentes ao tipo e ao valor da prestação.

O caso mais típico, por assim dizer, e que parece suscitar menos controvérsia, é o da oferta de um *suplemento da contraprestação*[544] devida pelo credor.[545] Aqui parece ser o caso de distinguir, primeiramente, a oferta de um montante adicional *em dinheiro*, situação que a doutrina parece ter em mente, até mesmo em razão da influência da oferta de modificação de contratos afetados pela lesão. Não se vê razão para negar a possibilidade de pagamento de um valor incremental, desde que suficiente para repor o contrato em bases equilibradas. Ele constituirá, assim, ao que parece, o conteúdo natural de muitas ofertas de modificação equitativa.

Diversa é a situação, contudo, de declaração modificativa contemplando o incremento na quantidade de prestação *não pecuniária*. À falta de uma prestação neutra e líquida como é o pagamento em dinheiro, não se poderá afirmar, de antemão, a presença de um interesse do autor na prestação adicional. Figure-se o exemplo da conferência de bem imóvel ao capital social de sociedade limitada, a título de integralização das quotas do sócio ingressante. Se o imóvel se valorizar consideravelmente, por conta de acontecimento extraordinário e imprevisível – *v.g.*, a alteração do plano diretor, a permitir aproveitamento superior da área, ou a descoberta de riqueza mineral no local –, o proprietário estará legitimado a ajuizar a demanda resolutória. Nesse caso, eventual oferta de alienação de participação adicional na sociedade, ainda que tenha valor

---

[543] "A modificação pode dar-se de diversos modos, alterando quantidade, qualidade, circunstâncias da prestação, prazo, obrigações acessórias etc." (AGUIAR JÚNIOR, Ruy Rosado de. Comentários ao Novo Código Civil: volume VI, tomo II, da extinção do contrato, arts. 472 a 480. Rio de Janeiro: Forense, 2011, p. 937 (Coleção Comentários ao Novo Código Civil, coordenada por Sálvio de Figueiredo Teixeira).

[544] Estando o ponto de partida do raciocínio na prestação excessivamente onerosa, designá-la-emos simplesmente como "prestação" e aludiremos a "contraprestação" para designar aquela devida pelo credor da prestação excessivamente onerosa.

[545] MIRABELLI, Giuseppe. La rescissione del contratto. 2. ed. Napoli: Jovene, 1962, p. 229; e BOSELLI, Aldo. La risoluzione del contratto per eccessiva onerosità. Torino: UTET, 1952, p. 305.

proporcional ao incremento no valor do imóvel, poderá não ser suficiente a preservar o interesse do devedor na avença. Com efeito, a definição do montante da participação societária envolve fatores outros além do mero cálculo do valor a ser pago – basta pensar nos direitos políticos que uma dada participação, ou mesmo o controle, podem proporcionar –, bem como dela podem defluir deveres e outras posições passivas.

Atento à hipótese, D'Andrea opina pela exclusão da viabilidade de uma oferta formulada nesses moldes, "em linha de princípio", dado que somente o devedor poderia valorar o interesse "em obter uma prestação que inicialmente não havia previsto adquirir", excepcionando-se, a seu ver, casos de aquisição regular de bens e serviços para o desenvolvimento de atividade profissional, desde que o objeto da prestação consista em bens fungíveis e não consumíveis, ou não facilmente deterioráveis.[546]

A posição é ponderada. Fundamental, primeiramente, é apreciar de modo global o conteúdo do contrato objeto da modificação, a fim de verificar se ele contém, de algum modo, um índice de valoração *ex ante* do incremento da prestação. A consideração do tipo de contrato será, outrossim, passo necessário à valoração da viabilidade da oferta. Obrigações com forte cunho pessoal, por exemplo, não podem ser tratadas da mesma forma que obrigações sem essa característica. O exame atento das circunstâncias, tais como a atividade desempenhada regularmente pelo devedor – destacada por D'Andrea –, a relação prévia entre as partes, o destino a ser dado à prestação e a sua inserção em uma cadeia de produção ou fornecimento, é imperativo para que se possa concluir pela possibilidade de oferta formulada nesses moldes.

Indaga-se, ademais, se o credor poderia ofertar, em vez de um suplemento, a *alteração da contraprestação* por ele devida.[547] Seria o caso de uma declaração tendo por objeto, *v.g.*, a substituição ou o complemento de uma prestação pecuniária pela entrega de uma coisa, a prestação de um fazer ou a cessão de um crédito. Afirma-se a inviabilidade de semelhante oferta, pois ela desbordaria da modificação do contrato, para representar a imposição, ao autor, de um "contrato de outro tipo".[548]

---

[546] D'Andrea, Stefano. L'offerta di equa modificazione del contratto. Milano: Giuffrè, 2006, p. 236.
[547] Boselli, La risoluzione del contratto per eccessiva onerosità, op. cit., p. 304.
[548] D'Andrea, L'offerta di equa modificazione del contratto, op. cit., p. 235-236.

Parece ser o caso de aquiescer com a resposta, mas não necessariamente com o respectivo fundamento. Isso porque a alteração da espécie de prestação devida nem sempre acarretará a *requalificação* do contrato. Como sabido, os modelos contratuais são construídos a partir de diversos índices do tipo, sendo a espécie de prestação apenas um deles.[549] Nesse tocante, há tipos contratuais mais flexíveis, a comportar alterações na espécie de prestação. Refira-se, a título de exemplo, a prestação de serviços, em que a remuneração do prestador pode ser de espécie distinta da pecuniária. Exemplificativamente, a substituição de uma dívida de dinheiro pela entrega de uma coisa levará à requalificação de uma compra e venda – que se transmutará em permuta –, mas não alterará o tipo de um contrato de prestação de serviços, cuja qualificação permanecerá a mesma. A despeito disso, em qualquer dos casos, a modificação ofertada pelo credor não se mostra admissível, pois extrapola manifestamente os limites determinados pela própria relação contratual de base. A *manutenção da espécie de prestação* contemplada pelas partes impõe-se, pois, a nosso ver, não propriamente para manter a qualificação contratual – que poderá ser mantida, a despeito da alteração da espécie de prestação –, mas para conservar a eficácia da oferta dentro dos lindes assinalados pela própria relação contratual que se está a modificar.

Possibilidade distinta diz respeito à redução da prestação, que parte da doutrina qualifica como "renúncia" do credor a parte da prestação.[550] Seria o caso, *v.g.*, de um transporte contratado que se tornou excessivamente oneroso, sendo possível reduzi-lo – seja diminuindo o número de bens transportados, seja reduzindo o percurso – e remunerar o devedor pela parte remanescente. Ou de obra cujo custo se agravou consideravelmente em razão de fatos supervenientes – distintos daqueles previstos no art. 625, inciso II do Código Civil[551] –, sendo possível fracioná-la e remunerar o empreiteiro pela fração entregue.

O pressuposto lógico desses casos, como se vê, é a divisibilidade material da prestação. Aqui, a nosso ver, não há resposta única. Deve-se verificar, dentre outros fatos porventura relevantes no caso concreto:

---

[549] Para o tema, fundamental a consulta a DE NOVA, Giorgio. Il tipo contrattuale. Reimpressão (Padova: CEDAM, 1974). Napoli: Edizioni Scientifiche Italiane, 2014, p. 84 ss.
[550] MIRABELLI, La rescissione del contratto, op. cit., p. 229.
[551] Premissa do raciocínio é a adoção de uma interpretação que não estende a incidência do referido dispositivo a qualquer fato não imputável ao empreiteiro.

(i) se a prestação remanescente tem valor proporcional em relação ao todo originariamente contemplado; (ii) o eventual desinteresse do devedor na realização parcial da prestação (objetivamente aferido); (iii) se a prestação "renunciada" pelo credor foi parcialmente executada pelo devedor, com as consequências da sua interrupção; e (iv) se a diminuição da prestação será acompanhada de uma redução da contraprestação.

D'Andrea julga admissível a oferta com esse teor se a parte da prestação de que o credor abriu mão tiver "valor proporcional ao todo".[552] O critério não parece decisivo. Entendemos que a oferta poderá ser admissível mesmo em caso de prestações de valor desproporcional, assim como poderá ser inadmissível mesmo em situações de proporcionalidade, a depender da viabilidade da prestação remanescente e da persistência do interesse do devedor na sua realização. Assim, por exemplo, se a prestação excessivamente onerosa tinha por objeto o fornecimento de toda a produção de energia elétrica de uma usina, ou a entrega da integralidade de uma safra, ou a utilização de toda a capacidade de armazenagem de um silo, é perfeitamente imaginável que o devedor não tenha interesse em prestar, digamos, noventa por cento do bem em questão, ante a possível dificuldade de comercializar o remanescente a terceiros naquelas circunstâncias concretas.

A realização parcial da prestação "renunciada" pelo credor – seja previamente ou após a oferta – também deverá ser considerada. Nesse caso, haverá necessidade de computar o eventual prejuízo do devedor com a porção da prestação que não será mais aproveitada. Deve-se considerar, por fim, a eventualidade de a redução ofertada afetar não somente a prestação, mas também a contraprestação. Isso ocorrerá sempre que a prestação remanescente tiver valor inferior ao da contraprestação pactuada. A oferta nesses termos parece, *prima facie*, inviável, dado que suprime do devedor parte da contraprestação programada, impondo-lhe desvantagem econômica incongruente com o sentido da oferta de modificação equitativa.

Cabendo ao juiz porventura optar, diante de oferta determinável, indaga-se se o suplemento da contraprestação seria preferível à redução da prestação. A princípio, pareceria que sim. É perfeitamente possível, no entanto, que a redução da prestação acomode melhor os interesses

---

[552] D'Andrea, L'offerta di equa modificazione del contratto, op. cit., p. 237.

em jogo, diante, por exemplo, da eventual dificuldade de adaptar a prestação integral às circunstâncias alteradas e do incremento no respectivo custo, com o qual o credor porventura não tenha condições de arcar. Por outro lado, a oferta de redução da prestação cria um fator adicional de incerteza – dado que *a priori* o devedor permanecerá adstrito a realizar integralmente a prestação devida, a despeito da manifestação do credor – e gera o risco de a implementação da oferta se inviabilizar no curso do processo.

Além das modificações relativas ao tipo e ao valor da prestação, é possível alterar, ainda, o prazo, o local e o modo de sua realização.[553] Imagine-se, assim, que o credor de um transporte excessivamente oneroso venha a oferecer modificação consistente no aumento do prazo necessário para que a coisa chegue ao destinatário, na alteração – benéfica, naturalmente – do local de destino ou na mudança do modo de transporte (*v.g.*, utilização de uma rota alternativa, emprego de veículo de transporte distinto ou alteração da modalidade de transporte).

A extensão de prazo parece, via de regra, admissível, salvo situações nas quais, associada às circunstâncias, ela agravará ainda mais o custo da prestação ou até mesmo a impossibilitará.[554] Já a alteração do local e do modo da prestação somente serão admissíveis, ao que parece, quando for possível demonstrar objetivamente a ausência de agravamento do custo da prestação e a compatibilidade da prestação alterada com as atividades regulares do devedor.

A doutrina procura enunciar limites mais genéricos às modificações que podem ser ofertadas. As fórmulas variam, mas o sentido geral é semelhante. Afirma-se que a oferta não poderá implicar a novação do contrato[555], não poderá desnaturar o seu conteúdo ou a sua fisionomia originária[556] ou não poderá alterar a natureza do contrato.[557]

---

[553] Mirabelli, La rescissione del contratto, op. cit., p. 229; e Boselli, La risoluzione del contratto per eccessiva onerosità, op. cit., p. 305.

[554] Figure-se o exemplo de uma planta industrial farmacêutica prestes a ser desativada ou alienada, caso em que a prorrogação do prazo de um fornecimento de medicamentos implicaria a necessidade de postergar a desativação ou a alienação da planta, ou então a contratação da produção com o adquirente (dada a inviabilidade de produção em local distinto sem a autorização dos órgãos regulatórios).

[555] D'Andrea, L'offerta di equa modificazione del contratto, op. cit., p. 238.

[556] Mirabelli, La rescissione del contratto, op. cit., p. 228; e Boselli, La risoluzione del contratto per eccessiva onerosità, op. cit., p. 305.

A questão, no fundo é mais ampla, dizendo respeito ao negócio jurídico modificativo em geral, classe à qual a oferta do art. 479 do Código Civil pertence.[558] Nesse âmbito, usa-se distinguir negócio modificativo de negócio novativo, sendo a falta de efeito novativo apontada como um dos limites atribuídos ao negócio modificativo.[559]

É preciso cautela ao empregar esse critério para delimitar o conteúdo possível do negócio modificativo. Isso porque o regime do Código Civil brasileiro não delimita o *aliquid novi*.[560] Com efeito, desde que esteja presente o *animus novandi* – elemento que acaba assumindo papel preponderante na configuração da novação[561] –, qualquer mudança,

---

[557] KHOURI, Paulo R. Roque A. A revisão judicial dos contratos no novo Código Civil, Código do Consumidor e Lei 8.666/93: a onerosidade excessiva superveniente. São Paulo: Atlas, 2006, p. 129; e NITSCHKE, Guilherme Carneiro Monteiro. Revisão, resolução, reindexação, renegociação: o juiz e o desequilíbrio superveniente de contratos de duração. Revista Trimestral de Direito Civil, São Paulo, n. 50, p. 135-139, 2012, aqui p. 151.

[558] Cf. o item 22.3 *supra*.

[559] "O efeito jurídico do ato com o qual se exerce o *ius variandi* não consiste em uma (total ou parcial) novação da relação contratual, ou seja na sua extinção e substituição por uma relação com conteúdo diverso: consiste, ao invés, em uma sua peculiar transformação, a qual pode ser apropriadamente definida como revisão." (SIRENA, Pietro. Le modificazioni unilaterali. *In*: ROPPO, Vincenzo (org.). Trattato del contratto: tomo 3, effetti, 2. Milano: Giuffrè, 2006, p. 141-149, aqui p. 143). Vide, ainda, CRISCUOLI, Giovanni. Contributo alla specificazione del negozio modificativo. Giustizia civile: rivista mensile di giurisprudenza, Milano, ano 7 (1), p. 846-859, 1957, aqui p. 852; GAMBINI, Marialuisa. Fondamento e limiti dello *ius variandi*. Napoli: Edizioni Scientifiche Italiane, 2000, p. 81; MACARIO, Francesco. Adeguamento e rinegoziazione nei contratti a lungo termine. Napoli: Jovene, 1996, p. 362; MARASCO, Gerardo. La rinegoziazione del contratto: strumenti legali e convenzionali a tutela dell'equilibrio negoziale. Padova: CEDAM, 2006, p. 165; e CALISAI, Fabrizio. Rischio contrattuale e allocazione tra i contraenti. Napoli: Edizioni Scientifiche Italiane, 2016, p. 187.

[560] Diverso é o panorama do direito italiano, em que o art. 1.231 do *Codice* define situações que não importam novação: "Art. 1231. Modalità che non importano novazione. Il rilascio di un documento o la sua rinnovazione, l'apposizione o l'eliminazione di un termine e ogni altra modificazione accessoria dell'obbligazione non producono novazione." É justamente em torno do conceito de "modificação acessória" que a doutrina italiana procura construir o limite da modificação. Mesmo na Itália, contudo, é sentido a dificuldade de circunscrever esse conceito, havendo mesmo quem considere um problema "insolúvel" a tentativa de classificar as várias modificações acessórias que poderiam servir de objeto ao negócio modificativo (CRISCUOLI, Contributo alla specificazione del negozio modificativo, op. cit., p. 851).

[561] Enfatiza o ponto Rui Geraldo Camargo Viana, chegando a afirmar – com o que não concordamos – que o *aliquid novi* deveria ser eliminado do conceito moderno de novação, por

conquanto mínima, é passível de constituir objeto do negócio novativo.[562] Nada impede, portanto, que a idêntica alteração do conteúdo contratual se atribua, em determinado caso concreto, efeito novativo e, em outro, efeito meramente modificativo.

Pode-se argumentar, por outro lado, que a linha demarcatória entre as duas figuras estaria na hipótese de o *aliquid novi* produzir uma alteração tão importante a ponto de constituir um *animus novandi* tácito. Tais seriam os casos de mudança do objeto da prestação, da natureza da obrigação[563] ou da *causa debendi*.[564] No polo oposto, há consenso em relação a modificações que não acarretam novação, dentre as quais o "aumento ou diminuição da quantia devida", a "aposição, prorrogação, diminuição ou supressão de um termo" e "estipulações e alterações sobre o modo ou o lugar da execução da obrigação."[565]

A despeito da prestabilidade desse raciocínio de um modo geral, acreditamos que ele sempre deverá ser complementado, na prática, com a consideração atenta do tipo contratual – que pode ostentar elasticidade maior ou menor –, e do conteúdo do contrato *in concreto*, mergulhado nas circunstâncias relevantes.

---

ter sido absorvido pelo *animus novandi* (VIANA, Rui Geraldo Camargo. A novação. São Paulo: Revista dos Tribunais, 1979, p. 33).

[562] Como nota Pontes de Miranda, para que se nove é preciso "que algo exsurja de novo" (PONTES DE MIRANDA, Francisco Cavalcanti. Tratado de direito privado: tomo XXV. 3. ed. Rio de Janeiro: Borsoi, 1971, p. 78). José Soriano de Souza Neto é ainda mais radical, ao sustentar "que, ainda não havendo nenhuma diferença entre a primeira e a segunda obrigação, a novação se dará se as partes manifestarem, expressamente, que está é a sua vontade." (SOUZA NETO, José Soriano de. Da novação. Recife, 1935. Tese (Cátedra de Direito Civil). Faculdade de Direito do Recife, p. 119-120).

[563] O exemplo dado por Souza Neto é o da obrigação simples substituída pela facultativa (SOUZA NETO, Da novação, op. cit., p. 124). Pontes de Miranda discorda do exemplo, mencionando, ao revés, a substituição de dívida simples por condicionada (PONTES DE MIRANDA, Tratado de direito privado: tomo XXV, op. cit., p. 79).

[564] Pontes de Miranda aponta, aqui, casos de alteração do tipo de negócio (PONTES DE MIRANDA, Tratado de direito privado: tomo XXV, op. cit., p. 80). Também afasta a mudança do tipo contratual, do conteúdo possível da oferta de modificação equitativa, BOSELLI, La risoluzione del contratto per eccessiva onerosità, op. cit., p. 305.

[565] SOUZA NETO, Da novação, op. cit., p. 125-126.

Parte da doutrina nacional invoca, ainda, o art. 313 do Código Civil[566], sustentando que ele limitaria a modificação equitativa do contrato.[567] A referência, entretanto, mostra-se equivocada. O dispositivo em questão, ao delimitar o objeto do pagamento, veda a imposição, ao credor, da recepção de prestação distinta daquela pactuada. Como parece evidente, a oferta de modificação equitativa sempre acarretará, por conta da própria iniciativa do credor, mudanças em relação ao programa obrigacional originário. Haverá, pois, a realização de "prestação diversa" da que era devida. Não se pode, assim, raciocinar com base no art. 313, seja porque ele trata de inadimplemento, que nada tem que ver com a situação de excessiva onerosidade superveniente, seja porque ele não oferece critério nenhum para delimitar o conteúdo possível do negócio modificativo do art. 479 do Código Civil.

24. Validade

24.1. Fator Temporal

O contexto processual impõe limites temporais para a formulação da oferta de modificação equitativa. O tema foi enfrentado na Itália desde os primeiros escritos acerca da oferta. À falta de disposição legal regulando expressamente a questão, a doutrina dividiu-se em quatro posições.

Para uns, a oferta deve ser formulada no momento da apresentação da defesa do credor requerido. Esta é a posição de D'Andrea, para quem a oferta modificativa, servindo de fundamento a uma exceção em sentido estrito, deve ser formulada juntamente com a defesa do credor e está sujeita às preclusões processuais.[568]

---

[566] "Art. 313. O credor não é obrigado a receber prestação diversa da que lhe é devida, ainda que mais valiosa."
[567] KHOURI, A revisão judicial dos contratos, op. cit., p. 129; e NITSCHKE, Revisão, resolução, reindexação, renegociação, op. cit., p. 151.
[568] D'ANDREA, L'offerta di equa modificazione del contratto, op. cit., p. 208. É também a posição de Carlo BRACCIANTI, o qual, no entanto, admite que o credor, ao contestar a excessiva onerosidade, reserve-se o direito de realizar a oferta em uma segunda fase do procedimento, se e quando a instrução do processo levar à afirmação da onerosidade excessiva (BRACCIANTI, Carlo. Degli effetti della eccessiva onerosità, 2. ed. Milano: Giuffrè, 1947, p. 96).

Para outros, a oferta seria admissível até o momento da prolação da sentença. Nesse sentido, Carnelutti julga que a oferta se torna preclusa "no momento em que são fixados irrevogavelmente os termos da lide, que é o momento da remissão ao tribunal". A realização de oferta em sede de apelação violaria, assim, o princípio do duplo grau de jurisdição.[569]

Uma terceira posição é defendida por Redenti, para quem o credor poderia realizar a oferta, evitando, assim, a resolução do contrato, "enquanto houver lide pendente". Em sua ótica, mesmo a oferta realizada em segundo grau de jurisdição seria admissível.[570]

Por fim, Mirabelli opina pela viabilidade da oferta até o momento em que a resolução seja atuada, isto é, até a execução da sentença correspondente. Acrescenta, no entanto, que a propositura da demanda (oferta) não suspende a exigibilidade da sentença resolutória. A execução da demanda de resolução somente poderia ser obstada com o trânsito em julgado da sentença reconhecendo a suficiência da oferta. O requerido estaria, pois, sujeito a ver a oferta inutilizada caso a execução da demanda resolutória viesse a ultimar-se antes do término do procedimento relativo à ação declaratória.[571]

Deve-se, contudo, atentar para as distinções dos sistemas brasileiro e italiano em matéria de preclusão processual, o que desaconselha o uso da doutrina daquele país nesse aspecto em especial.[572]

A questão depende da identificação do ato processual no qual a oferta se insere. Cuidando do tema antes da entrada em vigor do atual Código de Processo Civil, Yarshell, após afastar a existência de ação dúplice, demonstrou o cabimento, na espécie, de um pedido contraposto, formu-

---

[569] CARNELUTTI, Francesco. Preclusione dell'offerta di riduzione del contratto ad equità. Rivista di diritto processuale, Padova, n. 8 (2), p. 108-111, 1953, aqui p. 111.

[570] REDENTI, Enrico. L'offerta di riduzione ad equità. Rivista trimestrale di diritto e procedura civile. Milano, n. 1 (1), p. 576-583, mar. 1947, aqui p. 583.

[571] MIRABELLI, La rescissione del contratto, op. cit., p. 361 e nota 67.

[572] O sistema brasileiro, de modo geral, ostenta carga preclusiva mais acentuada do que o italiano, o qual "traz em si, profundamente arraigado, um sistema de liberdade procedimental" (SICA, Heitor Vitor Mendonça. Preclusão processual civil. 2. ed. São Paulo: Atlas, 2008, p. 57) O autor expõe as diversas fases pelas quais o processo civil italiano passou em matéria de preclusão (Ibid., p. 53-59), sendo possível aventar que a diversidade de opiniões acima exposta guarde alguma relação com as normas processuais vigentes ao tempo em que foram emitidas.

lado pelo credor requerido na própria contestação. A solução valeria, a seu ver, também para o procedimento ordinário, em que caberia o pedido do credor "sem a exigência formal de se deduzir reconvenção".[573] Invocou, ainda, o princípio da fungibilidade, de modo que o juiz deveria facultar a adaptação da resposta ao modelo da reconvenção, se entendesse incabível o pedido contraposto, e vice-versa.[574]

Na vigência do atual diploma processual, a questão parece ter se simplificado. Isso porque a reconvenção agora é deduzida no corpo da contestação (art. 343 do Código de Processo Civil). O pedido contraposto, a seu turno, ficou confinado ao procedimento dos juizados especiais. Nesse cenário, a oferta deverá ser formulada na contestação do credor requerido, por meio de reconvenção.

Sendo a oferta formulada na contestação, mediante reconvenção, estará sujeita à preclusão temporal aplicável à contestação. Essa é a posição adotada pela maior parte da doutrina nacional[575] e que, curiosamente, já constava do art. 359 do Anteprojeto de Código de Obrigações de autoria de Caio Mário da Silva Pereira.

A consequência de uma oferta formulada fora dos limites temporais determinados pela lei processual será a nulidade. Trata-se de requisito de validade ligado ao tempo.[576]

---

[573] YARSHELL, Resolução do contrato por onerosidade excessiva, op. cit., p. 571-573. Aderia ao mesmo entendimento NEVES, Daniel Amorim Assumpção. Pretensão do réu de manter o contrato com modificação de suas cláusulas diante de pedido do autor de resolução por onerosidade excessiva – Pedido contraposto previsto pela lei material (art. 479, CC). In: Hironaka, Giselda Maria Fernandes Novaes; TARTUCE, Flávio (orgs.). Direito contratual: temas atuais. São Paulo: Método, 2007, p. 709-723, aqui p. 719. Opinou tratar-se de reconvenção BONDIOLI, Luis Guilherme Aidar. Reconvenção no processo civil. São Paulo: Saraiva, 2009, p. 75.

[574] NEVES, Pretensão do réu de manter o contrato, op. cit., p. 722-723.

[575] Nesse sentido: DIAS, Revisão e resolução do contrato por excessiva onerosidade, op. cit., p. 154; NASSER, Onerosidade excessiva no contrato civil, op. cit., p. 169; e POTTER, Nelly. Revisão e resolução dos contratos no Código Civil conforme perspectiva civil-constitucional. Rio de Janeiro: Lumen Juris, 2009, p. 175. Contra, admitindo a apresentação da oferta a qualquer momento antes do trânsito em julgado, AGUIAR JÚNIOR, Comentários ao Novo Código Civil, op. cit., p. 934.

[576] JUNQUEIRA DE AZEVEDO, Negócio jurídico e declaração negocial, op. cit., p. 105-106.

24.2. Nulidade da Oferta Iníqua

A oferta deve ser equitativa, isto é, deve reconduzir o contrato desequilibrado a parâmetros de equidade.[577] Cabe indagar, então, qual o tratamento a ser dado à oferta que não atende a esse parâmetro (oferta iníqua ou não equitativa).

Parece possível partir da constatação da ineficácia, em sentido amplo[578], da oferta não equitativa. Essa é, de fato, a posição consensual na doutrina que enfrentou o tema, à exceção de Carnelutti.[579]

A afirmação da "irrelevância jurídica"[580] da oferta iníqua não deixa antever, contudo, se o vício que a caracteriza está situado no plano de existência, da validade ou da eficácia.[581] Dito de outro modo, trata-se de saber se a equidade da oferta é elemento de existência, requisito de validade ou condição de eficácia do negócio modificativo.[582] Iniciando a análise pela eficácia, afaste-se, de plano, a presença de condição em sentido próprio, dada a ausência de voluntariedade quanto à aventada condição de eficácia. Tampouco está configurada uma condição legal (*condicio iuris*), pois, a despeito da exigência de equidade vir prevista na própria *fattispecie* do negócio, inexiste evento externo, futuro e incerto, a condicionar-lhe a eficácia.[583] A ausência de fato extrínseco à declaração leva, ademais, a descartar as condições de eficácia de modo geral.[584]

---

[577] Em que sentido se deve entender a menção à equidade será objeto de exame no item 25.

[578] Designando inexistência, invalidade e ineficácia *stricto sensu*.

[579] Sobre a posição de Carnelutti em geral, vide o item 11.6. O autor parece atribuir efeitos à oferta iníqua, ao afirmar: "Se o juiz o julgar [o contrato] ainda iníquo, *malgrado a modificação*, acolherá a demanda porque a oferta não é suficiente" (CARNELUTTI, Preclusione dell'offerta di riduzione del contratto ad equità, op. cit., p. 110). A assertiva, contudo, não é feita com a necessária clareza, sendo possível apontar outros trechos em que o jurista parece se contradizer, tais como a seguinte passagem: "Com a condição de ser equitativa, a oferta basta por si só para modificar o contrato, de modo que o juiz, se reconhecer a equidade, deve rejeitar a demanda do autor." (Ibid., p. 110; grifo nosso). Para o exame deste aspecto da construção carneluttiana, vide D'ANDREA, L'offerta di equa modificazione del contratto, op. cit., p. 41-46.

[580] D'ANDREA, L'offerta di equa modificazione del contratto, op. cit., p. 43.

[581] Para a discriminação de tais planos, obrigatória a remissão a JUNQUEIRA DE AZEVEDO, Negócio jurídico: existência, validade e eficácia, op. cit., passim.

[582] Seguimos a terminologia de JUNQUEIRA DE AZEVEDO, Negócio jurídico e declaração negocial, op. cit., p. 91-95.

[583] Sobre o conceito de *condicio iuris*, vide: FALZEA, Angelo. La condizione e gli elementi dell'atto giuridico. Reimpressão (Milano: Giuffré, 1941). Napoli: Edizioni Scientifiche

Já se viu, por outro lado, que, no modelo legal do negócio jurídico previsto no art. 479 do Código Civil, a recondução do contrato a parâmetros equitativos funciona como fim do negócio jurídico (causa concreta), previamente integrado ao modelo.[585] A oferta iníqua, ao não atender ao fim predeterminado em lei, será nula, nos termos do art. 166, inciso III do Código Civil.[586] O dispositivo, ao aludir ao "motivo determinante" ilícito, cuida, em verdade, do fim ilícito.[587] Inexiste óbice, por outro lado, no fato de a norma fazer referência ao motivo "comum a ambas as partes". Sem que se possa imaginar que o legislador tenha pretendido emprestar validade a negócios jurídicos unilaterais com fim ilícito, cabe estender-lhes a regra em questão. O juiz, ao valorar a oferta e julgá-la iníqua, deverá declarar a sua nulidade.[588]

24.3. Oferta Determinada ou Determinável

24.3.1 Graus de Determinação do Conteúdo

A validade de qualquer negócio jurídico requer não somente conteúdo lícito e possível, mas também determinado ou determinável. O ponto relaciona-se a uma questão intensamente debatida na doutrina italiana, com eco também na literatura jurídica nacional: os *graus de determinação* da oferta formulada pelo credor. O tema é complexo, do que dá mostra

---

Italiane, 1999, p. 94-126; e PETRELLI, Gaetano. La condizione 'elemento essenziale' del negozio giuridico: teoria generale e profili applicativi. Milano: Giuffrè, 2000, p. 333-357.

[584] JUNQUEIRA DE AZEVEDO, Negócio jurídico e declaração negocial, op. cit., p. 94 e 116 ss.

[585] Cf. o item 22.4 *supra*.

[586] "Art. 166. É nulo o negócio jurídico quando: [...] III – o motivo determinante, comum a ambas as partes, for ilícito;"

[587] JUNQUEIRA DE AZEVEDO, Negócio jurídico e declaração negocial, op. cit., p. 215.

[588] Alternativamente, poder-se-ia localizar o vício no objeto da declaração negocial, entendido como o seu conteúdo (JUNQUEIRA DE AZEVEDO, Negócio jurídico: existência, validade e eficácia, op. cit., p. 134). Ao prescrever a modificação equitativa da relação contratual, a lei de certa forma impõe um dado conteúdo à declaração negocial do credor (não impõe, por certo, o teor das modificações, mas sim o sentido delas). Uma oferta iníqua ostentará, portanto, um conteúdo contrário ao prescrito em lei, sendo nula por ilicitude do objeto ("Art. 166. É nulo o negócio jurídico quando: [...] II – for ilícito, impossível ou indeterminável o seu objeto;"). Nesse sentido, talvez se pudesse dizer que o vício, na oferta iníqua, afeta *imediatamente* o fim negocial e *mediatamente* o conteúdo da oferta.

o fato de juristas como Carnelutti e Mirabelli terem, em sucessivos escritos, mudado de opinião a respeito dele.[589]

Em uma primeira aproximação, a indagação pode ser assim posta: *deve o credor requerido formular oferta com conteúdo determinado, ou pode realizar oferta genérica?*

Essa pergunta impõe esclarecimento preliminar acerca do sentido que se pretenda atribuir à chamada "oferta genérica". Trata-se de expressão plurívoca, cujo sentido nem sempre a doutrina delimita. Por meio dela, ora se pretende designar todos os casos em que o credor não determina, de antemão, as modificações necessárias a reconduzir o contrato a parâmetros equitativos; ora se alude a hipótese mais restrita, caracterizada pela mera declaração da intenção de modificar a relação contratual, sem a indicação de critérios para a alteração pretendida.

Cumpre diferenciar tais casos. Pode-se vislumbrar, primeiramente, a hipótese de o credor declarar a vontade modificativa da relação contratual e indicar *de que modo* a alteração se daria – *v.g.*, por meio da extensão do prazo para a realização da prestação, ou do acréscimo no valor da contraprestação – e os *critérios* para a respectiva determinação, ou, ao menos, os critérios para *identificar e determinar* as alterações julgadas apropriadas.

Figure-se o exemplo de um contrato de transporte aquaviário, em que a realização da prestação do transportador venha a ser afetada em razão da impossibilidade de utilização da hidrovia usualmente adotada, obrigando-o a realizar percurso mais longo e mais custoso. Confrontado com a demanda resolutória, poderá o remetente formular oferta plenamente determinada, indicando, por exemplo, o montante do acréscimo na remuneração do transportador e o prazo adicional julgados necessários ao reequilíbrio da avença ou, eventualmente, uma combinação desses dois elementos. Ter-se-á, então, uma oferta determinada.

Poderá o credor, ainda, declarar-se disposto a efetuar o pagamento de valor adicional à remuneração pactuada, bem como a suportar prazo adicional para a conclusão do transporte no novo cenário, requerendo que a determinação desses elementos – valor e prazo – seja realizada no curso do processo, consoante critérios por ele fornecidos e pelos meios de prova admitidos. Imagine-se, *v.g.*, que o credor declare a intenção

---

[589] Cf. o item 24.3.2 *infra*.

de efetuar o pagamento de remuneração adicional, correspondente ao custo com locação de embarcação similar e remuneração da tripulação, pelo número de dias adicionais que a nova rota demandar, a ser calculado com base na média do mercado no local da prestação. Alternativamente, uma vez calculado o custo do transporte considerando o acontecimento extraordinário e imprevisível, o credor poderia declarar-se disposto a efetuar o pagamento do montante porventura excedente em relação ao valor máximo praticado nos transportes similares, na mesma região, em período que viesse a especificar.

Poderá o credor, ademais, a despeito de não identificar a espécie de modificação necessária (*v.g.*, custo, prazo ou ambos), indicar os critérios aptos a tal identificação. Seria o caso, a título exemplificativo, de uma declaração em que o remetente se dispusesse a arcar com o prazo e/ou com o custo adicionais para fazer frente ao evento narrado, conforme a respectiva necessidade vier a ser apurada em perícia, a ser realizada considerando o impacto da alteração da hidrovia nos transportes efetuados na região em determinado período.

Em todos esses casos, sobressai a característica comum da *determinabilidade* do conteúdo da oferta modificativa.

Diversa, por fim, é a situação em que o credor se limita a declarar-se disposto a aceitar as alterações que vierem a se mostrar necessárias à recondução do contrato a parâmetros equitativos, cuja determinação deixaria, então, a cargo do julgador.

Tais hipóteses ensejam qualificações distintas. A primeira corresponde a uma declaração negocial com conteúdo *indeterminado, porém determinável*. Na segunda, delegar-se-ia integralmente ao juiz a determinação da modificação contratual, vale dizer, a escolha do elemento a ser afetado e a quantificação desta alteração. Propõe-se reservar a expressão "oferta genérica" a esse último caso.[590]

Haveria, então, três possibilidades de declaração negocial modificativa, consoante o grau de determinação do seu conteúdo (e não duas, como por vezes se apontam): (a) oferta com conteúdo determinado (ou simplesmente *oferta determinada*); (b) oferta com conteúdo indeterminado, porém determinável (ou simplesmente *oferta determinável*); e (c) oferta com conteúdo indeterminado (*oferta genérica*).

---

[590] É, também, a opção terminológica de D'Andrea, L'offerta di equa modificazione del contratto, op. cit., p. 261-262.

A recondução da declaração negocial modificativa *in concreto* a um dos três modelos acima delineados poderá suscitar dificuldade. Figure-se o exemplo de o credor indicar em qual ou em quais dos elementos do contrato as modificações incidiriam, porém fornecer apenas parte dos critérios necessários à sua determinação. Assim, *v.g.*, ainda no hipotético transporte aquaviário tornado excessivamente oneroso, a declaração do remetente no sentido de efetuar o pagamento de remuneração adicional, a ser calculada com base no custo da embarcação e demais valores a ela relativos.

Esse caso revela-se fronteiriço, na medida em que poderia ser reconduzido tanto ao modelo da oferta determinável, quanto ao modelo da oferta genérica. À falta de um critério rigoroso, tal definição dependerá, a nosso ver, do grau de preenchimento do conteúdo da oferta e da possibilidade de integrar os critérios faltantes a partir de parâmetros objetivos, sobretudo extraídos do próprio contrato, dos usos ou de regras técnicas porventura aplicáveis. Caso haja essa possibilidade, a qualificação de oferta determinável parece mais apropriada.

Diversa é a situação em que o credor se limite a declarar a disposição a efetuar o pagamento, *v.g.*, de remuneração adicional a ser fixada para fazer frente ao evento noticiado pelo devedor, sem a indicação de quaisquer parâmetros para aferi-la. Nesse caso, a menos que os critérios para a fixação do valor incremental possam ser facilmente deduzidos de outros elementos constantes da manifestação do credor, ou a ela relacionados (*v.g.*, documentos anexos), uma declaração vazada em tais moldes parece mais bem qualificada como oferta genérica.

Essas possíveis configurações do negócio jurídico modificativo acarretam distintas consequências teóricas e práticas, inclusive quanto à extensão dos poderes do juiz. Ao passo que, na oferta determinada, o julgador estará adstrito a valorar a sua equidade, sem que haja a possibilidade de corrigi-la, alterá-la ou complementá-la, na oferta determinável, agrega-se, à valoração de sua equidade, a determinação das mudanças consoante os critérios fornecidos pelo credor. Nesse caso, o julgador poderá considerar não equitativas as alterações contempladas, antes mesmo de proceder à sua determinação. Em outros casos, a valoração da equidade dependerá da determinação das alterações propostas. Na oferta genérica, por fim, a iniciativa da revisão contratual permanecerá vinculada à atuação do credor, porém o poder de determinar as modificações necessárias à recondução do contrato a parâmetros de equidade terá sido transferido, pelo credor, ao juiz.

24.3.2 Nulidade da Oferta Genérica

Examinada a classificação das declarações negociais modificativas conforme o seu conteúdo, deve-se analisar se as três modalidades – oferta determinada, determinável e genérica – são válidas e eficazes no sistema jurídico brasileiro.

Se a admissibilidade da oferta determinada não suscita discussões, o mesmo não pode ser dito a respeito das outras duas modalidades de declaração modificativa. A doutrina italiana mostra-se dividida. As posições nem sempre são totalmente claras, em grande parte por conta da indevida equiparação entre oferta determinável e oferta genérica.

Tratando do tema poucos anos após a promulgação do *Codice Civile*, Carlo Braccianti já observava que, na maior parte dos casos, o requerido determinará "as novas condições que ele está disposto a oferecer para manter em vida o contrato", devendo o juiz apenas aferir a equidade dos novos termos, sendo-lhe vedado "modificá-los e assim impor ao requerido um ônus maior ou, de qualquer modo, diverso daquele que ele se dispôs a suportar".[591] Admitia, contudo, que o requerido se limitasse a "declarar genericamente estar pronto a uma modificação equitativa do contrato". Nesse caso, prosseguia ele, o juiz estaria autorizado a determinar as modificações cabíveis desde que houvesse o *consentimento do autor*.[592] Braccianti não tratava da hipótese de oferta determinável, em que, ausente o consenso das partes, o argumento empregado para admitir a oferta genérica não seria aplicável.

Redenti alinhou-se à visão de Braccianti, porém deu um importante passo adiante, ao admitir a formulação de "uma oferta com conteúdo no todo ou, em parte, indeterminado, desde que determinável pelo juiz".

---

[591] BRACCIANTI, Degli effetti della eccessiva onerosità sopravveniente nei contratti, op. cit., p. 97-98.
[592] O fundamento estaria em norma expressa do Código de Processo Civil italiano, a autorizar o julgamento por equidade mediante pedido conjunto das partes (Ibid., p. 97). Trata-se do art. 114 do referido diploma legal, que prevê: "Art. 114. (Pronuncia secondo equità a richiesta di parte). Il giudice, sia in primo grado che in appello, decide il merito della causa secondo equità quando esso riguarda diritti disponibili delle parti e queste gliene fanno concorde richiesta".

Nesse caso, o juiz, após atestar, preliminarmente, a presença dos requisitos previstos no art. 1.467 do Código Civil italiano, assumiria a função de "*arbitrator* entre as partes".[593]

A posição de Redenti influenciou Carnelutti. Em artigo restrito à temática da lesão, havia ele opinado no sentido de que, à "declaração genérica de querer pagar a diferença [de preço], *que será determinada*, faltaria seriedade porque faltaria determinação".[594] Em escrito posterior, invocando as observações de Redenti, afirmou ter mudado de opinião. Curiosamente, Carnelutti passou a sustentar posição ainda mais permissiva do que a de Redenti[595], ao admitir que o requerido oferecesse apenas reconduzir o contrato à equidade, hipótese na qual "o juiz não pode mais rescindir, mas somente estabelecer qual seja a modificação equitativa do contrato", com a consequente alteração do objeto da lide.[596]

Linha semelhante à de Redenti também viria a ser seguida, com algum desenvolvimento, por De Martini. Primeiramente, ele afasta a possibilidade de o credor "delegar" ao juiz poderes típicos da autonomia privada. A alteração de uma relação contratual seria "uma matéria que, tipicamente, está compreendida na disponibilidade das partes, como instrumento para a realização dos seus interesses exclusivamente privados, dificilmente sindicável e manejável por terceiros". Julga evidente, assim, que a oferta deverá ser específica, considerando uma delegação de poderes ao juiz "inadmissível, ressalvada a eventualidade do recurso ao art. 114 C.P.C., de acordo entre as partes (nos limites em que a modificação possa configurar uma decisão equitativa)".[597]

Prossegue o autor asseverando, contudo, a desnecessidade de a oferta ser "assim detalhada, a ponto de não ser suscetível de ulterior precisão". Cabe ao requerido, atuando em sua indelegável esfera de "discricionariedade contratual", indicar em torno de qual ou de quais elementos "gravita a sua proposta de modificação". O elemento em si,

---

[593] REDENTI, L'offerta di riduzione ad equità, op. cit., p. 580-581.
[594] CARNELUTTI, Francesco. Offerta di modificazione del contratto impugnato per lesione. Rivista di diritto processuale, Padova, n. 1 (2), p. 66-67, 1946, p. 67 (itálico original).
[595] Recorde-se que REDENTI apenas admitia a oferta determinável, cabendo a genérica mediante pedido conjunto das partes.
[596] Preclusione dell'offerta di riduzione del contratto ad equità, op. cit., , p. 111.
[597] DE MARTINI, Angelo. L'eccessiva onerosità nell'esecuzione dei contratti. Milano: Giuffrè, 1950, p. 136-137.

ao contrário – adverte De Martini –, poderia perfeitamente ser objeto de uma valoração feita pelo julgador "no terreno técnico, ou ser determinado com referência aos dados de excessiva onerosidade resultantes, ou que resultarão da aferição da pretensão principal do autor." Exemplificando com a variação de preço, afirma: "Não é necessário que tenha a cifra especificada, podendo ser indicada com referência a dados técnicos já existentes ou a aferir, ou com referência à onerosidade por variação de valores, aferida ou a aferir pelo juiz, ou ainda em relação a elementos sobre os quais a pesquisa do juiz deve estender-se, às vezes também com o subsídio de critérios equitativos."[598]

E conclui: "Com essas considerações, é dado explicar como é legítima uma oferta em termos que, *in concreto*, parecem genéricos: quando tal generalização não se resolva na inadmissível atribuição pura e simples, ao juiz, de poderes de fixação das condições contratuais, mas apenas em referir o alcance da proposta a dados técnicos, aferidos ou a aferir (ainda que com o subsídio de critérios equitativos), deve-se julgar que o contratante usou seus poderes de autonomia contratual especificando – como postulado – a modificação proposta, e a intervenção do juiz tem apenas um alcance integrativo (e prevalentemente técnico), que não elimina, mas somente traduz a oferta do contratante em números, atuando a sua própria vontade de referir a modificação a certos dados e a elementos possuídos pelo juiz".[599]

A nosso ver, a exposição de De Martini reflete a tripartição da oferta em determinada, determinável e genérica, sendo para ele admissíveis as duas primeiras e inviável a terceira (à exceção do pedido consensual já apontado por Braccianti). Dela a doutrina da época teve, no entanto, leitura diversa, julgando-o defensor de posição restritiva, admitindo apenas a oferta com conteúdo determinado.[600]

Outro autor a mudar de opinião – um tanto radicalmente, note-se – foi Mirabelli. Na primeira edição de sua obra sobre a rescisão do con-

---

[598] Ibidem, p. 137-138.
[599] Ibidem, p. 138. Este parágrafo de DE MARTINI encontra-se transcrito, praticamente *ipsis litteris*, sem indicação de autoria, em DATTOLA, Francesca Panuccio. L'offerta di riduzione ad equità. Milano: Giuffrè, 1990, p. 185-186.
[600] BOSELLI, La risoluzione del contratto per eccessiva onerosità, op. cit., p. 304-305; PINO, Augusto. La eccessiva onerosità della prestazione. Padova: CEDAM, 1952, p. 84, nota 102; MIRABELLI, La rescissione del contratto, 2. ed., op. cit., p. 357.

trato, sustentara que a oferta deveria, necessariamente, ter conteúdo determinado.[601] Na segunda edição, passou a admitir uma demanda "totalmente indeterminada, com a qual se requer ao juiz determinar, na pronúncia de rescisão, também a modificação que ele entenda adequada" para evitar a desconsideração do contrato. Aduziu ser necessário que o requerido tivesse individualizado "a prestação ou a modalidade" em relação à qual estivesse disposto a realizar alterações, porém julgou eficaz a oferta, mesmo na falta dessa especificação, desde que se pudesse interpretá-la como "oferta de prestação suplementar de dinheiro ou de redução da contraprestação pecuniária".[602]

Encontravam-se já delineadas, assim, na década de 60 do século passado, as três possíveis correntes doutrinárias sobre os graus de determinação das ofertas modificativas[603]: (i) a *restritiva*, daqueles que julgavam eficaz apenas a oferta determinada, como Pino[604] e Boselli[605]; (ii) a *intermediária*, dos que admitiam a oferta determinada ou determinável, rejeitando apenas a genérica, encabeçada por Redenti e, ao menos na leitura que dele fazemos, por De Martini; e (iii) a *ampliativa*, favorável à eficácia da oferta genérica, de que eram partidários Carnelutti e Mirabelli.

Não é rara a imprópria redução dessas correntes a duas – a primeira e a terceira, restando a intermediária absorvida por uma delas –, com evidente prejuízo à compreensão do problema. Essa visão dicotômica, ainda presente na literatura atual[606], parece favorecida pela doutrina e jurisprudência relativas à declaração modificativa emitida na ação de anulação por lesão. Nesse contexto, a oferta tem por objeto, na grande maioria dos casos, o pagamento de quantia suplementar, nem sempre indicada de antemão pelo credor (sendo, nesse sentido, empregada a

---

[601] La rescissione del contratto, 1. ed., op. cit., p. 305.

[602] MIRABELLI, La rescissione del contratto, 2. ed., op. cit., p. 358.

[603] Deixa-se de incluir Braccianti, pela ausência de menção expressa, em sua obra, à oferta determinável (sem que se possa deduzir, a partir de sua argumentação, a provável orientação em relação a ela) e pelo fato de o pedido conjunto ao juiz, por ele admitido, não se confundir com a verdadeira oferta genérica.

[604] La eccessiva onerosità della prestazione. Padova: CEDAM, 1952, p. 84.

[605] La risoluzione del contratto per eccessiva onerosità. Torino: UTET, 1952, p. 304-305.

[606] É o caso, *v.g.*, de Matteo De Poli, que afirma a preponderância da corrente permissiva da oferta genérica, nela incluindo, implicitamente, os autores que admitem a oferta determinável, porém rejeitam a oferta genérica propriamente dita (La rescissione del contratto. Napoli: Edizioni Scientifiche Italiane, 2011, p. 298).

expressão "oferta genérica"). Discute-se, então, a possibilidade de o montante vir a ser determinado pelo juiz. Já no âmbito do negócio modificativo do contrato afetado pela excessiva onerosidade superveniente, a variedade de situações concretas e de possíveis arranjos de reequilíbrio é consideravelmente superior, a impor a consideração dos três modelos de oferta acima delineados.

As três vertentes angariaram adeptos ao longo do tempo[607]. A posição restritiva foi encampada por Prosperetti[608], Quadri[609], Gazzoni[610] e Perfetti[611]. À tese intermediária aderiram Fortunato[612], Mazzocchi[613], Tartaglia[614], Carpino[615], Galgano[616] e D'Andrea[617]. Por fim, a visão ampliativa, pela qual a doutrina contemporânea parece ostentar certa pre-

---

[607] Deixa-se de incluir Francesca Panuccio Dattola pois a sua posição é obscura, oscilando entre a admissão da oferta genérica e a necessidade de referir a proposta a dados técnicos aferíveis (L'offerta di riduzione ad equità, op. cit., p. 185-186).

[608] PROSPERETTI, Marco. Sulla riduzione ad equità del contratto rescindibile. Rivista trimestrale di diritto e procedura civile. Milano, n. 4 (4), p. 1217-1251, dez. 1966, aqui p. 1.236.

[609] La rettifica del contratto. Milano: Giuffrè, 1973, p. 127, nota 35 (a posição do autor parece dedutível do seu comentário ao final da nota, no sentido de ser impossível à contraparte valorar uma oferta não determinada).

[610] GAZZONI, Francesco. Equità e autonomia privata. Milano: Giuffrè, 1970, p. 109.

[611] PERFETTI, Ubaldo. L'ingiustizia del contratto. Milano: Giuffrè, 2005, p. 81.

[612] O autor julga possível que o requerido predetermine os limites dentro dos quais aceitaria o incremento no ônus econômico advindo do contrato, cabendo ao julgador a "determinação precisa dos maiores ônus" (FORTUNATO, Pietro. Natura dell'offerta di reductio ad aequitatem e limiti per farla valer nel processo. Giurisprudenza Completa della Corte Suprema di Cassazione: sezioni civili. Roma, n. 30 (4), p. 323-328, 1951, aqui p. 328).

[613] MAZZOCCHI, Pierluigi. La natura giuridica dell'offerta di 'reductio ad aequitatem' ed i poteri del giudice. Nuova rivista di diritto commerciale, diritto dell'economia, diritto sociale. Padova/Pisa, n. 9 (5-8), p. 49-53, 1956, aqui p. 52.

[614] TARTAGLIA, Paolo. Eccessiva onerosità ed appalto. Milano: Giuffrè, 1983, p. 71.

[615] CARPINO, Brunetto. La rescissione del contratto: artt. 1447-1452. Milano: Giuffrè, 2000, p. 99-102 (Coleção Il Codice Civile: commentario, organizada por Pietro Schlesinger). O autor alude à oferta determinada e determinável, excluindo implicitamente, segundo nos parece, a oferta puramente genérica.

[616] GALGANO, Francesco. Trattato di diritto civile: volume 2, le obbligazioni in generale, il contratto in generale, i singoli contratti. 3. ed. Padova: Kluwer/CEDAM, 2015, p. 608. Dado que o autor se limita a excluir a "demanda genérica da parte voltada à determinação da sua prestação conforme a equidade", sem exigir expressamente a integral determinação da oferta, julga-se preferível incluí-lo nessa vertente.

[617] D'ANDREA, L'offerta di equa modificazione del contratto, op. cit., p. 268.

ferência, foi adotada por Cagnasso[618], Terranova[619], Macario[620], Riccio[621], Sacco/De Nova[622], Bianca[623], Gallo[624], Gabrielli[625] e Carnevali[626].

A doutrina nacional, por sua vez, parece polarizada entre os que admitem a oferta genérica[627] e os que exigem a perfeita determinação da declaração modificativa da relação contratual afetada pela excessiva onerosidade superveniente.[628]

---

[618] CAGNASSO, Oreste. Appalto e sopravvenienza contrattuale: contributo a una revisione della dottrina dell'ecccessiva onerosità. Milano: Giuffrè, 1979, p. 194-195.

[619] TERRANOVA, Carlo. L'eccessiva onerosità nei contratti. Milano: Giuffrè, 1995, p. 193 (Coleção Codice civile: commentario, organizada por Piero Schlesinger). Registre-se, contudo, a referência feita pelo autor a "oferta determinada ou determinável", a lançar alguma dúvida quanto à sua posição (Ibid., p. 195).

[620] MACARIO, Adeguamento e rinegoziazione nei contratti a lungo termine, op. cit., p. 287.

[621] RICCIO, Angelo. Eccessiva onerosità. Bologna: Zanichelli; Roma: Il Foro Italiano, 2010, p. 273.

[622] SACCO, Rodolfo; DE NOVA, Giorgio. Il contratto. 4. ed. Torino: UTET, 2016, p. 1706.

[623] BIANCA, Cesare Massimo. Diritto civile: volume 3, il contratto. 2. ed. Milano Giuffrè, 2000, p. 695.

[624] GALLO, Paolo. Il contratto. Torino: G. Giappichelli, 2017, p. 1004.

[625] GABRIELLI, Enrico. Dell'eccessiva onerosità. In: NAVARRETTA, Emanuela; ORESTANO, Andrea (org.). Dei contratti in generale: artt. 1425-1469bis, leggi collegate. Torino: UTET, 2011, p. 606-696 (Coleção Commentario del Codice Civile, dirigida por Enrico Gabrielli), aqui p. 656. O autor parece ter mudado de opinião, eis que anteriormente observara a necessidade de a oferta ser "concreta em todos os seus elementos" (GABRIELLI, Enrico. Alea e svalutazione monetaria nell'offerta di riduzione ad equità. Rassegna di diritto civile, Napoli, n. 3, p. 710-737, 1983, aqui p. 716).

[626] CARNEVALI, Ugo. La risoluzione del contratto. In: BESSONE, Mario (org.). Istituzioni di diritto privato. 21.ed.. Torino: Giappichelli, 2015, p. 744-757, aqui p. 757.

[627] A título exemplificativo, admitem a oferta genérica: MARTINS, Samir José Caetano. A onerosidade excessiva no Código Civil: instrumento de manutenção da justa repartição dos riscos negociais. Revista Forense. Rio de Janeiro, n. 391, p. 209-237, maio/jun. 2007, aqui p. 227; DIAZ, Julio Alberto. A teoria da imprevisão no novo código civil brasileiro. Revista de Direito Privado, São Paulo, n. 20, p. 197-216, out./dez. 2004, aqui p. 21 (o autor afirma, equivocadamente, que doutrina e jurisprudência italianas exigiriam a oferta determinada); e DIAS, Antônio Pedro Medeiros. Revisão e resolução do contrato por excessiva onerosidade. Belo Horizonte: Fórum, 2017, p. 156.

[628] Dentre os quais: Araken de Assis, para quem a oferta deve ser "específica, séria e côngrua, à semelhança da proposta" (ASSIS, Araken de. Comentários ao Código Civil brasileiro volume V, do direito das obrigações, arts. 421 a 480. Rio de Janeiro: Forense, 2007 [Coleção Comentários ao Código Civil Brasileiro, organizada por Arruda Alvim e Thereza Alvim], p. 731); Flávio Luiz Yarshell, a exigir que o pedido do requerido seja "certo e determinado" (Resolução do contrato por onerosidade excessiva: uma nova hipótese de "ação dúplice"? In: YARSHELL, Flávio Luiz; ZANOIDE DE MORAES, Maurício (org.). Estudos em homenagem

Traçado esse panorama, enfrentemos, primeiramente, a admissibilidade da oferta genérica, entendida como tal a declaração do credor tendo por conteúdo a intenção de modificar equitativamente as bases do contrato, sem, contudo, indicar os elementos a ser alterados e os critérios para determinar a alteração necessária.

Os partidários da oferta genérica invocam razões sistemáticas e exigências práticas em abono de sua construção. Cagnasso argumenta que a atribuição do poder modificativo ao julgador estaria alinhada com o regime dos demais casos de superveniência, nos quais se admitiria a intervenção judicial. Pondera, ainda, que excluir a declaração negocial vazada em termos genéricos terminaria por restringir a própria autonomia contratual cuja tutela se almeja.[629] Apelando à ideia de conservação da relação contratual, Macario assevera que somente a admissão da oferta genérica permitiria ao credor verdadeiramente evitar a resolução, fim último da previsão normativa.[630]

Do ponto de vista prático, a oferta genérica impor-se-ia em razão da impossibilidade de o credor identificar com precisão, em muitos casos, as modificações necessárias.[631]

De outra banda, os adversários da oferta genérica argumentam com a própria dicção da norma legislativa – o que vale, tanto para o art. 1.467, 3 do Código Civil italiano, quanto para o art. 479 do Código Civil brasileiro –, que atribui *somente à parte*, e não ao juiz, o poder de modificação equitativa do contrato. Não haveria, assim, paralelo possível com as demais normas invocadas pelos defensores da oferta genérica.[632] Como expressão da autonomia privada, a declaração modificativa deveria ter conteúdo determinado ou, quando menos, determinável. Aventa-se, ademais, a necessidade de permitir a valoração da oferta por parte do

---

à Professora Ada Pellegrini Grinover. São Paulo: DPJ, 2005, p. 563-574, aqui p. 573-574); e SOUZA, Ilton Carmona de. O pedido genérico na ação de revisão contratual. *In*: MAZZEI, Rodrigo (coord.). Questões processuais do novo Código Civil. Barueri: Minha Editora; Vitória: Instituto Capixaba de Estudos, 2006, p. 278-302, aqui p. 300). Parece exigir a oferta determinada, ainda, Paulo Magalhães Nasser (Onerosidade excessiva no contrato civil. São Paulo: Saraiva, 2011, p. 171), muito embora o autor em seguida exponha a corrente contrária sem tomar posição.
[629] GAGNASSO. Appalto e sopravvenienza contrattuale, op. cit., p. 194-195.
[630] MACARIO, Adeguamento e rinegoziazione nei contratti a lungo termine, op. cit., p. 285-287.
[631] CAGNASSO, Appalto e sopravvenienza contrattuale, op. cit., p. 194-195.
[632] TARTAGLIA, Eccessiva onerosità ed appalto, op. cit., p. 71 e nota 124.

devedor, destinatário de uma eventual oferta extraprocessual[633], o que somente seria possível em se tratando de oferta determinada.

A admissibilidade da oferta genérica demanda, pois, o exame de aspectos processuais e substanciais. Sob a primeira perspectiva, cumpriria analisar se o pedido de determinação da oferta genérica se amolda às hipóteses exaustivas de pedido genérico previstas na lei processual. Preliminarmente, contudo, deve-se aferir a viabilidade de uma declaração modificativa com conteúdo genérico, à luz de sua natureza jurídica e da interpretação do art. 479 do Código Civil.

Adotada a premissa de que a oferta do art. 479 tem natureza de negócio jurídico unilateral modificativo[634], aplicam-se-lhe as normas sobre os negócios jurídicos em geral, cuja validade, como sabido, requer "objeto lícito, possível, determinado ou determinável" (art. 104, II do Código Civil), sob pena de nulidade (art. 166, II do Código Civil).

A declaração por meio da qual o credor manifesta a intenção de modificar as bases do contrato, ficando a determinação de tais mudanças ao exclusivo critério do julgador, não parece configurar validamente um negócio jurídico. Ao contrário, tratar-se-á de pedido genérico de revisão judicial do contrato. Tal pedido, contudo, a nosso ver não encontra amparo legal, pois o art. 479 em momento algum atribui ao julgador o poder de modificar a avença, mas somente ao credor.

O ponto foi ferido com precisão por D'Andrea. Para ele, uma vez afastada a natureza processual da oferta e estabelecida a qualificação de negócio jurídico unilateral modificativo, a oferta genérica torna-se inadmissível.[635] Se a lei determina que o credor deva oferecer uma modificação "suficiente" para reconduzir o contrato à equidade, então, logicamente, "a suficiência da modificação implica que ela seja determinada, ou determinável, por força de critérios designados na própria oferta". O poder de evitar a resolução subordina-se à satisfação de um ônus,

---

[633] Sobre a oferta feita fora do processo, cf. o item 22.2 *supra*.
[634] Cf. o Cap. IV *supra*.
[635] "Acima de tudo, a tese que reputa admissível a oferta genérica é [...] abstratamente compatível com a qualificação da oferta como demanda, ao passo que é incompatível com as teses que qualificam a oferta de modificação como proposta, como negócio unilateral modificativo da situação jurídica ou como oferta real, as quais, se não devem ter um conteúdo determinado, ao menos devem ter um conteúdo determinável." (D'ANDREA, L'offerta di equa modificazione del contratto, op. cit., p. 269).

correspondente à oferta de, no mínimo, o suficiente para reequilibrar o contrato. E conclui: "Somente em presença dessas condições é possível, para o juiz, exprimir um juízo sobre a suficiência da oferta e, portanto, afirmar ou negar que essa 'baste a satisfazer a necessidade' jurídica de reconduzir o contrato à equidade".[636]

A oferta genérica – ainda é D'Andrea quem adverte – deixa as partes, até o final do processo, em uma situação de incerteza, não somente quanto ao êxito do processo, mas também quanto ao conteúdo das modificações a serem implementadas.[637]

Não é ocioso, ademais, constatar a ligação, mais explícita em alguns autores, entre o tema de que ora se trata e a questão da primazia da revisão sobre a resolução contratual.[638] Dito de modo singelo, uma vez "interpretado" o art. 478 do Código Civil no sentido de permitir ao devedor a propositura de uma ação revisional direta, sem limitação alguma, não faria sentido restringir a iniciativa do credor, condicionando a sua oferta à prévia determinação do conteúdo.[639] Uma vez adotada, contudo, a premissa da não extensão do poder revisional ao devedor, tal argumento desaparece.

Quanto às preocupações práticas levantadas pelos partidários da admissão da oferta genérica – ligadas à impossibilidade fática de o credor formular oferta determinada –, são elas, sem dúvida, ponderáveis, porém parecem suficientemente endereçadas por meio das ofertas determináveis, cuja viabilidade se passa a examinar.

---

[636] Ibidem, p. 265.
[637] Ibidem, p. 266, nota 70.
[638] A ligação é evidenciada por: TERRANOVA, L'eccessiva onerosità nei contratti, op. cit., p. 253-254.
[639] "Permitida a propositura de ações revisionais diretas pelo autor afetado pela onerosidade excessiva das prestações contratuais, sem que se exija a apresentação imediata de uma proposta específica de adaptação do contrato, não há motivo legítimo para que se imponha ao réu da ação de resolução o ônus de apresentar uma oferta específica de revisão, com o risco de sua rejeição em caso de inidoneidade. Dessa forma, a melhor exegese do artigo 479 do Código Civil é aquela que permite que o réu na ação de resolução se limite a manifestar sua contrariedade à resolução do contrato, remetendo ao juiz a determinação do conteúdo das modificações contratuais necessárias para reconduzir a avença à equidade, se aplicando aqui os mesmos argumentos que legitimam que o Poder Judiciário avalie e julgue ações revisionais por excessiva onerosidade superveniente do contrato." (DIAS, Revisão e resolução do contrato por excessiva onerosidade, op. cit., p. 156).

24.3.3 Validade da Oferta Determinável

Do ponto de vista substancial, a mesma razão que levou a afirmar a nulidade da oferta genérica – determinabilidade do objeto negocial – conduz à validade da oferta determinável. Ao formular declaração negocial indicando os aspectos da prestação a ser alterados e, na medida do possível, os critérios para efetuar a determinação dessas alterações, porém requerendo ao julgador a sua determinação *in concreto*, o credor terá celebrado um negócio jurídico unilateral com conteúdo parcialmente indeterminado, a ser preenchido por meio da atuação de um terceiro.[640]

Ter-se-á, portanto, um negócio jurídico *per relationem*, que pode ser conceituado como o negócio jurídico cujo conteúdo é, no momento da celebração, deixado parcialmente "em branco", carente de determinação futura, por meio de outros atos ou negócios.[641] Esta parte do conteúdo negocial, conquanto ainda não determinada, é, desse modo, determinável.

A partir das contribuições de Allara[642] e Di Pace[643], a doutrina italiana, empregando expressões a nosso ver não totalmente claras, costuma segregar o negócio jurídico "formalmente *per relationem*" – em que a vontade é plenamente determinada, porém manifesta-se de forma

---

[640] Não se pode concordar com Carpino, quando este sustenta que a oferta determinável, diferentemente da determinada, possuiria conteúdo exclusivamente processual (CARPINO, La rescissione del contratto, op. cit., p. 101. O fato de o conteúdo vir a ser, no todo ou em parte, determinado pelo juiz, a nosso ver não afasta a natureza substancial do negócio jurídico modificativo, tampouco elimina o nexo causal entre a declaração do credor e a sentença. Sobre este ponto, cf. o item 31 *infra*.

[641] JUNQUEIRA DE AZEVEDO, Negócio jurídico: existência, validade e eficácia, op. cit., p. 137. São exemplos comuns: a compra e venda com preço a ser determinado mediante índices, parâmetros objetivos ou por avaliação de terceiro (arts. 485 a 487 do Código Civil); bem como o testamento em que a identidade do herdeiro ou do legatário, o bem objeto da disposição testamentária ou outro elemento do conteúdo seja determinado mediante *relatio* (*v.g.*, arts. 1.900 a 1.902 do Código Civil). Sobre o negócio *per relationem* em geral vide DI PACE, Pasquale. Il negozio per relationem. Torino: Giappichelli, 1940; e BARDAJÍ, Maria Dolores Diaz-Ambrona. El negócio jurídico per relationem nel Codigo Civil. Madrid: Colex, 1982. Sobre o testamento *per relationem*, vide ALLARA, Mario. Il testamento. Padova: CEDAM, 1934, p. 242 e ss.; CICU, Antonio. El testamento. Madrid: Editorial Revista de Derecho Privado, 1959, p. 42 a 46; e GIORDANO-MONDELLO, Alfonso. Il testamento per relazione: contributo alla teoria del negozio per relationem. Milano: Giuffrè, 1966.

[642] ALLARA, Il testamento, op. cit.

[643] DI PACE, Il negozio per relationem, op. cit.

mediata ou indireta – do negócio jurídico "substancialmente *per relationem*" – caracterizado pela determinação "não autônoma" ou "indireta" da vontade, levada a efeito por meio de uma fonte externa ao negócio.[644] Aludimos a este último, pois somente nele o conteúdo negocial é indeterminado, porém determinável.

A determinação futura do conteúdo faltante pode ser atribuída a um ulterior acordo entre as partes, à iniciativa de uma só delas (possibilidade admitida pela doutrina moderna, dentro de certos limites) ou ao ato de um terceiro. Quando o terceiro determina o conteúdo deixado em branco pelas partes, ele funciona como arbitrador. É o caso, por exemplo, de determinação do preço da compra e venda mediante arbitramento de um terceiro (ou "arbítrio", na linguagem do art. 485 do Código Civil[645]). Frequentes, nesse sentido, são as opções de venda e compra de ações em que preço a ser pago é determinado por terceiro, sobretudo instituição financeira, consoante critérios determinados de antemão pelas partes.

Conclui-se que, do ponto de vista substancial, inexiste óbice à determinação do conteúdo da oferta por parte do juiz, que exercerá a função de arbitrador, integrando o conteúdo da declaração negocial.[646]

É preciso, no entanto, considerar a questão também sob o ângulo processual.[647] Na hipótese de oferta com conteúdo determinável, o credor requererá ao juiz que determine as modificações equitativas do contrato. Estaria esse pedido acobertado pelas regras processuais?

Analisando a questão sob a ótica do Código de Processo Civil anterior, os autores que se debruçaram sobre essa questão concluíram pela

---

[644] ALLARA, Il testamento, op. cit., p. 251-252; DI PACE, Il negozio per relationem, op. cit., p. 29-31. Essa terminologia foi seguida por BETTI, Emilio. Teoria generale del negozio giuridico. 2. ed. Reimpressão corrigida. Napoli: Edizioni Scientifiche Italiane, 1994, p. 280; CARIOTA-FERRARA, Luigi. Il negozio giuridico nel diritto privato italiano. Napoli: Morano, 1949, p. 185-186; SCOGNAMIGLIO, Renato. Contributo alla teoria del negozio giuridico. Napoli: Jovene, 1969, p. 322, nota 75.

[645] "Art. 485. A fixação do preço pode ser deixada ao arbítrio de terceiro, que os contratantes logo designarem ou prometerem designar. Se o terceiro não aceitar a incumbência, ficará sem efeito o contrato, salvo quando acordarem os contratantes designar outra pessoa."

[646] Redenti pioneiramente já afirmara que, nessa hipótese, o julgador assumiria a função de *"arbitrator* entre as partes" (L'offerta di riduzione ad equità, op. cit., p. 580-581).

[647] Advirta-se que o aspecto processual será abordado de modo mais sucinto, compatível com os limites do presente trabalho.

inviabilidade de uma oferta que não se traduzisse em um pedido certo e determinado. E isso porque pedido sem tais características não se amoldaria[648] a nenhuma das três hipóteses taxativamente previstas no art. 286 do aludido código.[649]

O atual Código de Processo Civil, no entanto, trouxe relevante alteração no rol dos pedidos genéricos, ampliando o seu campo de incidência. Com efeito, o art. 324, §1º, II do atual Código, que também rege a reconvenção[650], praticamente repetiu a dicção do antigo art. 286, II, porém suprimiu a palavra "ilícito" do seu final, passando a nova redação a ser a seguinte: "Art. 324. O pedido deve ser determinado. §1º É lícito, porém, formular pedido genérico: [...] II – *quando não for possível determinar, desde logo, as consequências do ato ou do fato*; [...]"

A nosso ver, é altamente provável que o credor, no momento da apresentação de sua defesa na demanda resolutória, não tenha condições de determinar todas as consequências do acontecimento extraordinário e imprevisível invocado pelo devedor, aí incluída a quantificação do impacto do evento na realização da prestação e na economia do contrato como um todo.

Retome-se, uma vez mais, o exemplo do transporte aquaviário tornado excessivamente oneroso. Imagine-se que a interdição da hidrovia

---

[648] YARSHELL, Flávio Luiz. Resolução do contrato por onerosidade excessiva: uma nova hipótese de "ação dúplice"? *In*: YARSHELL, Flávio Luiz; ZANOIDE DE MORAES, Maurício (org.). Estudos em homenagem à Professora Ada Pellegrini Grinover. São Paulo: DPJ, 2005, p. 563-574, aqui p. 573-574); e SOUZA, Ilton Carmona de. O pedido genérico na ação de revisão contratual. *In*: MAZZEI, Rodrigo (coord.). Questões processuais do novo Código Civil. Barueri: Minha Editora; Vitória: Instituto Capixaba de Estudos, 2006, p. 278-302, aqui p. 300. Também chamava a atenção para a questão, no contexto da ação revisional de aluguel, opinando pela inviabilidade de formular pedido genérico, PASSOS, Carlos Eduardo da Rosa da Fonseca. Lide e pedido na ação revisional. Revista de Direito do Tribunal de Justiça do Estado do Rio de Janeiro. Rio de Janeiro, n. 14, p. 36-40, jan./mar. 1993, aqui p. 37.

[649] "Art. 286. O pedido deve ser certo ou determinado. É lícito, porém, formular pedido genérico:
I – nas ações universais, se não puder o autor individuar na petição os bens demandados;
II – quando não for possível determinar, de modo definitivo, as consequências do ato ou do fato ilícito;
III – quando a determinação do valor da condenação depender de ato que deva ser praticado pelo réu."

[650] Do que não pode restar dúvida, ante o texto expresso do §2º do art. 324: "O disposto neste artigo aplica-se à reconvenção."

habitualmente utilizada pelo transportador tenha sido causada por calamidade natural. Para que o remetente pudesse realizar oferta determinada – isto é, indicar o valor incremental à remuneração do transportador, o prazo adicional para a realização do transporte, ou uma combinação dos dois fatores –, ele deveria ser capaz de (i) identificar precisamente o acontecimento superveniente e suas consequências, (ii) precisar o impacto do evento na prestação do transportador, notadamente em termos de custo e de prazo, e (iii) quantificar esse impacto.

É plausível, nessa situação hipotética, que o remetente não consiga ultimar a investigação necessária para formular uma oferta determinada. Podem surgir óbices nas três etapas acima referidas. O remetente pode não dispor de informações completas acerca do acontecimento. Perfeitamente possível, ainda, que o evento não tenha cessado – suponha-se desobstrução dependente de fatos naturais, ou da remoção de obstáculos por parte do Poder Público –, sendo desconhecido o período de interdição da hidrovia e as suas reais consequências. Naturalmente, precisar o impacto desses fatos no transporte e quantificá-lo tampouco será viável.

Mesmo caso se altere o enredo, considerando um acontecimento já cessado, soa crível imaginar que a identificação dos gatos adicionais incorridos pelo devedor, ou em que ainda incorrerá, bem como o efeito do evento em relação ao prazo do transporte, sejam pontos dificilmente aferíveis pelo remetente, a demandar o conhecimento das particularidades do local (eventuais rotas alternativas), da situação do transportador (embarcações disponíveis, tripulação passível de ser mobilizada no novo ponto de embarque), do mercado (eventual mão de obra temporária e embarcações para locação no local da nova rota) e da própria prestação (eventuais adaptações a serem realizadas), tudo a impossibilitar, em última análise, a identificação da modificação a ser ofertada (prazo, custo ou ambos) e a respectiva quantificação.

Não se pode descartar, contudo, que essa determinação seja possível, ou quanto menos facilitada. Ao menos parte das informações poderá ter sido disponibilizada pelo devedor no relato contido na petição inicial e nos documentos a ela anexos, ou mesmo em fase anterior ao aforamento da demanda. Determinados fatos podem ser notórios. E a aptidão do credor a coletar e processar os dados necessários pode ser igual ou até mesmo superior à do devedor, bastando pensar em contratos celebrados entre partes atuantes no mesmo mercado, *v.g.*, um contrato de empreitada em que o dono da obra seja, também ele, construtor.

Em que pesem a variedade de situações possíveis e as desvantagens de um raciocínio casuístico, pode-se afirmar com segurança a inviabilidade, em inúmeros casos, de o credor determinar, no momento da oferta, as consequências do acontecimento extraordinário e imprevisível invocado pelo devedor como fundamento do pleito resolutório. Nesses casos, o seu pedido estará expressamente amparado no art. 324, II do Código de Processo Civil de 2015.

Restam as hipóteses, por certo mais raras, nas quais o credor em tese teria elementos suficientes para determinar, ou ao menos estimar, a modificação necessária a reconduzir o contrato a parâmetros de equidade. A formulação de uma oferta determinada colocaria o credor, no entanto, e por extensão também o devedor, em uma posição de incerteza, na medida em que a apreciação da equidade da oferta por parte do juiz parece acarretar uma inevitável dose de discricionariedade. Vale, nesse ponto, a advertência de Sacco quanto à irrazoabilidade de "impor ao ofertante o risco de uma valoração errada da prestação necessária para tornar équo o contrato", sendo, pois, "lógico permitir à parte remeter ao juiz para a determinação".[651]

Parece-nos, portanto, que, nesses casos, a viabilidade da formulação de pedido indeterminado, *porém determinável* à luz de critérios objetivos indicados pelo credor, decorreria do próprio reconhecimento de que o art. 479 do Código Civil, ao aludir à equidade, permite atribuir ao juiz a determinação da oferta formulada nessas condições.

25. Eficácia – O Sentido da Modificação Equitativa

O chamado "plano da eficácia" não diz respeito à eficácia propriamente dita, mas sim às condições de eficácia do negócio jurídico, que são nele estudadas.[652] Não há, contudo, condições de eficácia específicas da oferta de modificação equitativa. Analisaremos, a seguir, em que sentido se deve entender o resultado equitativo da modificação implementada no conteúdo do contrato afetado pela excessiva onerosidade superveniente.

---

[651] Sacco & De Nova, Il contratto, op. cit., p. 1706.
[652] Junqueira de Azevedo, Negócio jurídico e declaração negocial, op. cit., p. 94.

Nos termos do art. 479 do Código Civil, a declaração negocial do credor somente produzirá efeitos se for equitativa, isto é, se "modificar equitativamente as condições do contrato". Surgem daí algumas questões importantes: o que se deve entender, nesse contexto, por "equidade"? A necessidade de observar parâmetros equitativos diz respeito apenas à oferta do credor ou também afeta a conduta do juiz, que deveria, então, decidir por meio de um juízo de equidade?

Dúvidas a respeito surgiram logo após a promulgação do Código Civil italiano de 1942. Alguns autores viram, na menção à equidade, a atribuição de poderes discricionários ao julgador, chegando alguns até mesmo a qualificar o juízo a ser emitido como verdadeiro e próprio juízo de equidade, para os fins do processo civil. Ao lado deles, puseram-se os partidários de interpretação mais restritiva, pela qual a norma imporia determinados parâmetros a ser observados para que a oferta pudesse ser considerada equitativa.

No primeiro grupo, pôs-se um autor com o peso de Francesco Messineo, que, na terceira edição da *Dottrina generale del contratto*, mudando declaradamente de posição em relação às edições anteriores, passou a sustentar que a remissão à equidade forneceria às partes e ao juiz um "critério muito flexível, no qual podem confluir considerações de ordem variada".[653] Em outro passo, ao tratar da oferta no contexto da lesão, asseverou: "Persuado-me a modificar a opinião expressa em outra oportunidade, para considerar que o art. 1450, falando de 'equidade', atribui ao juiz um poder de valoração *discricionária* [...]".[654] Messineo recusou, contudo, tratar-se de verdadeiro juízo de equidade, nos termos da lei processual, "porque, no caso do terceiro inciso do art. 1467, o juiz não decide, mas avalia".[655]

Traçando forte paralelo com a autonomia privada, De Martini também destacou a atividade criativa do juiz: "O juiz que modifica equitativamente o contrato ao acolher a oferta do credor, desempenha uma atividade de *criação da relação*, do mesmo gênero – sob o aspecto funcional – que a atividade dos contratantes em sede de formação do contrato;

---

[653] MESSINEO, Francesco. Dottrina generale del contratto: artt. 1321-1469 cod. civ. 3. ed. Milano: Giuffrè, 1948, p. 514.
[654] Ibid., p. 460, nota 52 (grifo do autor).
[655] Ibid., p. 515, nota 95-*bis*.

uma atividade, portanto, constitutiva da relação, equiparável, em substância e nos efeitos, a um novo acordo dos contratantes, modificativo do precedente. Fenômeno, assim, de 'substituição' em sentido técnico, resultando na legitimação (indireta) do juiz a modificar a relação contratual, a desenvolver atividade negocial, criativa de relações, na esfera de liberdade em que opera a autonomia privada." E prosseguiu: "Se esta é a atividade do juiz, se a esfera em que opera é aquela, relativamente livre, da autonomia negocial privada, ele não encontra na sua *reductio ad aequitatem* outros limites além dos que as próprias partes encontrariam, em sede constitutiva da relação; e as suas avaliações e determinações só podem estar informadas por aqueles critérios econômicos que constituem o motivo das partes para contratar".[656]

Discurso distinto foi adotado pelos que procuraram mitigar a possível liberdade do juiz, ora criticando abertamente a impropriedade da alusão à equidade, ora atribuindo, à equidade positivada no Código Civil, sentido bastante distinto da equidade substitutiva da decisão conforme o Direito e do juízo de equidade previsto na lei processual.

Significativa, a esse respeito, a posição de Mirabelli, que discorreu longamente sobre o tema. Partindo do paradigma jurisprudencial sobre a fixação equitativa da indenização, ele conclui que, na oferta de modificação equitativa, "o julgador não pode e não deve fazer referência a preceitos jurídicos ou morais, mas deve proceder mediante critérios técnicos" para valorar economicamente o elemento a ser determinado. A seu ver, a atividade judicial seria aproximada do *arbitrium boni viri* que o terceiro arbitrador normalmente deve observar.[657]

Também Quadri nega que a valoração judicial esteja fundada em critérios discricionários. Para ele, uma vez afirmada a natureza negocial da oferta e afastada a possibilidade de oferta genérica, a atividade judicial estaria circunscrita à mera "declaração da equidade das condições oferecidas". Inexistiria, pois, verdadeiro poder discricionário do juiz. Dever-se-ia partir da equidade, como simples "cânone de valoração técnica com base na situação econômica corrente", a ser feita com base no equilíbrio objetivo dos preços de mercado. Tal visão, contudo,

---

[656] DE MARTINI, Angelo. Riduzione ad equità di contratto eccessivamente oneroso già parzialmente eseguito. Il foro italiano. Roma, n. 74 (1), p. 26-28, 1951, aqui p. 27.
[657] MIRABELLI, La rescissione del contratto, op. cit., p. 201-202.

deveria ser complementada pela consideração de elementos subjetivos passíveis de valoração econômica, consoante parâmetros aferíveis na "consciência social".[658]

Essa última opinião conquistou diversos adeptos, tornando-se majoritária.[659] Exprimindo o que parece ser a orientação moderna, Galgano considera "impróprio" o emprego do conceito de equidade nesse contexto, dado que as normas que tratam das ofertas de modificação do contrato em matéria de lesão e excessiva onerosidade superveniente "não aludem a um princípio ético, mas sim à congruência econômica do correspectivo contratual". E arremata: "O termo de referência para julgar sobre a 'iniquidade' das condições contratuais ou sobre a sua recondução 'à equidade' não é outro senão o valor de mercado da prestação deduzida em contrato".[660]

Acolhemos a posição dos que negam, na modificação equitativa, a equidade como "justiça do caso concreto" ou o juízo de equidade excepcionalmente admitido pela lei processual. Parece-nos, no entanto, que a consideração do valor de mercado da prestação deve ser complementada com a valoração do modelo de distribuição de riscos inerente ao tipo negocial em questão, do conteúdo do contrato *in concreto* e de todas as circunstâncias concretas que se mostrarem relevantes. Não parece discrepar dessa orientação Sacco, ao sintetizar: "Aqui equidade significa, como sempre nestes contextos, equivalência das prestações. A *aequitas* romana não tem lugar. Isso posto, a palavra equidade não pertence à matemática. Conforme as diversas situações de direito, ela pode implicar exigências quantitativas diversificadas".[661]

Nesse contexto, a afirmação da ausência de qualquer margem de discricionariedade judicial soa exagerada. Se a oferta é determinada, o juiz

---

[658] QUADRI, La rettifica del contratto, op. cit., p. 126-129.

[659] Dentre outros: PINO, La eccessiva onerosità della prestazione, op. cit., p. 83; CARPINO, La rescissione del contratto, op. cit., p. 103; GABRIELLI, Enrico. Studi sulle tutele contrattuali. Padova: CEDAM, 2017, p. 19; GAZZONI, Equità e autonomia privata, op. cit., p. 102 (o autor chega a falar em equidade como "um critério técnico", "quase matemático").

[660] GALGANO, Francesco. Il negozio giuridico. 2. ed. Milano: Giuffrè, 2002 (Coleção Trattato di diritto civile e commerciale, dirigida por Antonio Cicu, Francesco Messineo e Luigi Mengoni, continuada por Piero Schlesinger, vol. III), p. 565.

[661] SACCO & DE NOVA, Il contratto, op. cit., p. 1.707. Também Macario chama a atenção para o fato de que a modificação equitativa nem sempre conduzirá aos valores de mercado (MACARIO, Adeguamento e rinegoziazione nei contratti a lungo termine, op. cit., p. 271-273).

valora a opção da parte. Mais do que limitar a atuação do juiz, ou antes de limitá-la, a norma regula a conduta do credor. Naturalmente, dependendo da complexidade fática, da complexidade da própria relação contratual, da conduta do autor frente à oferta (imagine-se uma resistência apenas circunscrita a certos aspectos) e do nível de detalhamento e justificação da declaração negocial do credor, a valoração judicial implicará uma investigação, maior ou menor, acerca da procedência dos critérios empregados para alcançar a modificação contemplada. Se o julgador pudesse aferir livremente a oferta, a valoração equitativa do credor seria substituída pela do juiz, esvaziando o sentido da norma e o poder modificativo conferido ao particular. Parece possível, ainda assim, falar em discricionariedade, desde que por ela se entenda não o subjetivismo, a falta de critérios objetivos e sindicáveis, mas sim uma liberdade relativa, de escolha e valoração de critérios disponíveis, sobretudo econômicos. Ademais, sendo a "modificação equitativa" um conceito indeterminado, é natural a atribuição de uma margem de atuação mais elástica ao julgador.

Diversa será a hipótese da oferta determinável. Nela, ao menos em parte dos casos, o juiz terá liberdade para determinar em que elemento a modificação se produzirá (valor da contraprestação, prazo, local ou modalidade da prestação), o que aumentará o grau de discricionariedade de sua valoração. Nestes casos, o credor terá delegado ao juiz parte da sua competência para determinar a modificação equitativa. Dizemos parte, pois a delegação total seria compatível apenas com a oferta genérica, cuja admissibilidade recusamos.

Note-se, por fim, que a *reductio* opera diversamente no âmbito da lesão. Nele, o contrato nasce desequilibrado, por conta da desproporção manifesta entre as prestações. Reconduzi-lo à equidade significará eliminar a desproporção, por meio de parâmetros objetivos.

No campo da excessiva onerosidade superveniente, ao contrário, o parâmetro a ser observado advém, primeiramente, do próprio contrato a ser modificado. Di-lo precisamente Bianca: "Função da recondução do contrato à equidade não é criar um novo arranjo contratual, mas conservar o arranjo querido pelas partes. Contrária a tal função seria, portanto, uma recondução do contrato voltada a tornar correspondentes os valores das prestações, sem respeitar o seu equilíbrio originário."[662]

---

[662] BIANCA, Cesare Massimo. Diritto civile: volume 5, la responsabilità. Milano: Giuffrè, 2003, p. 399, nota 48.

A função da modificação equitativa não é assegurar a equivalência objetiva das prestações, mas sim reconduzir o contrato a certo equilíbrio, pautado nos critérios concretos deduzidos do próprio contrato.[663]

Dito de outro modo, a modificação equitativa do art. 479 do Código Civil não é meio para eliminar um eventual desequilíbrio congênito do programa contratual. Se a prestação assumida por uma das partes já se afastava dos parâmetros do mercado, tendo a onerosidade se agravado por conta de um evento superveniente, extraordinário e imprevisível, caberá ao credor, ao formular a oferta, e ao julgador, ao valorá-la, *isolar* o incremento no custo da prestação causado pela alteração juridicamente relevante das circunstâncias, dele partindo para determinar a modificação equitativa do contrato. O estabelecimento do nexo causal entre o acontecimento extraordinário e o agravamento do custo da prestação é fundamental para não desvirtuar a figura prevista no art. 479.

Em semelhante cenário, será erro grave rejeitar a oferta do credor por não reconduzir a avença ao padrão de mercado, ou, pior ainda, preencher o conteúdo de oferta determinável fazendo uso de parâmetros objetivos abstratos, sem considerar a realidade específica da relação das partes.

Outra questão atinente ao resultado econômico da modificação equitativa, de certo modo conexa à anterior, diz respeito à discutida observância dos limites assinalados pela chamada álea normal do contrato. O tema comparece em todos os comentadores italianos, por conta de previsão expressa no *Codice*, que veda a resolução contratual quando a onerosidade superveniente não ultrapassa a esfera da "álea normal do contrato".[664]

O conceito de álea normal do contrato não suscita maiores divergências entre os autores. Por ela se entende a variação do valor de uma ou de ambas as prestações contratuais no período posterior à celebração do contrato, por conta de oscilações oriundas de fatores de mercado ou de

---

[663] Cataudella destaca a existência de um "metro subjetivo atendível, originariamente fixado pelos contratantes, ao qual é reconduzida a proporção entre as prestações", exceto quando a alteração das circunstâncias seja de tal monta a alterar a própria razão da troca, inviabilizando o recurso aos parâmetros do contrato (CATAUDELLA, Antonino. Sul contenuto del contratto. Milano: Giuffrè, 1974, p. 310-311).

[664] "Art. 1.467 [...] [2] La risoluzione non può essere domandata se la sopravvenuta onerosità rientra nell'alea normale del contratto."

outras circunstâncias previsíveis.[665] Basta pensar na flutuação do valor do aluguel e dos encargos da locação no curso da relação locatícia, ou no quase inexorável aumento no custo de uma obra durante a sua execução, em razão do incremento no valor dos materiais e da mão de obra.

Como se percebe, a álea normal, também chamada "álea econômica", nada tem que ver com a álea característica dos contratos aleatórios[666], que corresponde a um risco, assumido por uma ou ambas as partes, associado à existência, quantidade ou qualidade de uma ou de ambas as prestações. Longe de configurar a aleatoriedade em sentido técnico, a álea normal está presente, em maior ou menor medida, em todo contrato cuja execução não seja imediata. Trata-se, pois, de risco assumido pelas partes.[667]

Conquanto cada modelo de contrato regulado em lei envolva, de modo mais ou menos preciso, um dado regime de distribuição de riscos entre as partes contratantes, a álea normal deve ser aferida no plano do contrato *in concreto*,[668] considerada a operação econômica em sua integralidade, bem como as cláusulas que porventura denotem um afastamento ou uma especificação em relação ao modelo típico e todas as circunstâncias relevantes.

---

[665] Em sentido semelhante, Gianguido Scalfi circunscreve a noção de álea normal "à possível e previsível influência, sobre as prestações, de oscilações dos valores de mercado conexos a uma das prestações correspectivas, ou de circunstâncias relativas a um dos comportamentos devidos, idôneas a produzir um desequilíbrio de valores entre as mesmas prestações, ou, de qualquer maneira, a tornar uma delas onerosa em relação à outra (nos contratos com prestações correspectivas)." (SCALFI, Gianguido. Corrispettività e alea nei contratti. Milano-Varese: Istituto Editoriale Cisalpino, 1960, p. 135).

[666] Assinalando a diferença, Scalfi observa que a álea normal é "extrínseca ao contrato" e influencia o valor da prestação, ao passo que a álea característica dos contratos aleatórios é "intrínseca ao contrato" e "determina uma prestação em sua consistência física" (SCALFI, Corrispettività e alea nei contratti, op. cit. p. 138). Em sentido semelhante, DI GIANDOMENICO, Giovanni. Il contratto e l'alea. Padova: CEDAM, 1987, p. 303. De se notar, apenas, a estreiteza da noção de determinação da "consistência física" da prestação, a nosso ver insuficiente para compreender todos os casos de álea em sentido técnico.

[667] Ferrari, Vincenzo. Il problema dell'alea contrattuale. Napoli: Edizioni Scientifiche Italiane, 2001, p. 37.

[668] A necessidade de aferição in concreto da álea normal constitui observação usual na doutrina, como nota BALESTRA, Luigi. Il contratto aleatório e l'alea normale. Padova: CEDAM, 2000, p. 131-132.

Ao recusar a resolução contratual na hipótese de agravamento do custo da prestação que não desborde da álea normal do contrato em questão, a lei italiana claramente estabeleceu um limite e um critério definidor da onerosidade superveniente juridicamente relevante. Em outras palavras, será *excessiva* a onerosidade que ultrapassar a álea normal do contrato *in concreto*.

A doutrina italiana majoritária extrai daí importante corolário: a modificação equitativa do contrato deve "ser idônea a eliminar a *excessividade* desse maior ônus: não é necessário, e não é postulado, que ela elimine integralmente o ônus, e menos ainda que assegure novamente ao devedor aquele lucro que poderia extrair da sua prestação na originária situação de fato [...]".[669] Por essa razão, afirma-se que a valoração da oferta de modificação equitativa deverá tomar por base o "prejuízo máximo" que o devedor poderia suportar "em tempos normais, considerada a natureza do contrato."[670]

A nosso ver, a mesma consideração é perfeitamente aplicável ao regime da oferta de modificação equitativa no direito brasileiro. A falta de referência expressa à álea normal no Código Civil brasileiro não afasta a prestabilidade do conceito, que deve ser considerado implícito na própria noção de *excessiva* onerosidade superveniente. A doutrina nacional que enfrentou a questão também se inclinou à mesma solução.[671]

---

[669] BRACCIANTI, Degli effetti della eccessiva onerosità sopravveniente nei contratti, op. cit., p. 95.
[670] Mosco, Luigi. Gli effetti giuridici della svalutazione monetaria. Milano: Giuffrè, 1948, p. 114.
[671] FRANTZ, Laura Coradini. Revisão dos contratos: elementos para sua construção dogmática. São Paulo: Saraiva, 2007, p. 151; NITSCHKE, Revisão, resolução, reindexação, renegociação, op. cit., p. 150-151; e ASSIS, Comentários ao Código Civil brasileiro, op. cit., p. 732.

Capítulo VI
Pronúncia Judicial da Modificação Equitativa

26. Teorias Sobre a Natureza da Sentença que Acolhe a Oferta Equitativa

A natureza da sentença que pronuncia a modificação equitativa do contrato constitui uma das questões mais controvertidas no tocante à figura prevista no art. 479 do Código Civil. Trata-se da hipótese de modificação contratual ofertada pelo credor, no contexto de demanda resolutória formulada ao amparo do art. 478 do Código Civil, e valorada como equitativa pelo julgador.[672]

As diversas posições doutrinárias e jurisprudenciais acerca da eficácia do provimento jurisdicional então emitido podem ser classificadas em quatro grupos[673]: (i) sentença *constitutiva*; (ii) sentença *declaratória*; (iii) sentença de eficácia *variável* em função do grau de determinação da declaração modificativa emitida pelo credor; e (iv) sentença que acolhe exceção e rejeita a demanda resolutória, insuscetível de qualificação como declaratória ou constitutiva.

---

[672] Por outro lado, a doutrina não diverge quanto à natureza da decisão que julga iníqua a oferta e acolhe o pedido do devedor, resolvendo a relação contratual (sentença constitutiva negativa), tampouco quanto à natureza da decisão que julga improcedente o pedido do autor, por falta de preenchimento dos requisitos previstos no art. 478 do Código Civil (sentença declaratória).

[673] Ressalvadas as naturais divergências entre os partidários de uma mesma tese no tocante a outros aspectos da figura em exame.

26.1. Natureza Constitutiva

À primeira corrente, vêm associados os nomes de Redenti, Boselli, Dattola e De Martini.

Redenti limita-se a afirmar que a oferta do credor seria inserida em uma reconvenção "*sui generis*", dotada de "escopo constitutivo", sem desenvolver o ponto relativo à eficácia do provimento judicial proferido em caso de acolhimento da oferta.[674-675]

Já Boselli – para quem a oferta de modificação equitativa consiste em um "poder unilateral de modificação da *lex contractus*", exercido mediante demanda dirigida ao juiz – sustenta de modo claro que a sentença de acolhimento da oferta teria "induvidoso caráter constitutivo", justamente por se tratar de um direito potestativo exercido judicialmente.[676-677]

Em sua já analisada monografia, Dattola adere a essa corrente de pensamento.[678] Destacando a inserção da oferta – para ela um negócio jurídico unilateral e receptício, dirigido ao devedor e ao juiz – em um procedimento complexo de formação sucessiva,[679] a autora chega a cogitar da eficácia meramente declaratória da sentença que pronuncia a

---

[674] REDENTI, Enrico. L'offerta di riduzione ad equità. Rivista trimestrale di diritto e procedura civile, Milano, n. 1 (4), p. 576-583, dez. 1947, p. 578. Boselli refere o nome de Redenti como partidário da natureza constitutiva da sentença (BOSELLI, Aldo. La risoluzione del contratto per eccessiva onerosità. Torino: UTET, 1952, p. 298, nota 1). Note-se, contudo, a peculiar concepção de Redenti, para quem a sentença produziria "os efeitos do acordo não alcançado", em situação análoga à execução específica da obrigação de concluir um contrato (Ibid., p. 577). A natureza da tutela específica nas obrigações de prestar declaração de vontade suscitou vivo debate, tanto na Itália como no Brasil. Na literatura jurídica nacional, afirma a constitutividade da tutela dispensada neste contexto YARSHELL, Flávio Luiz. Tutela jurisdicional específica nas obrigações de declaração de vontade. São Paulo: Malheiros, 1993, p. 55 e *passim*. Antes dele, conquanto de forma mais sucinta: TOMASETTI JR., Alcides. Execução do contrato preliminar. São Paulo, 1982. Tese (Doutorado em Direito Civil). Faculdade de Direito, Universidade de São Paulo, p. 274.

[675] Sobre a posição de Redenti, cf. o item 11.2 *supra*.

[676] BOSELLI, La risoluzione del contratto, p. 298. Como se vê, equivoca-se Francesco Gazzoni ao afirmar que Boselli seria favorável à declaratividade da decisão jurisdicional (GAZZONI, Francesco. Equità e autonomia privata. Milano: Giuffrè, 1970, p. 110, nota 58). O erro encontra-se reiterado em QUADRI, Enrico. La rettifica del contratto. Milano: Giuffrè, 1973, p. 128, nota 36.

[677] Para o exame da posição de Boselli, cf. o item 11.5 *supra*.

[678] DATTOLA, Francesca Panuccio. L'offerta di riduzione ad equità. Milano: Giuffrè, 1990. Cf. o item 13.1 *supra*.

[679] DATTOLA, L'offerta di riduzione ad equità, op. cit., p. 45.

modificação equitativa[680], porém a rejeita. Fá-lo, contudo, sem demonstração convincente, suscitando apenas a necessidade de apreciação positiva do juiz a respeito da equidade da oferta, razão pela qual a sentença assumiria "valor constitutivo, conquanto de tom menor". Seus efeitos produzir-se-iam *ex nunc*.[681]

As três posições que vêm de ser expostas enxergam, no suporte fático da modificação equitativa, a presença de um negócio jurídico unilateral. De Martini diverge dessa qualificação, ao definir o direito do credor como exceção em sentido substancial.[682] Para ele, a sentença que reputa legítima a oferta "possui um valor constitutivo e cumpre a função de atuar o direito do requerido a introduzir a modificação tida como suficiente para reconduzir o contrato à equidade, evitando a sua resolução".[683]

Opinam ainda, no sentido da natureza *constitutiva* da sentença em exame, Fortunato[684], Devoto[685], Macario[686], Gabrielli[687], Terranova[688], Pisu[689] e Casella,[690] dentre outros autores.

---

[680] Ibid., p. 147 e 157. Aludindo a Quadri, curiosamente chega a afirmar que, diante da presença de um negócio jurídico unilateral dirigido ao autor da demanda, seria mais "coerente e razoável" atribuir à sentença natureza e eficácia meramente declarativa, sendo a tese no sentido da constitutividade do provimento jurisdicional, que perfila, de mais difícil acolhimento (Ibid., p. 155).

[681] Ibid., p. 50 e 155-157.

[682] Cf. o item 11.3 *supra*.

[683] DE MARTINI, Angelo. L'eccessiva onerosità nell'esecuzione dei contratti. Milano: Giuffrè, 1950, p. 139.

[684] FORTUNATO, Pietro. Natura dell'offerta di reductio ad aequitatem e limiti per farla valer nel processo. Giurisprudenza completa della Corte Suprema di Cassazione: sezione civile, Roma, n. 30 (4), p. 323-328, 1951, aqui p. 326.

[685] DEVOTO, Luigi. L'obbligazione a esecuzione continuata. Padova: CEDAM, 1943, p. 362-363.

[686] MACARIO, Francesco. Adeguamento e rinegoziazione nei contratti a lungo termine. Napoli: Jovene, 1996, p. 268; MACARIO, Francesco. Le sopravvenienze. *In*: ROPPO, Vincenzo (org.). Trattato del contratto: tomo 5, rimedi, 2. Milano: Giuffrè, 2006, p. 493-749, aqui p. 703. A posição do autor parece diretamente relacionada à admissibilidade da oferta genérica e aos amplos poderes que entende titulados pelo juiz. Cf. o item 24.2.2 *supra*.

[687] Gabrielli não chega a afirmar, de modo expresso, que a sentença tenha natureza constitutiva. É o que se deduz, a nosso ver, de sua apreciação da evolução da jurisprudência italiana, seguida da estruturação da *reductio ad aequitatem* em um procedimento trifásico, cuja etapa final, designada "determinativa" da eficácia, relaciona-se diretamente à atuação do juiz, a quem a lei atribuiria o "poder de modificar o contrato por meio do procedimento da *re-*

26.2. Natureza Declaratória

A *segunda posição* é formada por aqueles que consideram *declaratória* a sentença apreciadora da equidade da modificação objetivada pelo credor. Seus principais defensores são Mirabelli e Quadri. Ao passo que o primeiro qualifica a oferta como ato de natureza processual, o segundo a considera exercida por meio de negócio jurídico modificativo. O exame da posição de Mirabelli[691] mostra-se, assim, menos relevante para o presente trabalho, por conta de sua incompatibilidade com as premissas anteriormente fixadas.

Mais frutífera é a análise da posição de Quadri. Em sua concepção, a natureza declaratória da sentença que acolhe a oferta de modificação equitativa – e o mesmo se aplica no que tange à oferta de retificação do contrato anulável por erro[692] – relaciona-se com a posição jurídica

---

ductio" (GABRIELLI, Enrico. Poteri del giudice ed equità del contratto. Contratto e impresa, Padova, n. 6, p. 479-491, 1991, aqui p. 496). Semelhante exposição encontra-se em: GABRIELLI, Enrico. Studi sulle tutele contrattuali. Padova: CEDAM, 2017, p. 7-13 e 101-104; _____. Dell'eccessiva onerosità. *In*: NAVARRETTA, Emanuela; ORESTANO, Andrea (org.). Dei contratti in generale: artt. 1425-1469*bis*, leggi collegate. Torino: UTET, 2011, p. 606-696, aqui p. 654-657; _____. L'eccessiva onerosità sopravvenuta. Torino: Giappichelli, 2012, p. 780-784 (Coleção Trattato di diritto privato, organizado por Mario Bessone); _____. Contribución a la teoría de la imprevisión contractual. Buenos Aires: Abeledo Perrot, 2016, p. 161-167.

[688] TERRANOVA, Carlo. L'eccessiva onerosità nei contratti. Milano: Giuffrè, 1995, p. 188 (Coleção Codice Civile: commentario, organizada por Piero Schlesinger).

[689] PISU, Luciana Cabella. I rimedi contro l'eccessiva onerosità sopravvenuta. *In*: VISINTINI, Giovanna (org.). Trattato della responsabilità contrattuale: volume I, inadempimento e rimedi. Padova: CEDAM, 2009, p. 537-570, aqui p. 566. Erra a autora, todavia, ao apontar o nome de Roppo como partidário da mesma opinião. Como se verá, este sustenta a natureza declaratória ou constitutiva da sentença, conforme o teor da declaração modificativa do credor.

[690] CASELLA, Giovanni. La risoluzione del contratto per eccessiva onerosità sopravvenuta. Torino: UTET, 2001, p. 224.

[691] Cf. o item 11.7 *supra*.

[692] Para Quadri, a oferta de retificação consiste no poder de evitar a anulação, "modificando o regramento de interesses erroneamente predisposto no negócio". Havendo contestação por parte do declarante, o juiz deve aquilatar a aptidão das alterações propostas para satisfazer os interesses daquele, mediante reconstrução do interesse do errante à luz de critérios objetivos. Nela, o julgador não efetuaria uma busca psicológica da intenção do declarante, mas procuraria extrair, a partir de elementos resultantes do próprio contrato e no plano objetivo da situação concreta, o conteúdo da representação do errante divergente em relação ao negócio cuja validade se disputa. Donde a conclusão: "O juízo será de mera declaração

atribuída ao credor e com a esfera de atuação do juiz. Em seu entendimento, os direitos potestativos em sentido próprio, isto é, aqueles em que a mutação jurídica resulta da mera declaração de vontade do titular, sem necessidade de pronúncia judicial, são objeto de ações meramente declaratórias. Já os dependentes de sentença judicial formariam o objeto de ações constitutivas. Na oferta de modificação equitativa, haveria direito potestativo propriamente dito, exercido por meio de negócio jurídico unilateral.[693]

O autor observa, ademais, que a constitutividade da sentença dependeria de uma valoração judicial fundada em critérios discricionários, ao ponto de caracterizar o juízo de equidade propriamente dito.[694] Nega, contudo, ser essa a natureza da atividade do julgador no caso da oferta de modificação equitativa. Para ele, uma vez afirmada a natureza negocial da oferta e afastada a possibilidade de oferta genérica, a atuação judicial estaria circunscrita à mera "declaração da equidade das condições oferecidas". A valoração do juiz não seria discricionária, mas técnica, baseada na situação econômica objetiva do mercado e na consideração de elementos subjetivos passíveis de valoração econômica consoante parâmetros aferíveis na "consciência social".[695-696]

Adicionalmente, consideram *declaratória* a sentença que julga equitativa a declaração de modificação da relação contratual Pino[697], Dis-

---

e não terá, absolutamente, diversamente da pronúncia de anulação, caráter constitutivo. A modificação do regramento contratual resulta, de fato, da oferta de retificação [...]." (QUADRI, La rettifica del contratto, op. cit., p. 34-35 e 37-39).

[693] O raciocínio do autor parte da análise do art. 1.432 do *Codice Civile*, cujo objeto é a oferta de retificação de contratos anuláveis por erro. Julga haver, no referido dispositivo, direito potestativo propriamente dito, isto é, independente de pronúncia judicial, dado que "a norma correlaciona o exercício do poder e a produção de efeitos jurídicos que tangem também à esfera de outro sujeito (o errante)." (Ibid., p. 40). Em seguida, abordando as modificações realizadas no contexto da lesão e da excessiva onerosidade superveniente, reafirma a presença de um direito potestativo em sentido próprio (Ibid., p. 125).

[694] Ibid., p. 126.

[695] QUADRI, La rettifica del contratto, op. cit., p. 126-127 e 129.

[696] Para a discussão sobre o sentido da valoração da equidade da oferta modificativa, cf. o item 25.1 *supra*.

[697] A natureza declaratória da pronúncia é afirmada pelo autor como consequência de sua posição contrária à oferta indeterminada e à atuação discricionária do juiz ao valorar a modificação contemplada (PINO, Augusto. La eccessiva onerosità della prestazione. Padova: CEDAM, 1952, p. 84-85).

taso[698], Gazzoni[699], Sacco[700] e Gallo.[701] Essa também parece ser a posição de outros autores, conquanto não expressamente afirmada.[702-703]

26.3. Natureza Variável

A terceira corrente congrega os autores que consideram *variável* a natureza da sentença apreciadora da oferta equitativa, a depender do teor da oferta. Dentre eles estão, em primeiro lugar, Carpino, Roppo e Iorio.

---

[698] DISTASO, Nicola. I contratti in generale: volume III, Torino: UTET, 1980, p. 2.260 (Coleção Giurisprudenza sistematica civile e commerciale, fundada por Walter Bigiavi).

[699] GAZZONI, Francesco. Equità e autonomia privata. Milano: Giuffrè, 1970, p. 110. A natureza declarativa do provimento jurisdicional é o corolário do entendimento do autor acerca da expressão "equidade", presente nos arts. 1.450 e 1.467, 3 do Código Civil italiano, que o leva a negar a discricionariedade do julgador e a inadmitir a oferta indeterminada. Cf. o item 25.1 *supra*.

[700] SACCO, Rodolfo; DE NOVA, Giorgio. Il contratto. 4. ed. Torino: UTET, 2016, p. 1562.

[701] Na visão do autor, a natureza declaratória da sentença parece derivar da presença de um direito potestativo e do caráter negocial da oferta (GALLO, Paolo. Contratto e buona fede: buona fede in senso oggettivo e trasformazione del contratto. 2. ed. Torino: UTET, 2014, p. 980-981; GALLO, Paolo. Il contratto. Torino: G. Giappichelli, 2017, p. 1003-1004).

[702] Nesse sentido, após destacarem a pertinência das ofertas previstas nos arts. 1.432, 1.450 e 1.467, 3 do Código Civil italiano a uma categoria mais ampla de "retificação do contrato", Lina Bigliazzi Geri, Umberto Breccia, Francesco Donato Busnelli e Ugo Natoli observam existir, na *fattispecie* do art. 1.450, um direito a "provocar a extinção automática da legitimação alheia de demandar a rescisão, cabendo ao juiz apenas declarar tais pressupostos com referência ao valor atual das prestações e ao poder aquisitivo da moeda." (GERI, Lina Bigliazzi *et al*. Diritto civile: volume 1, tomo 2: Fatti e atti giuridici. Torino: UTET, 1987, p. 861, nota 84).

[703] *Prima facie* também parece ser o caso de Cesare Massimo Bianca, para quem a *reductio ad aequitatem* é um "poder substancial de retificação do contrato", passível de ser exercido mesmo extraprocessualmente (BIANCA, Cesare Massimo. Diritto civile: volume 5, la responsabilità. Milano: Giuffrè, 2003, p. 401). Ao tratar da oferta de retificação do art. 1.432 do *Codice Civile*, à qual a *reductio* se equipararia, o autor afirma que o juízo sobre a eficácia da retificação é "um juízo declaratório [*di accertamento*], no qual o juiz deve limitar-se a verificar se a faculdade de retificação foi exercida respeitando os requisitos e limites legais" (BIANCA, Cesare Massimo. Diritto civile: volume 3, il contratto. 2. ed. Milano: Giuffrè, 2000, p. 680). Ao distinguir as ofertas consoante o conteúdo, no entanto, Bianca afirma: "O juiz deve limitar-se a declarar [*accertare*] se a oferta é ou não adequada. Admite-se, todavia, que a contraparte possa lhe confiar o poder de reconduzir o contrato à equidade ou de integrar a retificação inadequada." (BIANCA, Diritto civile: volume 5, la responsabilità, op. cit., 400). Esta última referência poderia, em tese, inserir o autor dentre os partidários da natureza variável da decisão, a depender do conteúdo da oferta. Soa prudente, portanto, reconhecer que a posição de Bianca a respeito do tema não é totalmente clara.

Carpino defendeu a natureza *constitutiva* da sentença proferida no caso de oferta determinada, ao passo que o provimento emitido na hipótese de oferta determinável ostentaria índole *determinativo-constitutiva*.[704]

Já se viu ser o autor partidário de uma eficácia provisória da oferta de modificação equitativa.[705] Coerentemente com sua peculiar visão, julga constitutiva a sentença, na medida em que ela produziria o efeito de "tornar definitiva, em caso, obviamente, de juízo positivo, a eficácia provisória da oferta".[706] Contudo, na oferta determinável, aduz, ao manifestar uma vontade definitiva sobre o *an*, mas indefinida com relação ao *quantum*, o credor demandaria do juiz uma atividade integrativa e discricionária, similar à do arbitrador, e não meramente valorativa. A oferta determinável possuiria, assim, conteúdo "exclusivamente e, por assim dizer, diretamente processual". Nessa hipótese, a sentença proferida teria natureza *determinativo-constitutiva* e desempenharia o papel de "fonte imediata" dos efeitos modificativos da relação contratual.[707]

A posição de Carpino foi seguida por Giovanni Iorio, que vê no direito de modificação equitativa uma espécie de *ius variandi* sujeito a exercício judicial, sendo a pronúncia jurisdicional ora constitutiva, ora determinativo-constitutiva, conforme se tenha, respectivamente, uma oferta determinada ou determinável.[708]

Vincenzo Roppo também opta pela natureza variável da sentença, conquanto tenha posição distinta da anterior. Para ele, a sentença que vier a apreciar a idoneidade e a eficácia da oferta modificativa será *declaratória*. Caso, no entanto, o credor venha a delegar ao juiz a determinação das modificações, a decisão terá natureza *constitutiva*.[709]

Também Carnelutti[710], embora não desenvolva o ponto de modo expresso, parece atribuir natureza variável à sentença. Em primeiro lugar, referindo-se implicitamente à oferta determinada, enfatiza sua natureza

---

[704] CARPINO, Brunetto. La rescissione del contratto: artt. 1447-1452. Milano: Giuffrè, 2000, p. 99 (Coleção Il Codice Civile: commentario, organizada por Piero Schlesinger).
[705] Cf. o item 14 *supra*.
[706] CARPINO, La rescissione del contratto, op. cit., p. 99.
[707] Ibid., p. 100-101.
[708] IORIO, Giovanni. Le clausole attributive dello *ius variandi*. Milano: Giuffrè, 2008, p. 103-106, 138-140 e 251.
[709] ROPPO, Vincenzo. Il contratto. 2. ed. Milano: Giuffrè, 2011, p. 843 e 958.
[710] Para a posição do autor, cf. o item 11.6 *supra*.

de "negócio substancial que se realiza no processo", apto, "por si só", a provocar a alteração da relação contratual, cabendo ao julgador, caso reconheça a equidade da oferta, "rejeitar a demanda do autor".[711] Nega à oferta, então, a natureza de exceção, reconvenção ou demanda do credor, reiterando tratar-se de "proposta de modificação do contrato, à qual a lei reconhece a eficácia de modificá-lo, desde que seja equânime, mesmo sem a aceitação da parte contrária."[712] Essa assertiva parece compatível com a tutela declaratória – ressalvada a negativa de se tratar de demanda – e com a sentença de mera rejeição da demanda. Na hipótese de oferta genérica, contudo, Carnelutti entende haver alteração do objeto da lide: "a lide não tem mais, como objeto, [decidir] se o contrato deva ser rescindido, mas como o contrato deva ser modificado".[713] Parece legítimo, nesse caso, qualificar o provimento a ser emitido como constitutivo.

26.4. Sentença que Acolhe Exceção

A *quarta posição*, por fim, foi defendida por D'Andrea.[714] Como já se examinou, no plano substancial, o autor qualifica como potestativo o direito de modificação equitativa, atribuindo ao respectivo ato de exercício a natureza de negócio jurídico unilateral modificativo. No tocante ao perfil processual, ele parte da consideração de que a oferta de modificação equitativa teria eficácia ao mesmo tempo modificativa do conteúdo contratual e extintiva do direito do devedor de resolver o contrato. A verificação judicial da idoneidade da oferta teria caráter instrumental em relação à rejeição da demanda e não a outro provimento favorável ao requerido.[715] A oferta modificativa assumiria, no processo, então, natureza de *exceção*.[716]

---

[711] CARNELUTTI, Francesco. Preclusione dell'offerta di riduzione del contratto ad equità. Rivista di diritto processuale, Padova, n. 8 (2), p. 108-111, 1953, aqui p. 110.
[712] Ibid., p. 110 (grifo do autor).
[713] Ibid., p. 111.
[714] Para a exposição completa de seu pensamento, cf. o item 13.2 *supra*.
[715] "O requerido não demanda ao juiz a prolação de uma sentença que declare ou que constitua uma situação jurídica favorável ao próprio réu; ao contrário, o requerido limita-se a demandar ao juiz que rejeite a demanda proposta pelo autor, não porque os seus pressupostos sejam defeituosos, mas porque se verificou um fato extintivo do direito exercido em juízo: a oferta produz, em favor do réu, somente um efeito negativo: a extinção de uma situação de sujeição." (D'ANDREA, L'offerta di equa modificazione, op. cit., p. 137-138).

Para o autor, não haveria sentido lógico em considerar que o requerido demande ao juiz o reconhecimento da modificação da relação contratual, uma vez que tais modificações não lhe seriam favoráveis, mas sim ao requerente. Nem haveria sentido em construir um pedido declaratório do direito à oferta, eis que se trata de um direito "incontestável", de que é titular qualquer requerido em demanda de resolução por excessiva onerosidade superveniente.[717] A construção nos parece esquecer o fato fundamental de que o credor busca, com a oferta, evitar aquele que é, em sua ótica, um "mal maior", isto é, a resolução da relação contratual. A modificação, portanto, é sim favorável ao credor, sendo perfeitamente plausível a formulação de pedido para declará-la ou constituí-la.

D'Andrea afasta a possibilidade de se tratar de demanda constitutiva, ainda, pois "ofertar" não assumiria, seja na linguagem comum, seja na linguagem técnico-jurídica, o sentido de "demandar".[718] Também aqui a argumentação parece pecar por certo formalismo. A despeito de a lei não empregar a palavra "demandar" – o que vale tanto para o art. 1.467, 3 do *Codice Civile* como para o art. 479 do Código Civil brasileiro –, uma interpretação sistêmica parece conduzir sem grande dificuldade à conclusão de que caberá ao juiz apreciar um pedido do credor, formulado no bojo da demanda resolutória aforada pelo devedor. Ademais, não se pode perder de vista a advertência redentiana de que a oferta não se confunde com o ato processual em que se insere, sendo, antes, a premissa subjacente a tal ato.[719] Sendo assim, não se trata propriamente de atribuir ao verbo "ofertar" o sentido de "demandar", mas de ver, ao lado da oferta (negócio jurídico de direito material), o pedido formulado pelo credor para que a oferta seja valorada e a eficácia modificativa se constitua.

---

[716] O autor indaga se se trataria exceção em sentido amplo ou em sentido restrito. Ele acolhe a "concepção processualística" da exceção *stricto sensu*, nela vendo um "ato de cumprimento de um ônus processual", um "requerimento de rejeição da demanda, que uma parte (normalmente o requerido) tem o ônus de propor a fim de que o juiz possa levar em conta determinados fatos extintivos, modificativos ou impeditivos do direito exercido pela outra (geralmente o autor)." Após expor as divergências da doutrina processualista italiana sobre o tema, conclui serem exceções, em sentido estrito, as declarações que o requerido tem o "ônus de realizar em juízo", relativas a fatos extintivos, impeditivos ou modificativos. Sendo a oferta modificativa do art. 1.467, 3 do Código Civil italiano figura que se realiza em juízo, tratar-se-ia de exceção em sentido estrito. (Ibid., p. 153-160, 191-192 e 200).
[717] Ibid., p. 138-141.
[718] Ibid., p. 143-145.
[719] REDENTI, L'offerta di riduzione ad equità, op. cit., p. 578-579.

A nosso ver, a complexidade das questões postas e a sua implicação processual justificam apenas parcialmente a acentuada divisão doutrinária acima constatada. Contribui, ainda, o fato de os autores adotarem premissas distintas, notadamente no que tange ao conteúdo da oferta e aos poderes do juiz.

Antes, contudo, de tomar posição frente ao problema, deve-se referir a posição da jurisprudência italiana, em que a questão foi debatida de modo importante.

27. Jurisprudência Italiana

27.1. Posição Original

Nas décadas seguintes à promulgação do Código Civil italiano de 1942, o tema da natureza jurídica da oferta de modificação equitativa compareceu em diversas decisões. Nelas, afirmava-se a natureza negocial da oferta modificativa.[720] Nesse sentido, a Corte de Cassação afirmou, em 1951[721]:

> [...] Deve-se considerar que a oferta de modificar o contrato para reconduzi-lo à equidade é prevista pelo código em vigor com os dois dispositivos, análogos, dos arts. 1450 e 1467, como um meio concedido ao réu para evitar, respectivamente a rescisão do contrato por lesão ou a sua resolução por onerosidade excessiva. *Tal oferta*, como a doutrina apontou abalizadamente, *tem o caráter de uma declaração de vontade negocial dirigida à outra parte*, que pode ser por ela aceita ou imposta pelo juiz, na medida em que seja reconhecida como correspondente à equidade.
>
> Por conseguinte, não se pode considerar como uma exceção, devendo-se antes compreender como uma contrademanda, não sendo mesmo equiparável ao pedido reconvencional, já que não se fundamenta na situação jurídica preexistente, mas sim na assunção de novas obrigações, mais onerosas

---

[720] Para uma útil exposição da evolução jurisprudencial, vide GABRIELLI, Poteri del giudice, op. cit., p. 480 ss.

[721] Decisão comentada por FORTUNATO, Natura dell'offerta, op. cit., p. 320 ss. A sentença, como observa Gabrielli (Poteri del giudice, op. cit., p. 481), parece fazer eco à posição de Redenti, conquanto não o tenha citado.

para o réu. Com ela, convida-se o autor a aceitar as novas condições contratuais e, em caso de não aceitação, pede-se ao juiz que atue como árbitro para restabelecer o equilíbrio econômico das prestações. Essa função é exercida, seja ao declarar a idoneidade da oferta de recondução do contrato à equidade, se ela foi inteiramente determinada em seu conteúdo, seja com a determinação precisa das novas condições do contrato, se a oferta foi formulada em termos que requerem uma adequação à espécie ou um trabalho de concretização.

Essa concepção foi sucessivamente reafirmada até o início da década de 1970. Nesse ano, a Corte de Cassação voltaria a pontuar a natureza negocial da oferta de modificação equitativa, daí extraindo a sua sujeição às normas de direito substancial "com absoluta prevalência sobre as de direito processual" e, mais especificamente, a inaplicabilidade das regras atinentes à preclusão:

> O princípio, muitas vezes afirmado, segundo o qual a proposta de reconduzir o contrato à equidade pode ser veiculada enquanto pendente a decisão de mérito, sem que operem as preclusões dos arts. 183, 184 e 185 do Código de Processo Civil, é específico à matéria contratual e não pode se estender também ao campo dos direitos reais e, menos ainda, à hipótese legal do art. 938 do código civil. *A independência relativamente às preclusões deriva do caráter negocial da proposta e de sua natureza substancial, que permanece, mesmo se esta for formulada em um processo, pois permanece sempre sujeita às regras próprias do direito substancial, com absoluta prevalência sobre as do direito processual.* É uma declaração de vontade, dirigida ao outro contratante, para a modificação do contrato com a assunção de novas obrigações, e ao juiz, caso a modificação não seja aceita pela outra parte. Apenas acidentalmente é formulada no processo, podendo utilmente ser proposta e produzir efeitos mesmo extrajudicialmente, sendo bem-sucedida, mesmo independentemente de provimento do juiz. Sua realização permanece no plano negocial e não contrasta com o interesse do próprio autor que agiu em juízo, podendo resultar na realização e na satisfação desse interesse, mantendo o contrato vivo, mediante a atuação do bem conhecido princípio da conservação do contrato.[722]

---

[722] Corte di Cassazione, sezione II civile, 6 fev. 1970, n. 257. Giustizia civile: rivista mensile di giurisprudenza, Milano, ano 20, p. 562-568, 1970, aqui p. 566.

27.2. Decisão de 1972 e Tendência Atual

No início da década de 1970, a Corte de Cassação alterou radicalmente seu entendimento acerca da natureza jurídica da oferta de modificação equitativa. Com efeito, em 1972, em julgado que um autor considerou "histórico"[723], o tribunal passou a sustentar que a oferta modificativa possuiria *natureza processual*, sendo a modificação o efeito de um provimento judicial de índole *constitutiva*.

Pela importância e profundidade da decisão[724], fortemente destacada pela doutrina moderna, parece oportuno analisá-la com mais vagar. Principiou a Corte destacando a distinção entre a oferta modificativa feita extraprocessualmente – que qualificou como proposta de contrato – e a oferta exercida judicialmente, adiantando o novel entendimento acerca da natureza desta última:

> A oferta de modificar o contrato rescindível, de modo a reconduzi-lo à equidade, pode ser feita tanto pela via judicial quanto pela via extrajudicial.

> Se feita extrajudicialmente, a oferta é uma proposta contratual e especificamente uma proposta de contrato modificativo do contrato rescindível que a parte beneficiada pelo estado de necessidade da outra parte dirige a esta última. Como proposta contratual, é uma declaração de vontade no âmbito substancial que, caso haja aceitação da outra parte, coordenando-se com esta, dá origem à formação de um negócio jurídico substancial, concretizando-se em um contrato modificativo do contrato rescindível de modo a restabelecer a equidade no sinalagma. Trata-se de uma proposta contratual, e não de um negócio jurídico unilateral, porque o ordenamento vigente não concede à parte que se beneficia do estado de necessidade da contraparte a possibilidade de modificar o contrato diretamente com uma própria declaração preceptiva, isto é, com um negócio unilateral incidente sobre a realidade jurídica substancial.

> O colegiado entende que são diversas a natureza e o efeito da oferta feita em juízo; que se trata, nesse caso, de uma declaração com natureza e efeito processuais, modificando, assim, a jurisprudência desta Suprema

---

[723] RICCIO, Angelo. Eccessiva onerosità. Bologna: Zanichelli; Roma: Il Foro Italiano, 2010, p. 261.
[724] Corte di Cassazione, sezione III civile, 8 set. 1972, n. 2748. Il Foro Italiano, Roma, n. 96 (7-8), p. 2194-2208, jul./ago. 1973.

corte (Cass. 24 de março de 1954, n. 837, Foro it., 1954, I, 755; 28 de maio de 1953, n. 1594, id., 1953, I, 1612; 16 de abril de 1951, n. 931, id., 1952, I, 1405).[725]

Em seguida, interpretou o art. 1.450 do *Codice*, destacando a atribuição, ao credor, de um verdadeiro poder, correlato ao qual está a situação de sujeição do devedor, de onde excluiu a necessidade de aceitação da oferta por parte deste:

> A dicção literal do art. 1450 do Código Civil é a seguinte: 'O contratante contra quem é demandada a rescisão pode evitá-la oferecendo uma modificação do contrato suficiente para reconduzi-lo à equidade'. A norma fala de 'oferta' de modificação do contrato rescindível, e exatamente por isso se considerou tratar-se de uma 'declaração de vontade negocial' dirigida à outra parte e, caso não haja aceitação, dirigida ao juiz.
>
> A declaração, portanto, seria bivalente, tendo em conta seu direcionamento duplo, à outra parte e ao juiz. Tratar-se-ia antes, e mais precisamente, de duas declarações distintas e coexistentes, uma, dirigida à outra parte, e a outra, ao juiz: as duas declarações distintas coexistiriam, mas ligadas entre si, no sentido de que a declaração dirigida ao juiz seria condicionada à não-aceitação da declaração dirigida à outra parte, declaração que seria uma proposta de contrato modificativo do contrato rescindível.
>
> O colegiado entende não poder concordar com essa configuração da oferta de *reductio ad aequitatem* feita no processo.
>
> O sujeito do contrato rescindível, que se beneficiou do estado de necessidade da outra parte, 'pode evitar a rescisão', como diz o art. 1450 do Código Civil, 'oferecendo uma modificação do contrato suficiente para reconduzi-lo à equidade'.
>
> 'Pode evitar': a lei, portanto, confere-lhe um poder, o poder de evitar a rescisão do contrato por meio de uma modificação desse contrato suficiente para reconduzi-lo à equidade. E, em se tratando de um poder, a outra parte se encontra, diante dele, em uma situação de sujeição, na situação de dever suportar a modificação do contrato, com o consequente impedimento da rescisão.

---

[725] Ibid., p. 2201-2202.

Na interpretação da norma do art. 1450, deve-se dar um relevo essencial à última oração do período, ao 'pode evitar a rescisão', isto é, ao poder, ao passo que a outra oração, subordinada àquela, 'oferecendo uma modificação do contrato suficiente para reconduzi-lo à equidade', significa o modo pelo qual o poder deve ser exercitado, isto é, significa que a parte deve exercitar o poder, declarando estar disposta a assumir aquelas prestações mais onerosas, que sejam suficientes para reconduzir o contrato à equidade.

Parece inconcebível que o legislador tenha pretendido fazer depender o efeito substancial, não apenas da iniciativa da parte (dependência indireta, como se verá na sequência), mas também da cooperação discricionária da outra parte (aceitação de uma proposta de contrato modificativo do contrato rescindível), e que ele tenha querido valorizar a iniciativa da parte, apenas de forma subordinada à falta de aceitação dessa cooperação discricionária. Assim não o era no revogado Código Civil de 1865, cujo artigo 1534 determinava que, 'no caso em que a ação de rescisão seja procedente, o comprador tem a escolha entre restituir a coisa e ficar com ela, pagando o suplemento correspondente ao justo preço': esse dispositivo atribuía ao comprador uma *facultas solutionis*, isto é, valorizava apenas a iniciativa do comprador. E não se vê por qual motivo o novo legislador, instituindo o sistema diverso do art. 1450 do Código Civil em vigor, em vez de continuar a valorizar apenas a iniciativa da parte que se beneficiou do estado de necessidade da outra parte, teria instituído um *iter* tão complicado: complicado porque, mesmo que falte a cooperação discricionária (aceitação) da outra parte, o efeito substancial mesmo assim se verificaria, dependendo (indiretamente) apenas da iniciativa da parte; por isso, com base no princípio da economia e da simplificação dos instrumentos jurídicos, mostra-se mais oportuna a valorização apenas dessa iniciativa.

Dada essa interpretação da norma do art. 1450, deve-se excluir a possibilidade de se configurar a oferta de *reductio ad aequitatem* como proposta de contrato modificativo do contrato rescindível, e, por isso, deve-se excluir que seja necessária uma aceitação pela contraparte.[726]

Em seguida, a decisão esclarece que o poder em questão não incidiria sobre a realidade jurídica. Tratar-se-ia de uma simples "oferta", no

---

[726] Ibid., p. 2202-2203.

sentido de declaração (não negocial) do credor, cujo conteúdo estaria circunscrito à disposição de submeter-se aos novos termos do contrato. O exercício do poder redundaria na propositura da demanda, sendo a modificação jurídica o resultado da sentença constitutiva:

> O poder conferido pela lei ao sujeito que se beneficiou do estado de necessidade, uma vez exercido, não tem incidência imediata na realidade jurídica substancial: isto é, não se trata de um direito potestativo exercível mediante um negócio jurídico unilateral. Assim como tal instrumento jurídico não é conferido à parte em sede extrajudicial (e se viu isto acima), tampouco ele é conferido em sede judicial. Em tal sede, com efeito, de acordo com a formulação da norma do art. 1450, na interpretação que se lhe deu acima, a parte exercita antes um poder, mas declarando estar disposta a suportar ('oferecendo') aquelas prestações mais onerosas que sejam suficientes para reconduzir o contrato à equidade: uma declaração que, consistindo em uma simples 'oferta', na expressão de uma simples disposição da parte a se submeter àquelas prestações mais onerosas que sejam suficientes para reconduzir o contrato à equidade, não é por si mesma idônea a incidir na realidade jurídica substancial.
>
> O poder se exercita no processo, e o efeito de seu exercício é exclusivamente processual. O exercício do poder se traduz, então, na propositura de uma demanda judicial: negócio processual e com efeitos processuais. Demanda judicial, cuja *causa petendi* é, juntamente com a condição de rescindibilidade, a disposição declarada ('oferta') da parte a uma modificação do contrato, a ser operada pelo juiz, suficiente para restabelecer a equidade no sinalagma, e o *petitum* é, precisamente, o pedido de um provimento do juiz que – apenas ele – tem incidência na realidade jurídica substancial, que – apenas ele – produz o efeito de modificar o contrato rescindível, reconduzindo-o à equidade: portanto, um provimento constitutivo.[727]

---

[727] Ibid., p. 2203. Dessa tomada de posição, o julgado extraiu, por fim, a confirmação de algumas teses da Corte sobre o conteúdo da oferta e sobre a possibilidade de sua apresentação enquanto não transitar em julgado a sentença de rescisão:
"A configuração da oferta de *reductio ad aequitatem* feita no processo como demanda judicial não fragiliza, mas antes confirma, a jurisprudência desta Suprema corte a respeito do conteúdo da oferta e do momento em que ela pode ser feita.
De acordo com o princípio dispositivo, que caracteriza o processo civil, a parte que pede o provimento constitutivo de modificação do contrato rescindível deve determinar exatamente as modificações que entende devam ser feitas a uma ou a mais cláusulas do contrato.

A sentença em questão foi aplaudida por alguns autores[728], sem, contudo, alterar o posicionamento doutrinário amplamente majoritário, que permaneceu afirmando a natureza substancial da declaração modificativa.

A decisão da Corte de Cassação de 1972 contém, como já se observou[729], uma fração de verdade, na medida em que afasta, para que

> E o juiz deve decidir de acordo com a demanda, acolhendo-a, se entende que as modificações propostas são suficientes para reconduzir o contrato à equidade, e rejeitando-a, no caso contrário; não há, pois, o poder de integrar ou modificar a demanda. Mas não há violação do princípio dispositivo, e não se ultrapassam os limites do poder do juiz, quando a parte pede que seja modificada uma cláusula do contrato rescindível e se dirige ao juiz para que, com base em elementos objetivos ou determináveis em juízo, seja estabelecida a configuração da proposta de modificação suficiente para reconduzir o contrato à equidade: é assim quando, em hipótese de contrato de compra-e-venda, rescindível por lesão *ultra dimidium*, o comprador pede que o contrato seja reconduzido à equidade, aumentando-se o preço ao montante, a ser determinado pelo juiz, que corresponde ao valor da coisa comprada no momento do pronunciamento judicial. [...]
> Se a parte que se beneficiou do estado de necessidade da outra parte pode fazer no processo a oferta de *reductio ad aequitatem*, ou, mais exatamente, pode propor a demanda judicial de provimento constitutivo de que se falou acima, 'para evitar a rescisão', isso significa que a demanda pode ser proposta, sem qualquer preclusão, até que não se verifique, na realidade jurídica substancial, a rescisão do contrato, isto é, enquanto não transite em julgado a sentença de rescisão. [...]
> A superação das preclusões processuais, a possibilidade de propor a demanda de *reductio ad aequitatem* até o trânsito em julgado da sentença de rescisão e a suspensão condicionada pelo efeito substancial dessa sentença derivam da *ratio* da norma do art. 1450. *Ratio* que consiste na conservação do contrato de modo a reconduzi-lo à equidade, e *ratio* que torna sempre, e em todos os casos, possível a propositura da demanda de *reductio ad aequitatem*, com superação das preclusões processuais, enquanto existir o contrato, isto é, até que transite em julgado a sentença de rescisão." (Ibid., p. 2203-2204).

[728] RICCIO, Eccessiva onerosità, op. cit., p. 287. Essa também parece ser a posição de Gabrielli, ao expor o que considera ser a "evolução" da jurisprudência italiana, sem qualquer crítica à decisão (GABRIELLI, Poteri del giudice, op. cit., p. 494). De Poli aponta Gabrielli e Carpino como favoráveis à posição da Corte de Cassação (DE POLI, Matteo. La rescissione del contratto. Napoli: Edizioni Scientifiche Italiane, 2011, p. 305, nota 38 [Coleção Il Codice Civile: commentario, organizada por Francesco D. Busnelli]). A referência a Carpino é equivocada, na medida em que este reconhece ao julgado de 1972 um fundamento de verdade, ao atribuir natureza constitutiva à sentença, porém nega que a oferta tenha natureza processual. Para Carpino, em linha com Redenti, a declaração do credor tem conteúdo negocial e possui aptidão para incidir imediatamente sobre o conteúdo do contrato, ainda que a sua eficácia seja provisória (CARPINO, La rescissione del contratto, op. cit., p. 99).

[729] CARPINO, La rescissione del contratto, op. cit., p. 99.

a modificação equitativa do contrato se concretize, a necessidade de aceitação por parte do devedor. A negativa da existência de um direito potestativo exercido por meio de negócio jurídico unilateral, em contrapartida, não parece suficientemente demonstrada. O aresto limita-se a considerar que a lei não permitiria ao credor modificar unilateralmente a relação contratual em sede extrajudicial, o mesmo acontecendo no caso de exercício processual da oferta, raciocinando com base em uma aparente homologia das duas situações. Essa consideração não impressiona, na medida em que os arts. 1.450 e 1.467, 3 do Código italiano não regulam a oferta extrajudicial. O fato de não se atribuir ao credor o poder de modificar unilateralmente a relação contratual fora de juízo não significa, em absoluto, que a ele não se tenha conferido semelhante poder, condicionado ao exercício processual. Muito ao contrário, há direitos potestativos que a lei exige que sejam exercidos judicialmente, sem que se possa negá-los pelo simples fato de ao titular não se atribuir a possibilidade de exercício extraprocessual.

Negada a premissa de um suposto paralelismo de soluções para as duas formas de exercício da oferta – em juízo e fora dele –, tampouco convence a afirmação de que inexistiria um negócio jurídico, havendo uma "simples oferta", cujo objeto não residiria na modificação da realidade jurídica, mas sim "na expressão de uma simples disposição da parte a se submeter àquelas prestações mais onerosas que sejam suficientes para reconduzir o contrato à equidade".[730] E isso por duas razões.

Em primeiro lugar porque nem todo negócio jurídico unilateral possui eficácia dispositiva, no sentido de acarretar uma modificação jurídica imediata ou *post mortem*. Se isso é verdade em relação à renúncia e ao testamento, não será em relação à promessa de recompensa, à oferta, à aceitação e à outorga de poder de representação, dentre outros negócios jurídicos unilaterais com eficácia obrigacional, autorizativa ou de outra espécie.

Em segundo lugar, assentada a distinção entre a "simples oferta" e a proposta contratual – à qual, diga-se de passagem, o tribunal também recusou a qualificação de negócio jurídico unilateral –, a construção contemplada no julgado implica uma excessiva desvalorização do ato do credor, cujo conteúdo principal não reside na disposição a sujeitar-se

---

[730] Il Foro Italiano, cit., p. 2.203.

à modificação projetada, mas na própria declaração dos novos termos contratuais passíveis de reconduzir o contrato à equidade. Pode-se dizer, com Bianca, que o termo "oferta" e o verbo "oferecer" estão a indicar sobretudo o caráter *receptício* da declaração unilateral de vontade.[731] Não se pode deixar de notar que o julgado em comento, a pretexto de interpretar e preservar a letra do art. 1.450 do Código Civil italiano, acaba dela se distanciando ao praticamente negar que a oferta prevista no dispositivo tenha algum conteúdo material.

A crítica à decisão da Corte de Cassação não implica negar natureza constitutiva à sentença que julga equitativa a modificação objeto da declaração do credor, mas sim rejeitar o fundamento específico adotado pelo tribunal italiano. Uma possível natureza constitutiva do provimento jurisdicional deverá, conforme o caso, ser fundamentada de outro modo.

Afirma-se que a linha interpretativa exposta na decisão de 1972 se consolidou na jurisprudência da Corte de Cassação.[732] Essa assertiva soa, no entanto, exagerada, quando se tem em mente que o mesmo tribunal, em data posterior, voltou a sustentar, ainda que sem o mesmo aprofundamento, a tese da natureza negocial da oferta modificativa. É o caso, ao menos, de dois julgados, um de 1988[733] e outro de 2014.[734]

Atento a esse possível retorno à orientação anterior a 1972, De Poli observa que a questão ainda se afigura incerta na jurisprudência italiana, prevalecendo atualmente a afirmação da natureza substancial da oferta modificativa.[735]

28. Presença do Tema na Doutrina Brasileira

A doutrina nacional não aprofunda a questão da natureza da sentença que acolhe a oferta de modificação equitativa do credor. Dentre os que

---

[731] BIANCA, Diritto civile: volume 3, il contratto, op. cit., p. 679.

[732] GABRIELLI, Studi sulle tutele contrattuali, op. cit., p. 9.

[733] Citado por RICCIO, Eccessiva onerosità, op. cit., p. 269, nota 8; e DE POLI, Rescissione del contratto, op. cit., p. 306, nota 44.

[734] Decisão nº 12.665, publicada em 5 de junho de 2014, em cuja ementa se lê: "A oferta de recondução à equidade do contrato rescindível, possuindo natureza substancial, pode ser formulada até o resultado da pronúncia sobre o vício, pois a respeito dela não se aplicam preclusões processuais." Vide, ainda, p. 8 da decisão, em que se afirma ter o recurso se baseado em um "pressuposto errôneo", a saber, "a natureza processual da oferta apresentada ex art. 1450 cod. civ."

[735] DE POLI, Rescissione del contratto, op. cit., p. 306.

aludem ao tema, predomina o entendimento de que se trata de sentença constitutiva. A posição, todavia, é referida sem fundamentação e sem considerar outras possibilidades, como se o ponto não comportasse discussão.[736-737-738]

Concepção distinta é a de Nelson Nery e Rosa Nery, para quem a sentença teria natureza determinativa, no sentido de provimento integrativo do negócio jurídico.[739] Não fica totalmente claro, contudo, se

---

[736] FRANTZ, Laura Coradini. Revisão dos contratos: elementos para sua construção dogmática. São Paulo: Saraiva, 2007, p. 149; ASSIS, Araken de. Comentários ao Código Civil brasileiro: volume V, do direito das obrigações, arts. 421 a 480. Rio de Janeiro: Forense, 2007, p. 726 (Coleção Comentários ao Código Civil Brasileiro, organizada por Arruda Alvim e Thereza Alvim); POTTER, Nelly. Revisão e resolução dos contratos no Código Civil conforme perspectiva civil-constitucional. Rio de Janeiro: Lumen Juris, 2009, p. 177; NASSER, Paulo Magalhães. Onerosidade excessiva no contrato civil. São Paulo: Saraiva, 2011, p. 174; e NITSCHKE, Guilherme Carneiro Monteiro. Revisão, resolução, reindexação, renegociação: o juiz e o desequilíbrio superveniente de contratos de duração. Revista Trimestral de Direito Civil, São Paulo, n. 50, p. 135-159, 2012, aqui p. 151.

[737] A natureza constitutiva da sentença, afirmada por conta da presença de um direito potestativo à modificação, já era afirmada por BITTAR FILHO, Carlos Alberto. Teoria da imprevisão: dos poderes do juiz. São Paulo: Revista dos Tribunais, 1994, p. 12.

[738] O ponto é exposto com um pouco mais de desenvolvimento por Ilton Carmona de Souza, para quem a sentença revisional seria constitutiva – dado que "julgada procedente a demanda, ter-se-á uma situação nova, que gerará, a partir da sentença que a constitui, novos efeitos legítimos em relação aos contratantes" – e determinativa, pois se trataria de julgamento por equidade (SOUZA, Ilton Carmona de. O pedido genérico na ação de revisão contratual. In: MAZZEI, Rodrigo (coord.). Questões processuais do novo Código Civil. Barueri: Minha Editora; Vitória: Instituto Capixaba de Estudos, 2006, p. 278-302, aqui p. 294-295. Sobre a falta de um verdadeiro juízo de equidade na *fattispecie* do art. 479 do Código Civil, cf. o item 25.1 *supra*.

[739] "A modificação será feita mediante sentença *determinativa* (*festsetzendes Urteil*): o juiz não substitui, mas *integra* o negócio jurídico [...], redigindo a nova cláusula." Nos comentários ao art. 422, ao qual remetem, aduzem: "Entendendo procedente o pedido de revisão de contrato, o juiz deverá rever a cláusula que causou a quebra da base do negócio, redigindo-a novamente para que o contrato volte a ser equilibrado, proporcional, como querido pelos contratantes no momento da conclusão do contrato. [...] Essa sentença, que na verdade tem natureza *determinativa*, isto é, integrativa do negócio jurídico, é tarefa que é dada pelo sistema ao juiz, porquanto não há outro modo de ele concretizar as cláusulas gerais senão redigindo a nova cláusula contratual. A função jurisdicional aqui é assemelhada à da jurisdição voluntária, só que litigiosa, vale dizer, o juiz *integra, participa* do negócio jurídico privado, mas não age em substituição da vontade das partes como na jurisdição tradicional." (NERY JUNIOR, Nelson; NERY, Rosa Maria de Andrade. Código Civil Comentado. 5. Ed. São Paulo: Rt, 2007, P. 509 E 544; Grifo Dos Autores). Adere A Essa Posição FERRAZ, Patrícia

os autores julgam ser essa a natureza do provimento mesmo em se tratando de oferta determinada.

Há, ainda, quem refira duas opiniões encontradas na doutrina italiana (natureza constitutiva ou declaratória), sem, entretanto, tomar partido por uma delas.[740]

Por fim, um autor isolado refere a posição de Roppo[741], que, vale dizer, atribui natureza variável à sentença.[742]

29. Exercício Processual de Direitos Potestativos

Em alguma medida, a maior parte dos autores que enfrentaram a questão da natureza da sentença que pronuncia a modificação equitativa do contrato afetado pela excessiva onerosidade superveniente ampararam a respectiva conclusão em um ou mais dos seguintes fatores: (a) presença de um direito potestativo de modificação titulado pelo credor; (b) presença de um negócio jurídico unilateral modificativo; e (c) natureza e extensão do poder atribuído ao juiz.

Uma resposta metodologicamente fundamentada deve, pois, partir desses elementos, a fim de esclarecer se e de que modo eles influenciam a almejada resposta. Enfrente-se, primeiramente, a relação existente entre a natureza potestativa do direito à modificação equitativa e a eficácia da sentença a ser proferida.

Desde os primórdios da construção do conceito de direito potestativo, tornou-se usual classificá-lo consoante seu modo de exercício. Ao passo que a maior parte dos direitos pertencentes a essa categoria possuiria aptidão ao exercício independente de iniciativa jurisdicional, isto é, mediante mera declaração do titular – à qual se vinculariam, então, os efeitos jurídicos pertinentes –, outros direitos potestativos demandariam a intervenção de um julgador (juiz ou árbitro). Seckel deno-

---

Sá Moreira de Figueiredo. A onerosidade excessiva na revisão dos contratos: a concorrência na aplicação da regra dos arts. 317 e 478 do Código Civil vigente. São Paulo, 2015. Dissertação (Mestrado em Direito Civil). Faculdade de Direito, Universidade de São Paulo, p. 84 e nota 231.

[740] DIAS, Antônio Pedro Medeiros. Revisão e resolução do contrato por excessiva onerosidade. Belo Horizonte: Fórum, 2017, p. 152-153, nota 91.

[741] Cf. o item 26.3 *supra*.

[742] RENNER, Rafael. Novo direito contratual: a tutela do equilíbrio contratual no Código Civil. Rio de Janeiro: Freitas Bastos, 2007, p. 233 e nota 538.

minou esses últimos *Gestaltungsklagerechte* e vinculou a sua realização a uma sentença constitutiva.[743]

A existência de direitos potestativos de exercício necessariamente processual adicionou novo fator de incerteza à construção da figura, suscitando críticas por conta da suposta mitigação da principal característica dessa espécie de situação jurídica subjetiva, a saber, o poder de modificar a realidade jurídica preexistente.[744] Isso porque, se a constituição, a modificação ou a extinção da situação jurídica é efeito da sentença constitutiva, não haveria verdadeiro poder por parte do autor da demanda.[745]

---

[743] SECKEL, Emil. Die Gestaltungsrechte des bürgerlichen Rechts, in Festgabe für Koch, Berlin, 1903, p. 205 ss. *apud* CARPINO, Brunetto. L'acquisto coattivo dei diritti reali. Napoli: Jovene, 1977, p. 73. A possibilidade de direitos potestativos exercidos por meio de uma declaração de vontade unida ou integrada a um provimento judicial também foi destacada por Enneccerus (Derecho civil, parte general, volume 1, introducción, derecho objetivo, derechos subjetivos, sujeto del derecho, objeto del derecho. 13ª revisão, por Hans Carl Nipperdey. Tradução da 39ª edição alemã, com estudos de comparação e adaptação, por Blas Pérez González e José Alguer. In: ENNECCERUS, Ludwig; KIPP, Theodor; WOLFF, Martin. Tratado de derecho civil: tomo I, parte general, 1. Barcelona: Bosch, 1934, p. 294) e Messina (Diritti potestativi. In: _____. Scritti giuridici: volume 5. Milano: Giuffrè, 1948, p. 41-57, aqui p. 55). Na literatura nacional, vide AMORIM FILHO, Agnelo. As ações constitutivas e os direitos potestativos. Revista Forense, Rio de Janeiro, n. 216, p. 23-31, out.-dez. 1966, aqui p. 29-31.

[744] CARPINO, L'acquisto coattivo dei diritti reali, op. cit., p. 112.

[745] Indagando sobre a natureza potestativa dos direitos e ações de nulidade e de anulação, Pontes de Miranda chega a proclamar a incompatibilidade entre os direitos potestativos e as decisões constitutivas: "Há direitos formativos que só se exercem pela via judicial; mas, de regra, não precisam eles de ação, para seu exercício. Quando tem necessidade dela, ou a forma judicial apenas integra o ato de exercício, ou a decisão é apenas declaratória. *Se a decisão é constitutiva positiva ou negativa, não há pensar-se em direito formativo gerador, modificativo ou extintivo: o que gera, modifica ou extingue é a sentença mesma, não o exercício de direito formativo.*" (Tratado de direito privado: vol. XXII. 3. ed. Rio de Janeiro: Borsoi, 1971, p. 27; itálicos nossos). De forma abertamente contraditória, todavia, ao arrolar os modos de exercício dos direitos potestativos em outro tomo do Tratado, inclui o exercício "mediante sentença constitutiva, como o direito de desquitar-se". Nesse mesmo tomo, apresenta tabela com exemplos de direitos potestativos, nela inserindo, dentre os extintivos, "direito e ação de anulação" e "direito e ação de decretação de nulidade" (Tratado de direito privado: vol. V. 3. ed. Rio de Janeiro: Borsoi, 1970, p. 306 e 313). E no Tratado das Ações também afirma a compatibilidade entre direitos potestativos e sentença constitutiva: "*A ação constitutiva por vezes se liga a exercício de direitos formativos*, porém não sempre [...]. Se o direito formativo pode ser exercido sem ação, cumpre saber-se se, com o exercício da 'ação', se constitui ou apenas se pede declaração. Diz-se, em geral, que a sentença aí, é declarativa, e não constitutiva. [...] *A sentença só é constitutiva se a decisão do juiz é elemento do suporte fático do exercício do direito formativo.*"

A despeito dos questionamentos, a fisionomia do direito potestativo não parece se alterar por conta do exercício processual. A questão foi agudamente examinada por Falzea, em monografia sobre o direito dos cônjuges à separação.[746] Sob a perspectiva da natureza da atividade necessária à realização do direito potestativo, o autor distingue inicialmente (i) direitos potestativos realizados por meio de uma *atividade substancial*, limitada ao comportamento do seu titular (*v.g.*, o direito de aceitação da proposta, o direito de revogação do mandato por parte do mandante, o direito de renúncia ao mandato por parte do mandatário e o direito à aceitação da herança); e (ii) direitos potestativos *necessariamente* realizados por meio de uma *atividade processual*, caracterizada pela intervenção jurisdicional, excluído, nesse caso, outro meio extrajudicial (*v.g.*, o direito à anulação do negócio jurídico).[747]

No primeiro caso, o "efeito final nasce diretamente da declaração de vontade do titular do direito potestativo", e a sentença, limitada à constatação da mutação jurídica advinda do comportamento da parte, possui eficácia meramente declaratória. Já no segundo caso, o efeito final depende de o titular se desincumbir do ônus de requerer ao juiz a alteração jurídica a que tem direito, sendo essa mutação o efeito de uma sentença constitutiva.[748]

Falzea destaca, contudo, um *terceiro grupo de casos*, nos quais, a despeito da previsão de uma atividade processual, permite-se que o mesmo resultado possa ser alcançado pelo titular fora da esfera judicial, "mediante convenção privada". Nesse grupo ele destaca, no direito italiano, o direito à comunhão de muro, o direito à servidão de aqueduto e o direito à divisão dos bens hereditários.[749]

O autor entende que a qualificação desses casos comportaria uma "alternativa categórica". Se se admite a configuração de direitos potestativos, inexiste dever de perseguir previamente a composição extrajudicial, tampouco pretensão a que se realize a tentativa de acordo. Deve-se, então, atribuir à "realização privada do interesse garantido um

---

(PONTES DE MIRANDA, Francisco Cavalcanti. Tratado das ações: tomo III, ações constitutivas. São Paulo: RT, 1972, p. 4 e 10; grifo nosso).
[746] FALZEA, Angelo. La separazione personale. Milano: Giuffrè, 1943.
[747] Ibid., p. 131-133.
[748] Ibid., p. 132-133.
[749] Ibid., p. 133.

papel secundário em respeito à realização processual, e deve admitir-se, em consequência, que o titular de um direito potestativo dessa natureza possui, desde o momento em que tal direito lhe é atribuído, o poder de apresentar-se à autoridade judiciária, sem ter previamente tentado a via extrajudicial: vem a reconhecer-se que a única tutela formal conferida pelo ordenamento jurídico é constituída pela centralização jurisdicional".[750]

Diversamente, poder-se-ia admitir que o acesso à via judicial demandaria a prévia frustração da realização privada do interesse. Em tal construção, a sentença desempenharia papel substitutivo do acordo não alcançado, secundário e subsidiário em relação a ele. Não haveria situação de sujeição por parte do sujeito afetado pelo exercício do direito. Inexistiria, por essas razões, verdadeiro direito potestativo.[751]

Falzea, a nosso ver corretamente, enquadra dentre os direitos potestativos as situações subjetivas pertinentes a essa terceira classe. E extrai daí duas importantes conclusões. Primeiramente, a realização privada do interesse possui natureza acidental. Obtido o bem da vida mediante acordo, o titular do direito potestativo terá renunciado à faculdade de exercer o direito potestativo. Em suas palavras: "[A] realização convencional do interesse possui, nessa classe de direitos potestativos, natureza acidental, enquanto não está prevista na norma como meio de realização de tais direitos. [...] Portanto, conquanto exista a abstrata eventualidade de que o sujeito passivo se preste a fazer conseguir o bem, em que consiste o efeito garantido, mediante acordo, o titular do direito não está adstrito a, antes de dirigir-se à autoridade judiciária, tentar a via do acordo extrajudicial, já que a contraparte não possui a obrigação de comportar-se nesse sentido, nem direito a que o titular persiga previamente a via convencional. Para comprovar o que se disse, basta observar que, quando o titular do direito potestativo adere a um acordo por meio do qual obtém o bem, age fora dos confins do direito, enquanto renuncia a fazer valer as faculdades que neste âmbito lhe competem".[752]

Em segundo lugar, aduz, não há diferença *substancial* entre os direitos desse terceiro grupo e aqueles para os quais só se admite a via proces-

---

[750] Ibid., p. 134-135.
[751] Ibid., p. 134-135.
[752] Ibid., p. 138.

sual. Há uma mera "diferença secundária", pois somente nos primeiros há a possibilidade de obtenção de um acordo extrajudicial, representativo de "uma via que opera do lado externo em relação ao direito". Esta distinção reflete apenas a "diversidade dos fins à qual é predisposta, nas duas hipóteses, a intervenção do magistrado". Quando a tutela judicial é exclusiva, visa a garantir um interesse geral (tais como a família e o comércio jurídico), ao passo que, nos demais casos, o processo busca apenas conferir às partes um meio mais "enérgico e imediato" de tutela.[753]

No caso do direito de modificação equitativa do contrato, já se viu que a declaração do credor, prevista no art. 479 do Código Civil, tem o seu *locus* no processo jurisdicional instaurado pelo devedor – judicial ou arbitral –, visando à decretação da resolução do contrato.[754] A maior parte dos autores admite a possibilidade de uma declaração dirigida ao devedor fora do processo, seja antes da instauração da demanda, em uma etapa prévia de troca de notificações, seja no curso da lide, porém fora das petições. Essa possibilidade deve, efetivamente, ser admitida, porém não desnatura a presença de um direito potestativo.

O eventual acordo das partes quanto à modificação equitativa da relação contratual não afasta a presença, no suporte fático do art. 479 do Código Civil, de um verdadeiro e próprio direito potestativo do credor a obter a modificação equitativa do contrato. A realização do interesse do credor na manutenção do contrato mediante composição extraprocessual não integra a previsão do referido dispositivo, cujo suporte fático estará preenchido apenas na hipótese de exercício judicial do direito potestativo do credor.[755]

Em linha com o acima exposto, pode-se qualificar o direito de modificação equitativa previsto no art. 479 do Código Civil como um *direito potestativo condicionado ao exercício processual*.[756] Não se pode perder de vista, no entanto, o fato de a lei não vedar a composição extraprocessual das partes, o que, aliás, soaria no mínimo implausível, em se tratando de assegurar a manutenção de direitos patrimoniais plenamente disponíveis.[757]

---

[753] Ibid., p. 138-139.
[754] Cf. o item 18.2 *supra*.
[755] Sobre o ponto, cf. o item 22.2 *supra*.
[756] Nesse sentido, DATTOLA, L'offerta di riduzione ad equità, op. cit., p. 47.
[757] Sobre a questão da oferta extraprocessual, cf. o item 22.2 *supra*.

A afirmação no sentido de se estar diante de um *Gestaltungsklagerecht* demanda o desenvolvimento da ligação entre essa figura e a sentença constitutiva.

30. Direito Potestativo e Tutela Constitutiva

Há uma associação histórica entre a sentença constitutiva – ou tutela constitutiva, expressão que a doutrina processualista contemporânea demonstra preferir – e os direitos potestativos sujeitos a exercício judicial. Tal ligação é de fácil intuição. Em uma primeira aproximação, se o direito potestativo tem por objeto a constituição, a modificação ou a extinção de uma situação jurídica, e a tutela constitutiva corresponde precisamente às hipóteses em que se pleiteia a constituição, a modificação ou a extinção de uma situação jurídica, então, na base de toda tutela constitutiva, estaria, necessariamente, um direito potestativo.

Muito embora a construção do conceito de processo constitutivo, iniciada pela doutrina alemã na década de 80 do século XIX, tenha antecedido ligeiramente a elaboração doutrinária da categoria do direito potestativo[758], foi com o já referido trabalho de Seckel[759] que se delineou claramente a distinção entre os direitos potestativos exercitáveis fora do processo (*Gestaltungsrechte*) e aqueles exercitáveis exclusivamente em juízo (*Gestaltungsklagerechte*), de modo a permitir o desenvolvimento da noção de processo constitutivo sobre "rigorosas bases conceituais".[760]

A conexão entre a sentença constitutiva e os "direitos de poder jurídico" (*Rechte des rechtlichen Könnens*) foi firmemente estabelecida por Konrad Hellwig, tido como um dos primeiros a delimitar precisamente o conceito de sentença constitutiva.[761] Para ele, nos direitos potestativos,

---

[758] Para a bibliografia alemã sobre o tema, rica já nos albores do século XX, vide: Rocco, Alfredo. La sentenza civile: studi. Milano: Giuffrè, 1962, p. 125 ss. (e nota 18).

[759] Cf. o item 17.1 *supra*.

[760] Ferri, Corrado. Profili dell'accertamento costitutivo. Padova: CEDAM, 1970, p. 26.

[761] Hellwig, Konrad. Anspruch und Klagerecht: Beiträge zum bürgerlichen und zum Prozessrecht. Jena: Gustav Fischer, 1900, p. 445 ss.; e Hellwig, Konrad. Lehrbuch des deutschen Civilprozessrechts: Band I. Leipzig: A. Deichert, 1903, p. 49 *apud* Rocco, La sentenza civile, op. cit., p. 126. O próprio Chiovenda, no escrito oriundo de sua famosa conferência bolonhesa, aponta os nomes de Hellwig e Kipp como fautores de uma adequada sistematização da então nova categoria (Chiovenda, Giuseppe. L'azione nel sistema dei diritti. *In*:_____. Saggi di diritto processuale civile: volume primo. Roma: Foro Italiano, 1930, p. 3-99, aqui p. 97, nota 118).

a modificação da relação jurídica preexistente pode advir da mera declaração (extrajudicial) do titular ou de uma sentença emitida a seu pedido. Na segunda hipótese, o direito à modificação da realidade jurídica somente se realiza com o trânsito em julgado da sentença. Haveria, pois, um "*direito de ação* que tem por objeto a emissão de uma *sentença constitutiva*".[762]

A mesma vinculação foi estabelecida por Chiovenda, tido como o precursor, na Itália,[763] da classificação tripartite das sentenças: "De sentenças constitutivas falava já a doutrina menos recente, mas como de figuras *anormais* frente à natureza meramente declarativa da sentença [...]. Mas a categoria dos direitos potestativos permitiu à doutrina moderna reunir essas e numerosíssimas outras sentenças em um grupo em si que não apresenta nada de anormal em relação à natureza declaratória das sentenças; também elas são sentenças, como todas as outras, *declarativas*; a sua particularidade depende exclusivamente da especial natureza do direito que forma o seu objeto".[764]

Se é verdade que a associação à ideia de direito potestativo sujeito a necessário exercício judicial contribuiu para dotar de maior rigor dogmático o conceito de provimento constitutivo, não é menos verdade que acabou por se transformar, também, em seu calcanhar de Aquiles. E isso não somente porque a própria viabilidade da categoria dos direitos potestativos, em geral, foi duramente combatida por parte da doutrina[765], o que por vezes se traduziu em ataque à admissibilidade da própria sentença constitutiva[766], mas também pelas incertezas e indeterminações daquela figura, apontadas até mesmo por seus defensores.

---

[762] HELLWIG, Anspruch und Klagerecht, op. cit., p. 460; HELLWIG, Lehrbuch des deutschen Civilprozessrechts, op. cit., p. 48-49 e 394 *apud* ROCCO, La sentenza civile, op. cit., p. 127 (grifo do autor).
[763] FERRI, Profili dell'accertamento costitutivo, op. cit., p. 7.
[764] CHIOVENDA, Giuseppe. Istituzioni di diritto processuale civile: volume I, i concetti fondamentali, la dottrina delle azioni. 2. ed. Napoli: Jovene, 1935, p. 178-179 (grifo do autor).
[765] Para algumas dessas críticas, cf. o item 17.3 *supra*.
[766] Sirva de exemplo a posição de Rocco, crítico ferrenho do conceito de direito potestativo, para quem a conexão estreita entre sentença constitutiva e direito potestativo seria a "prova da impropriedade e da inexatidão do conceito" de sentença constitutiva (La sentenza civile, op. cit., p. 128). Note-se, contudo, que essa posição perdeu força com a previsão das sentenças constitutivas no art. 2.908 do Código Civil italiano ("Art. 2908. Effetti costitutivi del-

Passado mais de um século, a conexão entre as referidas categorias ainda ecoa em parte da literatura processualista moderna[767-768], muito

le sentenze. Nei casi previsti dalla legge, l'autorità giudiziaria può costituire, modificare o estinguere rapporti giuridici, con effetto tra le parti, i loro eredi o aventi causa.")
[767] Na doutrina italiana, a associação permanece, *v.g.*, em: SATTA, Salvatore; PUNZI, Carmine. Diritto processuale civile. 13. ed. Padova: CEDAM, 2000, p. 268 (vide ainda, a despeito de uma visão crítica do conceito de direito potestativo: SATTA, Salvatore. L'esecuzione forzata. 4. ed. Torino: UTET, 1963, p. 6, 9 e 10); Crisanto Mandrioli e Antonio Carratta, que agrupam, dentro da tutela constitutiva *lato sensu*, a tutela constitutiva *necessária*, cujo objeto residiria nos "direitos potestativos necessários", e a tutela constitutiva *não necessária*, cujo pressuposto seria a violação de um preexistente direito potestativo "não necessário" (ou, talvez fosse melhor dizer, de um direito potestativo não necessariamente exercitável em juízo) (MANDRIOLI, Cristanto; CARRATTA; Antonio. Corso di diritto processuale civile: volume I, nozioni introduttive e disposizioni generali. *Editio minor*, 14. ed. Torino: Giappichelli, 2017, p. 9, 10 e 51). Destaque-se, ainda, a assertiva de Enrico Tullio Liebman: "A sentença constitutiva é, pois, a atuação jurisdicional do direito à modificação da situação jurídica preexistente" (LIEBMAN, Enrico Tullio. Manual de direito processual civil: volume I. 3. ed. Tradução e notas de Cândido Rangel Dinamarco. São Paulo: Malheiros, 2005, p. 246, nota 25).
[768] Na doutrina nacional, José Carlos Barbosa Moreira destaca, com apoio em Calamandrei, os dois elementos da sentença constitutiva, sendo o primeiro, declaratório, consistente na "afirmação do direito da parte à modificação jurídica pleiteada (direito potestativo, ou, como preferem alguns, formativo)" e o segundo, "propriamente constitutivo", correspondente à "modificação em si mesma, por ato do juiz" (BARBOSA MOREIRA, José Carlos. Reflexões críticas sobre uma teoria da condenação civil. In:_____ Temas de direito processual: primeira série. São Paulo: Saraiva, 1977, p. 72-80, aqui p. 78). Em sentido análogo, Cândido Rangel Dinamarco afirma que a "tutela jurisdicional constitutiva consiste em dar efetividade ao direito do autor à modificação de uma situação jurídica que ele não deseja e pretende eliminar" e, após distinguir os casos em que o direito à modificação deve ou não ser pleiteado em juízo, pontua: "Conceituam-se esses direitos subjetivos materiais, em face disso, como direitos potestativos" (Dinamarco, Cândido Rangel. Instituições de direito processual civil: volume III. 7. ed. São Paulo: Malheiros, 2017, p. 301-303). Flávio Luiz Yarshell refere a lição de Chiovenda, conquanto noticiando as críticas a ela endereçadas (YARSHELL, Tutela jurisdicional, op. cit., p. 146-147). José Roberto dos Santos Bedaque também corrobora a associação entre tutela constitutiva e direito potestativo, afirmando: "O direito potestativo a determinada modificação jurídica, não obtida espontaneamente por resistência de um dos sujeitos da relação substancial ou por vedação existente no próprio sistema, pode ser alcançado pela via jurisdicional, mediante tutela denominada 'constitutiva'. Neste caso, a alteração pretendida e não obtida por atuação voluntária da regra pelos próprios destinatários dela opera-se por força da sentença, que constitui a nova situação jurídica." Em outro passo, define o momento cognitivo da tutela constitutiva como "o reconhecimento do direito potestativo" (BEDAQUE, José Roberto dos Santos. Efetividade do processo e técnica processual. São Paulo: Malheiros, 2006, p. 521 e 523). Por fim, para Araken de Assis, a ação constitutiva "provém da eficácia inovadora existente em certos direitos subjetivos", remetendo à já exa-

embora, por vezes, sem o peso que já se lhe atribuiu. Outra parte da doutrina julga que *nem toda* sentença constitutiva teria em sua base um direito potestativo.[769] Por fim, outros autores negam a prestabilidade do conceito de direito potestativo, atribuindo à sentença constitutiva fundamento diverso.[770]

Ainda que controverso se apresente o seu pressuposto material – o qual, como visto, para parte da doutrina, não seria assimilável à existência de um direito potestativo –, o conceito de tutela jurisdicional constitutiva vem difundido, praticamente sem variações, como a tutela correspondente à constituição de uma situação jurídica nova, à modificação ou à extinção de uma situação jurídica preexistente.

Afirma-se, então, que a sentença constitutiva, além de declarar o direito da parte à modificação jurídica pleiteada, também opera a respectiva mutação[771], residindo, precisamente, nesse elemento ou momento constitutivo, isto é, na *eficácia inovadora* do provimento, o seu *quid* distintivo em relação às demais modalidades de tutela cognitiva.

A sentença (meramente) declaratória, por sua vez, em definição corrente, possui o escopo de "eliminar dúvida objetiva acerca da existência, inexistência ou modo de ser de uma relação jurídica"[772], dirimindo, assim, uma "crise de certeza"[773].

31. Eficácia Constitutiva da Sentença

À luz da noção acima exposta, para aferir a natureza da sentença do art. 479 do Código Civil, basta indagar, então, se a modificação equitativa *preexiste* ao provimento judicial, que se limitaria a *declará-lo*, ou, ao contrário, se ela *resulta* da sentença. Dado que o juiz sempre deverá aferir o resultado equitativo da oferta do credor, bem como, nos casos de oferta

---

minada lição de Chiovenda (Processo civil brasileiro: volume I, parte geral, fundamentos e distribuição de conflitos. São Paulo: RT, 2015, p. 677).

[769] Pontes de Miranda sustenta inexistir direito potestativo "nas ações de nulidade, na de interdição e em muitas outras" (Tratado das ações: tomo III, op. cit., p. 4).

[770] Assim, por exemplo: PALERMO, Antonio. Il processo di formazione della sentenza civile. Milano: Giuffrè, 1955, p. 223 e 230.

[771] Para essa "decomposição", vide Tomás Pará Filho, autor da única monografia nacional dedicada ao tema de que temos conhecimento, nesse ponto aludindo a James Goldschmidt (PARÁ FILHO, Tomás. Estudo sobre a sentença constitutiva. São Paulo: Obelisco, 1973, p. 29).

[772] YARSHELL, Tutela jurisdicional, op. cit., p. 142.

[773] DINAMARCO, Instituições de direito processual civil: volume III, op. cit., p. 266.

determinável, deverá integrar a porção do conteúdo faltante, não parece possível sustentar a eficácia imediata da declaração do credor.

O art. 479 do Código Civil dispõe que, com a modificação equitativa declarada pelo credor requerido, "a resolução poderá ser evitada". Não há, portanto, na dicção lacônica da lei, assertiva expressa quanto ao momento em que a modificação se constitui. O emprego do verbo "oferecendo-se", no entanto, parece conotar a necessidade de um *segundo ato* para que a "oferta" produza efeitos. Esse ato, à falta de acordo entre as partes, a nosso ver deverá ser identificado na sentença. A afirmação da eficácia constitutiva do provimento jurisdicional parece encontrar, assim, apoio na redação do art. 479 do Código Civil.

Ainda que, porventura, atribua-se à declaração do credor o efeito de diminuir a possibilidade de uma tutela cautelar desobrigando o devedor de adimplir a sua prestação, tal efeito eventual não se confundirá, por óbvio, com o efeito modificativo da relação contratual, esse último dependente de um provimento jurisdicional favorável à equidade das modificações contempladas pelo credor.

As considerações acima realizadas se aplicarão, com maior razão, aos casos de pedido de modificação formulado pelo credor, subsidiariamente ao pedido principal de rejeição da demanda por ausência, no todo ou em parte, dos requisitos para a excessiva onerosidade superveniente. Nesse cenário, que certamente não será raro, o requerido, ao condicionar a modificação à prévia decisão favorável à presença dos elementos previstos no art. 478 do Código Civil, terá afastado uma hipotética produção imediata de efeitos modificativos da relação contratual e, com ela, uma possível eficácia declaratória da sentença.

Não se pode, contudo, concluir tal indagação sem aferir a sua compatibilidade com duas premissas anteriormente fixadas, a saber: (i) a natureza potestativa do direito do credor à modificação equitativa da relação contratual; e (ii) a índole negocial do ato de exercício do poder modificativo em questão.

No tocante ao primeiro aspecto, a asserção da constitutividade do provimento jurisdicional não infirma a presença de um direito potestativo. Ainda que não se tome o partido da corrente que associa a sentença constitutiva aos direitos potestativos exercitáveis exclusivamente em juízo (*Gestaltungsklagerechte*), há de se reconhecer que tais figuras são, quando menos, compatíveis. Em outras palavras, a afirmação da pluralidade de fundamentos materiais da sentença constitutiva não afasta a possibilidade de, entre eles, situar-se o direito potestativo, a menos, naturalmente, que se negue valor à própria construção dessa espécie de direito subjetivo.[774]

Tampouco há alguma incompatibilidade entre a natureza negocial do ato de exercício do direito à modificação e a sentença constitutiva por força da qual a modificação se constitui. Essa congruência foi afirmada, desde os primórdios da construção da categoria dos direitos potestativos, pelos autores que viram, na hipótese de tais posições jurídicas serem exercitáveis exclusivamente em juízo, uma *fattispecie* complexa, integrada, ao mesmo tempo, por uma declaração negocial e por um provimento judicial constitutivo.[775]

Não se desconhece a proposta de parte da doutrina italiana moderna, que consiste em negar, em todos os casos, ou em parte deles, a presença de um verdadeiro *poder substancial* (inconfundível com o direito de ação), exercido pela parte a pleitear a tutela constitutiva. O exame sistemático dessa discussão, por vezes culminante na proclamação de uma "revisão radical" da própria noção de tutela constitutiva[776], não se mostra necessário ou compatível com o escopo do presente trabalho.

---

[774] É a posição, *v.g.*, de Tomás Pará Filho, que, a despeito de reconhecer a relação entre a ação constitutiva e um "direito ou poder substancial correspondente à inovação jurídica", recusa qualificar essa posição jurídica, fazendo uso do conceito de direito potestativo, por considerá-lo sujeito a "relevantes contestações doutrinárias" (Pará Filho, Estudo sobre a sentença constitutiva, op. cit., p. 158).

[775] Nesse sentido, Seckel afirmou a presença, nos casos de *Gestaltungsklagerechte*, de uma *fattispecie* composta por negócio jurídico e provimento judicial constitutivo (Seckel, Die Gestaltungsrechte des bürgerlichen Rechts, op. cit., p. 236 e 239 *apud* Ferri, Profili dell'accertamento costitutivo, op. cit., p. 24-25). Enneccerus também já identificara casos em que o direito potestativo se exercitava, e a modificação jurídica se produzia, "mediante uma declaração de vontade junto com uma sentença judicial constitutiva" (Derecho civil, op. cit., p. 294). Messina, a seu turno, qualificou os atos de exercício dos direitos potestativos como "ato real ou negócio jurídico, autônomo ou integrado de um provimento da autoridade judiciária" (Diritti potestativi, op. cit., p. 55).

[776] Após cunhar tipologia dos esquemas gerais de produção de efeitos substanciais, relacionando-os à tutela constitutiva, Andrea Proto Pisani observa ser tempo de uma "radical revisão da aparentemente unitária categoria das ações constitutivas". A seu ver, tal revisão levaria à "eliminação" da aludida categoria, ou então ao "radical redimensionamento" não somente dela, mas "sobretudo [...] da relevância do direito potestativo sujeito a necessário exercício judicial" (Proto Pisani, Andrea. Lezioni di diritto processuale civile. 6. ed. Napoli: Jovene, 2014, p. 171).

Note-se, apenas, que a afirmação da natureza puramente processual do poder de obter a modificação jurídica nos casos de necessário exercício judicial[777] soa mais verossímil em casos de poderes *extintivos*, tais como o poder de anulação ou o poder de resolução[778] de negócios jurídicos – os quais parecem, de fato, suscitar discussão mais detida na doutrina –, do que na hipótese de poder *modificativo*, tal como o previsto no art. 479 do Código Civil. Isso porque, ao passo que os direitos de anulação e de resolução são exercidos por meio de um ato jurídico em sentido estrito, cujo conteúdo e cujos efeitos encontram-se predeterminados em lei, o mesmo não pode ser dito do direito à modificação equitativa, exercido por meio de um negócio jurídico unilateral, cujo conteúdo será, no todo ou em parte, determinado pelo credor declarante.

Se não é dado desconhecer a relevância do papel do julgador na aferição da equidade da modificação – à qual se soma, nos casos de declaração com conteúdo determinável, a integração da porção do conteúdo deixada em aberto –, tampouco parece correto negar a presença, na *fattispecie* da eficácia modificativa, de um verdadeiro ato de autonomia privada. Ademais, como sabido, o mero fato de uma declaração negocial vir a ser realizada no processo não a desnatura ou a subtrai do regime substancial do negócio jurídico.[779]

Recorde-se, ainda, estar o juiz vinculado ao ato do credor, na medida em que adstrito às modificações objetivadas pelo credor, não podendo alterá-las ou integrá-las contrariamente ao declarado.

---

[777] Adolfo Di Majo julga difícil "postular a preexistência de um direito subjetivo quando o efeito invocado (por exemplo, a anulação do contrato ou a dissolução do matrimônio) somente poderá ser realizado por meio da sentença do juiz, e não por outros meios", daí afirmando ser pouco convincente "o binômio direito potestativo-sentença constitutiva", bem como insincera a "fórmula 'direito potestativo'" (Di Majo, Adolfo. La tutela civile dei diritti. 4. ed. Milano: Giuffrè, 2003, p. 363 (Coleção Problemi e metodo del diritto civile, vol. 3). Alessandro Motto, por sua vez, conquanto esclareça não ter a intenção de propor uma definição de poder substancial a ser acolhida no plano da teoria geral das situações jurídicas subjetivas, adota uma noção cuja característica fundamental está em que "o ato de exercício conforme o modelo normativo produz diretamente o efeito jurídico na esfera alheia" (Motto, Alessandro. Poteri sostanziali e tutela giurisdizionale. Torino: Giappichelli, 2012, p. 6 e 42). A adoção dessa premissa leva a negar que os direitos potestativos exercitáveis necessariamente em juízo constituam poderes substanciais.

[778] Refere-se aqui à resolução dependente de pronúncia judicial.

[779] Recorde-se novamente a lição de Redenti, para quem a oferta "é ato de direito substancial, com consequências que se podem atuar também no processo ou mediante o processo." (Redenti, L'offerta di riduzione ad equità, op. cit., p. 580.)

A ausência de eficácia modificativa imediata tampouco afasta a natureza negocial do ato do credor. Afinal, a eficácia típica do negócio jurídico pode estar sujeita a diversas condições de eficácia.[780] No caso do art. 479 do Código Civil, a eficácia do negócio é diferida ao momento da prolação da sentença. Em se tratando de oferta com conteúdo determinável, o ato do juiz desempenha o papel de um fator de determinação do conteúdo do negócio, nos quadros de um negócio jurídico *per relationem*.[781]

A eficácia modificativa da relação contratual será, assim, o resultado de uma *fattispecie* complexa e procedimental[782], integrada por dois elementos: um negócio jurídico unilateral modificativo e uma sentença constitutiva transitada em julgado.

Não parece possível atribuir pesos distintos a um ou a outro desses dois elementos, possivelmente erigindo a sentença em causa única da mutação contratual e degradando o negócio jurídico a mero pressuposto fático ou a fato preparatório daquela.[783] Ao contrário, ambos os elementos podem ser ditos *concausas* da eficácia modificativa.

Ao exagero oposto, parece conduzir a corrente que atribui à sentença em exame eficácia meramente declaratória. Um dos argumentos empregados pelos defensores dessa posição é idêntico ao acima criticado – a suposta inviabilidade da construção de uma *fattispecie* complexa, integrada por negócio jurídico modificativo e sentença constitutiva –, porém dele se extrai consequência distinta: excluir, dessa *fattispecie*, a sentença constitutiva, substituindo-a pela meramente declaratória, em vez de eliminar o negócio jurídico, tal como proposto pelos defen-

---

[780] Vide, por todos, JUNQUEIRA DE AZEVEDO, Antonio. Negócio jurídico e declaração negocial. São Paulo, 1986. Tese (Titular em Direito Civil). Faculdade de Direito, Universidade de São Paulo, p. 116 ss.

[781] Cf. o item 24.2.3 *supra*.

[782] De *fattispecie* procedimental também fala Sergio Menchini, porém atribuindo à sentença papel predominante e relevância externa (MENCHINI, Sergio. I limiti oggettivi del giudicato civile. Milano: Giuffrè, 1987, p. 166.)

[783] É a posição de MENCHINI, I limiti oggettivi del giudicato civile, op. cit., p. 164-166. O autor parece atribuir ao último ato do procedimento peso preponderante. Contra esta percepção, pode-se recordar a transmissão *inter vivos* do direito de propriedade imobiliária no sistema jurídico brasileiro, também ela resultante de um procedimento composto de um ato translativo (título) e do registro no órgão competente (modo). Nesse caso, parece inequívoco o desacerto de ver no registro a única causa da transmissão, ou o único elemento da *fattispecie* dotado de relevância externa.

sores da natureza meramente processual da declaração de modificação equitativa.

Um dos autores que procurou justificar a natureza meramente declaratória da sentença em exame de modo mais consistente, Quadri fê-lo conjugando dois argumentos[784]: (a) a lei atribuiria ao credor o direito potestativo (em sentido próprio) de modificar o conteúdo da relação contratual; e (b) o juiz não estaria autorizado a decidir com base na equidade, devendo, antes, realizar uma valoração técnica a partir de fatores econômicos, complementados por elementos subjetivos, porém guiados por parâmetros socialmente aferíveis.

O autor parte de um binômio rígido: direito potestativo em sentido próprio ↔ sentença declaratória e direito potestativo exercitável em juízo ↔ sentença constitutiva. Não justifica, no entanto, a assertiva de que a oferta de modificação equitativa se qualificaria como direito potestativo em sentido próprio.[785] Ao contrário, a hipótese em questão, em tudo e por tudo análoga à do art. 479 do Código Civil brasileiro, parece configurar um caso de direito potestativo exercitável em juízo, como reconhece a doutrina majoritária.

Contrariamente ao referido binômio, o segundo argumento parece levar à admissão de que o (eventual) exercício, em juízo, de direitos potestativos em sentido próprio, venha a culminar, dependendo do grau de liberdade concedido ao juiz, em uma sentença constitutiva. O fato, no entanto, de o julgador ter uma esfera maior ou menor de liberdade ao decidir, não parece dizer respeito à eficácia da sentença, mas sim à determinação do suporte fático da norma, que pode ter sido construído pelo legislador de forma mais aberta, até o limite da permissão de um juízo de equidade.[786] Nesse último ponto, parece assistir razão a Carpino, ao atribuir natureza determinativo-constitutiva ao provimento que determina o conteúdo de uma oferta determinável.[787]

---

[784] Cf. o item 26.2 *supra*.
[785] QUADRI, La rettifica del contratto, op. cit., 40.
[786] Daí se afirmar, em uma possível visão sobre a sentença determinativa, que ela seria proferida nos casos em que faltaria o direito preexistente à disposição concreta. Essa visão, no entanto, não é unânime. Para a exposição crítica desta concepção, vide NERY, Carmen Lígia. Decisão judicial e discricionariedade: a sentença determinativa no processo civil. São Paulo: Revista dos Tribunais, 2014, p. 29 ss.
[787] Cf. o item 26.3 *supra*.

Conclusões

1. A posição majoritária da doutrina nacional, acompanhada por parte da jurisprudência, atribui não apenas ao credor, mas também ao devedor, legitimidade para pleitear a modificação equitativa do contrato afetado pela excessiva onerosidade superveniente, com esteio nos seguintes argumentos, tomados isoladamente ou em distintas combinações: a aplicabilidade do art. 317 do Código Civil à espécie; os princípios da conservação dos negócios jurídicos, do equilíbrio econômico, da função social e da boa-fé; a isonomia entre o credor e o devedor; o argumento *a maiore ad minus*; o exemplo da doutrina italiana; a existência de casos especiais de revisão no Código Civil e em leis esparsas.

2. Esses argumentos não se sustentam. O art. 317 do Código Civil somente se aplica às obrigações pecuniárias; o art. 479 do Código Civil delimita o meio de incidência concreta do princípio da conservação na hipótese em questão, sem que haja um princípio geral de revisão dos contratos. O princípio do equilíbrio econômico se manifesta por meio de institutos legalmente previstos. Não havendo posições jurídicas idênticas entre credor e devedor da prestação excessivamente onerosa, é descabido postular a atribuição de iguais poderes jurídicos a eles. Resolução e revisão não estão em um contínuo quantitativo, mas antes se distinguem qualitativamente, não sendo possível estabelecer *a priori* qual das soluções representa colisão mais direta com a autonomia privada. Os remédios revisionais típicos são circunscritos a situações e âmbitos operacionais próprios, não podendo amparar a extensão da regra de revisão contratual do art. 479 do Código Civil.

3. Na Itália, cuja disciplina legal na matéria é muito semelhante à do Código Civil brasileiro, a jurisprudência entende que apenas o credor tem o poder de pleitear a revisão do contrato. As tendências doutrinárias expansionistas, minoritárias, muitas vezes apoiam-se em prescrições legais específicas, particularmente no regime da empreitada, que não encontram correspondente no sistema jurídico nacional.

4. Conclui-se que a legitimidade para pleitear a modificação do contrato afetado pela excessiva onerosidade superveniente é exclusiva do credor. O poder resolutório é outorgado tão somente ao devedor, pois apenas a ele interessa se liberar do dever de prestar ante o agravamento da prestação que lhe incumbe. O (contra)poder modificativo é atribuído apenas ao credor, já que o efeito econômico resultante da conservação do vínculo muito provavelmente será positivo para o devedor e negativo para o credor. Solução diversa, que atribui poder revisional ao devedor, criaria ônus econômico superior ao livremente assumido, sem o concurso do credor.

5. Desde a promulgação do Código Civil de 1942, a doutrina italiana ocupou-se da natureza jurídica da oferta de modificação equitativa. Diversas foram as teorias construídas a esse respeito até os dias de hoje, ora afirmando a natureza substancial da oferta, ora a sua índole processual, ora destacando ambos os perfis. A doutrina contemporânea tende a afirmar a natureza potestativa do direito a realizar a oferta modificativa e a natureza negocial da oferta considerada em si mesma.

6. Para esquadrinhar a questão com clareza, é imperativo separar três entes distintos: (i) o direito a oferecer a modificação equitativa, posição jurídica ativa titulada pelo credor da prestação tornada excessivamente onerosa; (ii) a oferta de modificação propriamente dita, espécie de fato jurídico; e (iii) os efeitos irradiados do fato jurídico em questão, isto é, a eficácia jurídica da oferta.

7. Deve-se qualificar o direito a oferecer a modificação equitativa do contrato como direito potestativo, isto é, poder exercido unilateralmente pelo credor para modificar a relação contratual, sem que o devedor possa se opor a essa mudança (posição jurídica passiva de sujeição).

8. A consideração da finalidade de evitar a pronúncia da resolução do contrato implica, no sistema jurídico brasileiro, a impossibilidade de

tomar o direito a oferecer a modificação equitativa como proposta de contrato, pois essa qualificação tornaria a previsão legal inócua. Trata-se, antes, de poder de modificação unilateral do contrato, apto a fornecer reação eficaz contra o direito à resolução titulado pelo devedor. Tem-se, então, um verdadeiro contrapoder.

9. O credor é titular de um poder modificativo cujo legítimo exercício pressupõe determinadas *circunstâncias* (a configuração da excessiva onerosidade superveniente e a propositura de demanda visando à resolução da relação contratual) e está orientado a determinado *fim* (a manutenção da possibilidade de alcançar o fim contratual e, por essa via, a permanência da eficácia do contrato). Por outro lado, o *meio* predisposto ao credor – modificação equitativa dos termos do contrato – permite-lhe escolher, dentre as possíveis alterações da relação contratual, aquela que julgar mais adequada. Tais características tornam o poder do credor passível de controle, com o objetivo de verificar se a modificação proposta é adequada ao fim e, sobretudo, ao meio legalmente estipulados. O exercício do poder modificativo deverá observar os limites advindos da boa-fé objetiva e do seu fim econômico-social, balizas ao exercício lícito de qualquer posição jurídica (art. 187 do Código Civil).

10. Os direitos potestativos podem ser exercidos mediante negócio jurídico ou ato jurídico em sentido estrito, sendo mais polêmica a possibilidade de o serem por meio de atos-fatos. Nesse quadro, importa considerar sobretudo a figura das declarações não negociais de vontade, atos que se inserem no *iter* de concretização da relação, preordenados pelo negócio de base. Nesse panorama, o ato de exercício do direito à modificação equitativa ostenta inequívoca natureza negocial, por conferir considerável espaço de autonomia ao credor para determinar a modificação no conteúdo do contrato apta a reconduzi-la à equidade. Trata-se de negócio unilateral, receptício, solene, de segundo grau, dotado de eficácia modificativa, potestativo, motivado e com fim predeterminado.

11. A despeito de ser negócio jurídico de direito material, a oferta de modificação equitativa do art. 479 do Código Civil é praticada em juízo, produz determinados efeitos processuais e está sujeita às regras processuais (sobretudo no tocante a requisitos de tempo e forma).

12. No plano da existência, destaca-se o exame do conteúdo possível da oferta modificativa. O caso mais típico é o da oferta de um *suplemento da contraprestação* devida pelo credor. Se se tratar de incremento na quantidade de prestação *não pecuniária*, deve-se apreciar de modo global o conteúdo do contrato objeto da modificação, a fim de verificar se ele contém, de algum modo, um índice de valoração *ex ante* do incremento da prestação. O exame atento das circunstâncias é imperativo para que se possa concluir pela possibilidade de oferta formulada nesses moldes. A oferta tendo por objeto a *alteração da contraprestação* devida pelo credor não parece possível, pois extrapola manifestamente os limites determinados pela própria relação contratual de base. A oferta de redução da prestação poderá ser admissível mesmo em caso de prestações de valor desproporcional, assim como poderá ser inadmissível mesmo em situações de proporcionalidade, a depender da viabilidade da prestação remanescente e da persistência do interesse do devedor na sua realização. Além das modificações relativas ao tipo e ao valor da prestação, é possível alterar, ainda, o prazo, o local e o modo de realização da prestação. A extensão de prazo parece, via de regra, admissível, salvo situações nas quais ela agravará ainda mais o custo da prestação ou, até mesmo, fará com que se torne impossível. Já a alteração do local e do modo da prestação somente serão admissíveis, ao que parece, quando for possível demonstrar objetivamente a ausência de agravamento do custo da prestação e a compatibilidade da prestação alterada com as atividades regulares do devedor.

13. No plano da validade, são requisitos de validade da oferta a sua equidade (sendo nula a oferta iníqua) e a determinação ou determinabilidade do seu conteúdo. A oferta genérica é inválida. A oferta determinável é válida e poderá ser veiculada no processo sobretudo por meio da previsão do pedido genérico do art. 324, II do Código de Processo Civil. A oferta determinável consiste em negócio jurídico *per relationem*, a ter o seu conteúdo determinado pelo juiz. No tocante à eficácia, o resultado equitativo deve ser compreendido como forma de restabelecer a equivalência das prestações, dentro da esfera da álea normal do contrato.

14. A despeito das variadas posições que doutrina e jurisprudência encamparam a respeito da natureza da sentença que acolhe a oferta equitativa, pode-se afirmar que ela tem natureza constitutiva, na medida

em que, tutelando um direito potestativo condicionado ao exercício processual, tal provimento jurisdicional produz ele mesmo inovação na situação jurídica das partes. Reconhecer a natureza constitutiva da sentença que acolhe a oferta de modificação equitativa do contrato não significa retirar eficácia ao negócio unilateral modificativo; antes, negócio jurídico e sentença constitutiva transitada em julgado são concausas da eficácia modificativa. Nos casos de oferta determinável, parece possível vislumbrar a existência de uma sentença determinativo-constitutiva.

REFERÊNCIAS

AGUIAR JÚNIOR, Ruy Rosado de. **Comentários ao Novo Código Civil**: volume VI, tomo II, da extinção do contrato, arts. 472 a 480. Rio de Janeiro: Forense, 2011 (Coleção **Comentários ao Novo Código Civil**, coordenada por Sálvio de Figueiredo Teixeira).
_____. **Extinção dos contratos por incumprimento do devedor**: resolução. 2. ed. Rio de Janeiro: AIDE, 2004.
ALLARA, Mario. **Il testamento**. Padova: CEDAM, 1934.
_____. **La teoria delle vicende**: corso di diritto civile, anno accademico 1949-50. Torino: G. Giappichelli, 1950.
_____. **Le fattispecie estintive del rapporto obbligatorio**: corso di diritto civile. Torino: G. Giappichelli, 1952.
_____. **Le nozioni fondamentali del diritto civile**: volume I. 5. ed. Torino: Giappichelli, 1958.
ALMEIDA, Carlos Ferreira de. **Contratos I**: conceitos, fontes, formação. 2. ed. Coimbra: Almedina, 2003.
ALMEIDA, Juliana Evangelista de. **Resolução contratual ou revisão contratual**: uma perspectiva à luz da boa-fé objetiva. Belo Horizonte, 2011. Dissertação (Mestrado em Direito Privado). Faculdade Mineira de Direito, Pontifícia Universidade Católica de Minas Gerais.
ALVES, José Carlos Moreira: cf. MOREIRA ALVES, José Carlos.
AMARAL, Francisco. **Direito civil**: introdução. 7. ed. Rio de Janeiro: Renovar, 2008.
AMBROSOLI, Matteo. **La sopravvenienza contrattuale**. Milano: Giuffrè, 2002.
AMORIM FILHO, Agnelo. As ações constitutivas e os direitos potestativos. **Revista Forense**, Rio de Janeiro, n. 216, p. 23-31, out.-dez. 1966.
_____. Critério científico para distinguir a prescrição da decadência e para identificar as ações imprescritíveis. **Revista dos Tribunais**, São Paulo, n. 300, p. 7-37, out. 1960.

ANDRADE, Fábio Siebeneichler de. A teoria da onerosidade excessiva no direito civil brasileiro: limites e possibilidades de sua aplicação. **Revista da AJURIS**, Porto Alegre, n. 134 (41), p. 235-261, jun. 2014.

ANDRADE, Manuel A. Domingues de. **Teoria geral da relação jurídica**: volume I. Coimbra: Almedina, 1997.

ANDREOLI, Marcello. Revisione delle dottrine sulla sopravvenienza contrattuale. **Rivista di diritto civile**, Padova, n. 30, p. 309-376, 1938.

ANTUNES VARELA, João de Matos. **Das obrigações em geral**: volume I. 10. ed. Coimbra: Almedina, 2017.

_____. **Das obrigações em geral**: volume II. 7. ed. Coimbra: Almedina, 2001.

ASCENSÃO, José de Oliveira. Alteração das circunstâncias e justiça contratual no novo Código Civil. **Revista Trimestral de Direito Civil**, Rio de Janeiro, n. 25, p. 93-118, 2006.

_____. **Direito Civil**: teoria geral, volume III, relações e situações jurídicas. Coimbra: Coimbra, 2002.

ASSIS, Araken de. **Comentários ao Código Civil brasileiro**: volume V, do direito das obrigações, arts. 421 a 480. Rio de Janeiro: Forense, 2007 (Coleção **Comentários ao Código Civil Brasileiro**, organizada por Arruda Alvim e Thereza Alvim).

_____. **Processo civil brasileiro I**: parte geral, fundamentos e distribuição de conflitos. São Paulo: RT, 2015.

AULETTA, Giuseppe. Gli studi di diritto sostanziale di Enrico Redenti. **Rivista trimestrale di diritto e procedura civile**, Milano, n. 39 (1), p. 1-23.

AZEVEDO, Antonio Junqueira de: cf. JUNQUEIRA DE AZEVEDO, Antonio

BALESTRA, Luigi. **Il contratto aleatório e l'alea normale**. Padova: CEDAM, 2000.

BARBOSA MOREIRA, José Carlos. Reflexões críticas sobre uma teoria da condenação civil. In:_____ **Temas de direito processual**: primeira série. São Paulo: Saraiva, 1977, p. 72-80.

BARCELLONA, Mario. Appunti a proposito di obbligo di rinegoziazione e gestione delle sopravvenienze. **Europa e diritto privato**, Milano, n. 3, p. 467-501, 2003.

BARDAJÍ, Maria Dolores Diaz-Ambrona. **El negócio jurídico per relationem nel Codigo Civil**. Madrid: Colex, 1982.

BARLETTA, Fabiana. Apontamentos para um estudo comparado da revisão contratual por excessiva onerosidade superveniente nos direitos brasileiro, português e italiano. **Revista Trimestral de Direito Civil**, Rio de Janeiro, n. 24, p. 247-272, out./dez. 2005.

BARNINI, Claudio. Gestaltungsgeschäfte e poteri formativi: considerazioni sul negozio giuridico unilaterale. **Rivista trimestrale di diritto e procedura civile**, Milano, n. 36 (2), p. 549-581, jun. 1982.

BARROS, Francisco Carlos Rocha de. **Comentários à Lei do Inquilinato**: Lei n. 8.245, de 18-10-1991, doutrina e jurisprudência do STJ, TACSP, TAMG, TACRJ e TARS, artigo por artigo. 2 ed. São Paulo: Saraiva, 1997.

BARSANTI, Eugenio. Ancora sulla risolubilità dei contratti a lungo termine. **Il foro italiano**. Roma, n. 26 (1), p. 735-740, 1901.

_____. **La clausola risolutiva "rebus sic stantibus" nei contratti a lungo termine**. Firenze: Tipo-Litografia Giovanni Fratini, 1898.

_____. Risolubilità dei contratti a lungo termine per successivo mutamento dello stato di fatto. **Archivio Giuridico "Filippo Serafini"**, Modena, n. 4, nova série, p. 3-35, 1899.

BDINE JÚNIOR, Hamid Charaf. Comentário ao art. 317 do Código Civil. *In*: PELUSO, Cezar (coord.). **Código Civil comentado**. 12. ed. Barueri: Manole, 2018, p. 278-280.

BEDAQUE, José Roberto dos Santos. **Efetividade do processo e técnica processual**. São Paulo: Malheiros, 2006.

BENACCHIO, Marcelo. Direito subjetivo – Situação jurídica – Relação jurídica. *In*: LOTUFO, Renan; NANNI, Giovanni Ettori (orgs.). **Teoria geral do direito civil**. São Paulo: Atlas, 2008, p. 186-217.

BESSONE, Darcy. **Do contrato**: teoria geral. 4. ed. São Paulo: Saraiva, 1997.

BETTI, Emilio. **Teoria generale del negozio giuridico**. 2. ed. Reimpressão corrigida. Napoli: Edizioni Scientifiche Italiane, 1994.

BIANCA, Cesare Massimo. **Diritto civile**: volume 3, il contratto. 2. ed. Milano Giuffrè, 2000.

_____. **Diritto civile**: volume 5, la responsabilità. Reimpressão. Milano Giuffrè, 2003.

BITTAR FILHO, Carlos Alberto. **Teoria da imprevisão**: dos poderes do juiz. São Paulo: Revista dos Tribunais, 1994.

BONDIOLI, Luis Guilherme Aidar. **Reconvenção no processo civil**. São Paulo: Saraiva, 2009.

BORGES, Nelson. Aspectos positivos e negativos da revisão contratual no Novo Código Civil. **Revista dos Tribunais**, São Paulo, n. 849, p. 80-110, jul. 2006.

BOSELLI, Aldo. **La risoluzione del contratto per eccessiva onerosità**. Torino: UTET, 1952.

BRACCIANTI, Carlo. **Degli effetti della eccessiva onerosità sopravveniente nei contratti**. 2. ed. Milano: Giuffrè, 1947.

BREBBIA, Roberto H.. **Hechos y actos jurídicos**: comentario de los artículos 896 a 943 del Código Civil, doctrina y jurisprudencia, tomo 1. Buenos Aires: Astrea, 1979.

BRITO, Rodrigo Toscano de. **Equivalência material dos contratos**: civis, empresariais e de consumo. São Paulo: Saraiva, 2007.

CABRAL, Antonio do Passo. **Convenções processuais**. Salvador: JusPodivm, 2016.

CAGNASSO, Oreste. **Appalto e sopravvenienza contrattuale**: contributo a una revisione della dottrina dell'ecccessiva onerosità. Milano: Giuffrè, 1979.

CAHALI, Yussef Said. **Prescrição e decadência**. 2. ed. São Paulo: RT, 2012.

CALISAI, Fabrizio. **Rischio contrattuale e allocazione tra i contraenti**. Napoli: Edizioni Scientifiche Italiane, 2016.

CARDOSO, Luiz Philipe Tavares de Azevedo. **A onerosidade excessiva no direito civil brasileiro**. São Paulo, 2010. Dissertação (Mestrado em Direito Civil). Faculdade de Direito, Universidade de São Paulo.

CARDOSO, Vladimir Mucury. **Revisão contratual e lesão à luz do Código Civil de 2002 e da Constituição da República**. Rio de Janeiro/São Paulo/Recife: Renovar, 2008.

CARIOTA-FERRARA, Luigi. **Il negozio giuridico nel diritto privato italiano**. Napoli: Morano, 1949.

CARNELUTTI, Francesco. Ancora sull'offerta di riduzione del contratto ad equità. **Rivista di diritto processuale**, Padova, n. 9 (2), p. 25-27, 1954.

_____. Offerta di modificazione del contratto impugnato per lesione. **Rivista di diritto processuale**, Padova, n. 1 (2), p. 66-67, 1946.

_____. Preclusione dell'offerta di riduzione del contratto ad equità. **Rivista di diritto processuale**, Padova, n. 8 (2), p. 108-111, 1953.

_____. **Teoria generale del diritto**. Reimpressão da 3. ed. (Roma: Foro Italiano, 1951). Napoli: Edizioni Scientifiche Italiane, 1998.

CARNEVALI, Ugo. La risoluzione del contratto. *In*: BESSONE, Mario (org.). **Istituzioni di diritto privato**. 21. ed. Torino: Giappichelli, 2015, p. 744-757.

CARPINO, Brunetto. Diritti potestativi. *In*: **Enciclopedia giuridica Treccani**: volume 12. Roma: Istituto della Enciclopedia Italiana, 2007, p. 1-12.

_____. **La rescissione del contratto**: artt. 1447-1452. Milano: Giuffrè, 2000 (Coleção **Il Codice Civile**: commentario, organizada por Pietro Schlesinger).

_____. **L'acquisto coattivo dei diritti reali**. Napoli: Jovene, 1977.

CARRESI, Franco. **Il contratto**: volume 2. Milano: Giuffrè, 1987. (Coleção **Trattato di diritto civile e commerciale**, dirigida por Antonio Cicu e Francesco Messineo e continuada por Luigi Mengoni, vol. XXI, t.2).

CASELLA, Giovanni. **La risoluzione del contratto per eccessiva onerosità sopravvenuta**. Torino: UTET, 2001.

CATAUDELLA, Antonino. **I contratti**: parte generale. 4. ed. Torino: Giappichelli, 2014.

_____. **Sul contenuto del contratto**. Milano: Giuffrè, 1974.

CHATEAUBRIAND FILHO, Hindemburgo. **Negócio de acertamento**: uma abordagem histórico-dogmática. Belo Horizonte: Del Rey, 2004.

REFERÊNCIAS

Chiovenda, Giuseppe. **Istituzioni di diritto processuale civile**: volume I, i concetti fondamentali, la dottrina delle azioni. 2. ed. Napoli: Jovene, 1935.

_____. La acción en el sistema de los derechos. *In*: _____. **Ensayos de derecho procesal civil**: volume 1. Tradução de Santiago Sentís Melendo. Buenos Aires: E.J.E.A., 1949, p. 3-130.

_____. L'azione nel sistema dei diritti. *In*:_____. **Saggi di diritto processuale civile**: volume primo. Roma: Foro Italiano, 1930, p. 3-99.

Cicu, Antonio. **El testamento**. Madrid: Editorial Revista de Derecho Privado, 1959.

Cogo, Rodrigo Barreto. **A frustração do fim do contrato**: o impacto dos fatos supervenientes sobre o programa contratual. São Paulo: Renovar, 2012.

Cordeiro, António Menezes: cf. Menezes Cordeiro, António.

Cordeiro, Eros Belin de Moura. **Da revisão dos contratos**. Rio de Janeiro: Forense, 2009.

Costa, Mário Júlio de Almeida. **Direito das obrigações**. 9. ed. Coimbra: Almedina, 2001.

Costa, José Eduardo da. A revisão dos contratos: entre o pacta sunt servanda e o equilíbrio econômico. *In*: Lotufo, Renan; Nanni, Giovanni Ettore; Martins, Fernando Rodrigues (coord.). **Temas relevantes de direito civil contemporâneo**: reflexões sobre os 10 anos do Código Civil. São Paulo: Atlas, 2012, p. 401-442.

Couto e Silva, Almiro do. Atos jurídicos de direito administrativo praticados por particulares e direitos formativos. **Revista da PGE**, Porto Alegre, n. 25 (57), suplemento, p. 79-95, dez. 2003.

Couto e Silva, Clóvis do. **A obrigação como processo**. São Paulo: José Bushatsky, 1976.

Crea, Camilla. **Connessioni tra Contratti e obblighi di rinegoziare**. Napoli: Edizioni Scientifiche Italiane, 2013.

Criscuoli, Giovanni. Contributo alla specificazione del negozio modificativo. **Giustizia civile**: rivista mensile di giurisprudenza, Milano, ano 7 (1), p. 846-859, 1957.

Cunha, Leonardo Carneiro da. Negócios jurídicos processuais no processo civil brasileiro. *In*: Cabral, Antonio do Passo; Nogueira, Pedro Henrique (orgs.). **Negócios processuais**. 3. ed. Salvador: JusPodivm, 2017, p. 39-74 (Coleção **Grandes temas do novo CPC**, vol. 1, coordenada por Fredie Didier Jr.).

Cunha, Wladimir Alcibíades Marinho Falcão. **Revisão judicial dos contratos**: do Código de Defesa do Consumidor ao Código Civil de 2002. São Paulo: Método, 2007.

DATTOLA, Francesca Panuccio. **L'offerta di riduzione ad equità**. Milano: Giuffrè, 1990.

D'AMELIO, Mariano; FINZI, Enrico (org.). **Codice civile**: libro delle obbligazioni, commentario, volume I. Firenze: G. Barbera, 1948.

D'ANDREA, Stefano. **L'offerta di equa modificazione del contratto**. Milano: Giuffrè, 2006.

D'ARRIGO, Cosimo M. Il controlo delle sopravvenienze nei contratti a lungo termine tra eccessiva onerosità e adeguamento del rapporto. *In*: TOMMASINI, Raffaelle. **Sopravvenienze e dinamiche di riequilibrio tra controllo e gestione del rapporto contrattuale**. Torino: Giappichelli, 2003, p. 491-569.

DE MARTINI, Angelo. **L'eccessiva onerosità nell'esecuzione dei contratti**. Milano: Giuffrè, 1950.

_____. Natura, momento e modalità dell'offerta di reductio ad aequitatem. **Giurisprudenza Completa della Corte Suprema di Cassazione**: sezioni civili, Roma, n. 26 (3), p. 419-423, 1947.

_____. Riduzione ad equità di contratto eccessivamente oneroso già parzialmente eseguito. **Il foro italiano**, Roma, n. 74 (1), p. 26-28, 1951.

DE MAURO, Antonio. **Il principio di adeguamento nei rapporti giuridici privati**. Milano: Giuffrè, 2000.

DE NOVA, Giorgio. **Il tipo contrattuale**. Reimpressão (Padova: CEDAM, 1974). Napoli: Edizioni Scientifiche Italiane, 2014.

DE POLI, Matteo. **La rescissione del contratto**. Napoli: Edizioni Scientifiche Italiane, 2011 (Coleção **Il Codice Civile**: commentario, organizada por Francesco D. Busnelli).

DE SIMONE, Mario. Ancora sulla sopravvenienza contrattuale nel diritto positivo. **Rivista di diritto privato**, Padova, n. 10, p. 34-86, 1940.

DEL NERO, João Alberto Schützer. **Conversão substancial do negócio jurídico**. Rio de Janeiro: Renovar, 2011.

DEKKERS, René. **La lésion enorme**: introduction a l'histoire des sources du droit. Paris: Librairie du Recueil Sirey, 1937.

DELFINI, Francesco. **Autonomia privata e rischio contrattuale**. Milano: Giuffrè, 1990.

DEMOGUE, René. **Des modifications aux contrats par volonté unilatérale**. Paris: Dalloz, 2013.

DENTI, Vittorio. Negozio processuale. *In*: CALASSO, Francesco (org.). **Enciclopedia del diritto**: volume XXVIII. Milano: Giuffrè, 1978, 138-145.

DEVOTO, Luigi. **L'obbligazione a esecuzione continuata**. Padova: CEDAM, 1943.

DI GIANDOMENICO, Giovanni. **Il contratto e l'alea**. Padova: CEDAM, 1987.

Di Majo, Adolfo. **La tutela civile dei diritti**. 4. ed. Milano: Giuffrè, 2003 (Coleção **Problemi e metodo del diritto civile**, vol. 3).
Di Pace, Pasquale. **Il negozio per relationem**. Torino: Giappichelli, 1940.
Dias, Antônio Pedro Medeiros. **Revisão e resolução do contrato por excessiva onerosidade**. Belo Horizonte: Fórum, 2017.
Dias, Lucia Ancona Lopes de Magalhães. Onerosidade excessiva e revisão contratual no direito privado brasileiro. *In*: Fernandes, Wanderley (coord.). **Fundamentos e princípios dos contratos empresariais**. 2. ed. São Paulo: Saraiva/FGV 2012, p. 385-449 (Coleção **Contratos empresariais**, série GVlaw).
Diaz, Julio Alberto. A teoria da imprevisão no novo código civil brasileiro. **Revista de Direito Privado**, São Paulo, n. 20, p. 197-216, out./dez. 2004.
Díez-Picazo, Luis. **Fundamentos del derecho civil patrimonial**: tomo II. 5. ed. Madrid: Civitas, 1996.
Dinamarco, Cândido Rangel. **Instituições de direito processual civil**: volume 2. 7. ed. São Paulo: Malheiros, 2017.
_____. **Instituições de direito processual civil**: volume 3. 7. ed. São Paulo: Malheiros, 2017.
Distaso, Nicola. **I contratti in generale**: volume III. Torino: UTET, 1980 (Coleção **Giurisprudenza sistemática civile e commerciale**, fundada por Walter Bigiavi).
Donisi, Carmine. **Il problema dei negozi giuridici unilaterali**. Napoli: Jovene, 1972.
Ehrhardt Junior, Marcos. **Revisão contratual**: a busca pelo equilíbrio negocial diante da mudança de circunstâncias. Salvador: Juspodivm, 2008.
Enneccerus, Ludwig. Derecho civil, parte general, volume 1, introducción, derecho objetivo, derechos subjetivos, sujeto del derecho, objeto del derecho. 13ª revisão, por Hans Carl Nipperdey. Tradução da 39ª edição alemã, com estudos de comparação e adaptação, por Blas Pérez González e José Alguer. *In:* Enneccerus, Ludwig; Kipp, Theodor; Wolff, Martin. **Tratado de derecho civil**: tomo I, parte general, 1. Barcelona: Bosch, 1934.
Engisch, Karl. **Introdução ao pensamento jurídico**. Tradução de J. Baptista Machado. 7. ed. Lisboa: Calouste Gulbenkian, 1996.
Espínola, Eduardo; Espínola Filho, Eduardo. **Tratado de direito civil brasileiro**: volume 9. Rio de Janeiro: Freitas Bastos, 1941.
Falzea, Angelo. Atto reale e negozio giuridico. *In:*_____. **Ricerche di teoria generale del diritto e di dogmatica giuridica**: volume 2, dogmatica giuridica. Milano: Giuffrè, 1997, p. 719-808.
_____. Efficacia giuridica. *In:* _____. **Ricerche di teoria generale del diritto e di dogmatica giuridica**: volume 2, dogmatica giuridica. Milano: Giuffrè, 1997, p. 3-194.

_____. **La condizione e gli elementi dell'atto giuridico**. Reimpressão (Milano: Giuffré, 1941). Napoli: Edizioni Scientifiche Italiane, 1999.

_____. **La separazione personale**. Milano: Giuffrè, 1943.

FARATH, George Ibrahim. **Contribuição à análise dogmática da transação**. São Paulo, 2003. Dissertação (Mestrado em Direito Civil). Faculdade de Direito, Universidade de São Paulo.

FERRARI, Vincenzo. **Il problema dell'alea contrattuale**. Napoli: Edizioni Scientifiche Italiane, 2001.

FERRARO, Francesco. **Patto di opzione e operazione economica**. Milano, Giuffrè, 2016.

FERRAZ, Patrícia Sá Moreira de Figueiredo. **A onerosidade excessiva na revisão dos contratos**: a concorrência na aplicação da regra dos arts. 317 e 478 do Código Civil vigente. São Paulo, 2015. Dissertação (Mestrado em Direito Civil). Faculdade de Direito, Universidade de São Paulo.

FERRI, Corrado. **Profili dell'accertamento costitutivo**. Padova: CEDAM, 1970.

FERRI, Giovanni Battista. **Causa e tipo nella teoria del negozio giuridico**. Milano: Giuffrè, 1968.

FICI, Antonio. **Il contrato "incompletto"**. Torino: Giappichelli, 2005.

FLUME, Werner. **El negocio jurídico**. Tradução de José María Miquel González e Esther Gómez Calle. Madrid: Fundación Cultural del Notariado, 1998.

FONSECA, Arnoldo Medeiros da. **Caso fortuito e teoria da imprevisão**. Rio de Janeiro: Typ. do Jornal do Commercio, 1932.

_____. **Caso fortuito e teoria da imprevisão**. 3. ed. Rio de Janeiro: Forense, 1958.

FONTES, André. **A pretensão como situação jurídica subjetiva**. Belo Horizonte: Del Rey, 2002.

FORTUNATO, Pietro. Natura dell'offerta di *reductio ad aequitatem* e limiti per farla valer nel processo. **Giurisprudenza completa della Corte Suprema di Cassazione**: sezioni civili, Roma, n. 30 (4), p. 323-328, 1951.

FRANTZ, Laura Coradini. Bases dogmáticas para interpretação dos artigos 317 e 478 do Novo Código Civil brasileiro. *In*: DELGADO, Mário Luiz; ALVES, Jones Figueiredo (coord.). **Novo Código Civil**: questões controvertidas no direito das obrigações e dos contratos. São Paulo: Método, 2004, 157-217.

_____. **Revisão dos contratos**: elementos para sua construção dogmática. São Paulo: Saraiva, 2007.

FUX, Luiz. **Revisão judicial do aluguel**: doutrina, prática, jurisprudência. Rio de Janeiro: Destaque, 1993.

GABRIELLI, Enrico. Alea e svalutazione monetaria nell'offerta di riduzione ad equità. **Rassegna di diritto civile**, Napoli, n. 3, p. 710-737, 1983.

____. **Contribución a la teoría de la imprevisión contractual**. Buenos Aires: Abeledo Perrot, 2016.

____. Dell'eccessiva onerosità. *In*: NAVARRETTA, Emanuela; ORESTANO, Andrea (org.). **Dei contratti in generale**: artt. 1425-1469*bis*, leggi collegate. Torino: UTET, 2011, p. 606-696 (Coleção **Commentario del Codice Civile**, dirigida por Enrico Gabrielli).

____. **L'eccessiva onerosità sopravvenuta**. Torino: Giappichelli, 2012 (Coleção **Trattato di diritto privato**, organizada por Mario Bessone).

____. Poteri del giudice ed equità del contratto. **Contratto e impresa**, Padova, n. 6, p. 479-491, 1991.

____. **Studi sulle tutele contrattuali**. Padova: CEDAM, 2017.

GALBUSERA, Francesca. **Risoluzione dei contratti**. Napoli: Edizioni Scientifiche Italiane, 2013 (Coleção **Trattato di diritto civile del Consiglio Nazionale del Notariato**, dirigida por Pietro Perlingieri, IV – 11).

GALGANO, Francesco. **Il negozio giuridico**. 2. ed. Milano: Giuffrè, 2002 (Coleção **Trattato di diritto civile e commerciale**, dirigida por Antonio Cicu, Francesco Messineo e Luigi Mengoni, continuada por Piero Schlesinger, vol. III).

____. **Trattato di diritto civile**: volume 2, le obbligazioni in generale, il contratto in generale, i singoli contratti. 3. ed. Padova: Kluwer/CEDAM, 2015.

GALLO, Paolo. **Contratto e buona fede**: buona fede in senso oggettivo e trasformazioni del contratto. 2. ed. Torino: UTET, 2014.

____. **Il contratto**. Torino: G. Giappichelli, 2017.

____. **Sopravvenienza contrattuale e problemi di gestione del contratto**. Milano: Giuffrè, 1992.

GAMBINI, Marialuisa. **Fondamento e limiti dello ius variandi**. Napoli: Edizioni Scientifiche Italiane, 2000.

GAMBINO, Francesco. **Problemi del rinegoziare**. Milano: Giuffrè, 2004.

GANDUR, José Félix Chamie. **La adaptación del contrato por eventos sobrevenidos**: de la vis cui resisti non potest a las cláusulas de hardship. Bogotá: Universidad Externado de Colombia, 2013.

GARCIA, Sebastião Carlos. Revisão dos contratos. **Revista dos Tribunais**, São Paulo, n. 846, p. 51-66, abr. 2006.

Gazzoni, Francesco. **Equità e autonomia privata**. Milano: Giuffrè, 1970.

GENEROSO, Fabio Augusto. **A função social do contrato como princípio de preservação e desenvolvimento econômico e organismo de limitação da autonomia da vontade e a onerosidade excessiva**. São Paulo, 2008. Dissertação (Mestrado em Direito Político e Econômico). Universidade Presbiteriana Mackenzie.

GENTILI, Aurelio. La replica della stipula: riproduzione, rinnovazione, rinegoziazione del contratto. **Contratto e impresa**, Padova, ano 19 (2), p. 667-724, 2003.

GERI, Lina Bigliazzi. **Contributo ad una teoria dell'interesse legitimo nel diritto privato**. Milano: Giuffrè, 1967.

GERI, Lina Bigliazzi et al. **Diritto civile**: volume 1, tomo 2, fatti e atti giuridici. Torino: UTET, 1987.

GIORDANO-MONDELLO, Alfonso. **Il testamento per relazione**: contributo alla teoria del negozio per relationem. Milano: Giuffrè, 1966.

GIORGIANNI, Michele. Causa del negozio giuridico (diritto privato). In: CALASSO, Francesco (org.). **Enciclopedia del diritto**: volume VI. Milano: Giuffrè, 1960.

GIOVENE, Achille. **L'impossibilità della prestazione e la "sopravvenienza"**: la dottrina della clausola "rebus sic stantibus". Padova: CEDAM, 1941.

_____. Postilla in tema di "sopravvenienza". **Rivista di diritto commerciale e del diritto generale delle obbligazioni**, Milano, n. 25 (1), p. 525-532, 1927.

_____. Sul fondamento specifico dell'istituto della "sopravvenienza". **Rivista di diritto commerciale e del diritto generale delle obbligazioni**, Milano, n. 19 (1), p. 155-177, 1921.

GODINHO, Robson Renault. **Negócios processuais sobre o ônus da prova no novo código de processo civil**. São Paulo: Revista dos Tribunais, 2015.

GODOY, Cláudio Luiz Bueno de. **Função social do contrato**. 4. ed. São Paulo: Saraiva, 2012.

GOMES, Orlando. **Introdução ao Direito Civil**. 11. ed. Atualizada e anotada por Humberto Theodoro Júnior. Rio de Janeiro: Forense, 1995.

GORLA, Gino. **El contrato**: problemas fundamentales tratados según el método comparativo y casuístico. Tradução de José Ferrandis Villela. Barcelona: Bosch, 1959.

GRANIERI, Massimiliano. **Il tempo e il contratto**: itinerario storico-comparativo sui contratti di durata. Milano, Giuffrè, 2007.

GRASSETTI, Cesare. Conservazione (Principio di). In: CALASSO, Francesco (org.). **Enciclopedia del Diritto**: volume IX. Milano: Giuffrè, 1958, p. 173-176.

GUEIROS, Nehemias. **A justiça comutativa no direito das obrigações**. Recife, 1940. Tese (Cátedra de Direito Civil). Faculdade de Direito do Recife.

GUERRA, Alexandre. **Princípio da conservação dos negócios jurídicos**: a eficácia jurídico-social como critério de superação das invalidades negociais. Coimbra: Almedina, 2016.

GUIMARÃES, Paulo Jorge Scartezzini. **Vícios do produto e do serviço por qualidade, quantidade e insegurança**: cumprimento imperfeito do contrato. São Paulo: RT, 2004.

HADDAD, Luís Gustavo. **Função social do contrato**: um ensaio sobre seus usos e sentido. São Paulo: Saraiva, 2013.

HAICAL, Gustavo. **Cessão de crédito**: existência, validade e eficácia. São Paulo: Saraiva, 2013.

HENNING, Fernando Alberto Corrêa. **Ação concreta**: relendo Wach e Chiovenda. Porto Alegre: Sergio Fabris, 2000.

IORIO, Giovanni. **Le clausole attributive dello *ius variandi*.** Milano: Giuffrè, 2008.

IRTI, Natalino. **Introduzione allo studio del diritto privato.** Padova: CEDAM, 1990.

JUNQUEIRA DE AZEVEDO, Antonio. Banco e fundo garantidor de crédito. Seguro, Invalidade de cláusula de sub-rogação. Cessão de crédito exigida para realizar ato devido. *In*: _____. **Novos estudos e pareceres de direito privado.** São Paulo, Saraiva, 2009, p. 271-285.

_____. Insuficiências, deficiências e desatualização do projeto de Código Civil na questão da boa-fé objetiva nos contratos. **Revista dos Tribunais**, São Paulo, n. 775, p. 11-17, maio 2000.

_____. Natureza jurídica do contrato de consórcio (sinalagma indireto). Onerosidade excessiva em contrato de consórcio. Resolução parcial do contrato. *In*:_____. **Novos estudos e pareceres de direito privado.** São Paulo: Saraiva, 2009, p. 345-374.

_____. **Negócio jurídico**: existência, validade e eficácia. 4. ed. São Paulo: Saraiva, 2002.

_____. **Negócio jurídico e declaração negocial.** São Paulo, 1986. Tese (Titular em Direito Civil). Faculdade de Direito, Universidade de São Paulo.

_____. Os princípios do atual direito contratual e a desregulamentação do mercado. Direito de exclusividade nas relações contratuais de fornecimento. Função social do contrato e responsabilidade aquiliana do terceiro que contribui para inadimplemento contratual. *In*: _____. **Estudos e pareceres de direito privado.** São Paulo, Saraiva, 2004, p. 137-147.

_____. Relatório brasileiro sobre revisão contratual apresentado para as Jornadas Brasileiras da Associação Henri Capitant. *In*:_____. **Novos estudos e pareceres de direito privado.** São Paulo: Saraiva, 2009, p. 182-198.

KHOURI, Paulo R. Roque A.. **A revisão judicial dos contratos no novo Código Civil, Código do Consumidor e Lei 8.666/93**: a onerosidade excessiva superveniente. São Paulo: Atlas, 2006.

LACAZ, Marina Vessoni Labate. **Obrigações alternativas**: características e noções fundamentais. São Paulo: Almedina, 2016.

LANZILLO, Raffaella; RICCIO, Angelo. **Rescissione del contratto.** Bologna/Roma: Zanichelli, 2005 (Coleção **Commentario del Codice Civile Scialoja-Branca**, organizada por Francesco Galgano).

Larenz, Karl. **Metodologia da ciência do direito**. 3. ed. Tradução de José Lamego. Lisboa: Fundação Calouste Gulbenkian, 1997.

Leães, Luiz Gastão Paes de Barros. A onerosidade excessiva no Código Civil. **Revista de Direito Bancário e do Mercado de Capitais**, São Paulo, n. 31, p. 12-24, 2006.

Leitão, Luís Manuel Teles de Menezes: cf. Menezes Leitão, Luís Manuel Teles de.

Leite, Ana Paula Parra. **Equilíbrio contratual**. São Paulo, 2013. Tese (Doutorado em Direito Civil). Faculdade de Direito, Universidade de São Paulo.

Lemos Filho, Flávio Pimentel. **Direito potestativo**. Rio de Janeiro: Lumen Juris, 2017.

Lener, Angelo. Potere (dir. priv.). *In*: Calasso, Francesco (org.). **Enciclopedia del diritto**: volume XXXIV. Milano: Giuffrè, 1985, p. 610-642.

Liebman, Enrico Tullio. **Manual de direito processual civil**: volume 1. 3. ed. Tradução e notas de Cândido Rangel Dinamarco. São Paulo: Malheiros, 2005.

Lira, José Ricardo Pereira: cf. Pereira Lira, José Ricardo.

Lôbo, Paulo. **Direito Civil**: obrigações. 5. ed. São Paulo: Saraiva, 2017.

Lopes, Miguel Maria de Serpa: cf. Serpa Lopes, Miguel Maria da.

Lopez, Teresa Ancona. **Comentários ao Código Civil**: volume 7, das várias espécies de contratos, arts. 565 a 652. São Paulo: Saraiva, 2003 (Coleção **Comentários ao Código Civil**, coordenada por Antonio Junqueira de Azevedo).

Lotufo, Renan. **Código Civil Comentado**: volume 2, obrigações, parte geral, arts. 233 a 420. São Paulo: Saraiva, 2004.

Lucchesi, Francesca. **Contratti a lungo termine e rimedi correttivi**. Firenze: Firenze University Press, 2012.

Lumia, Giuseppe. **Lineamenti di teoria e ideologia del diritto**. 3. ed. Milano: Giuffrè, 1973.

Macario, Francesco. **Adeguamento e rinegoziazione nei contratti a lungo termine**. Napoli: Jovene, 1996.

_____. Le sopravvenienze. *In*: Roppo, Vincenzo (org.). **Trattato del contratto**: tomo 5, rimedi, 2. Milano: Giuffrè, 2006, p. 493-749.

Mandrioli, Cristanto; Carratta; Antonio. **Corso di diritto processuale civile**: volume I, nozioni introduttive e disposizioni generali, editio minor. 14. ed. Torino: Giappichelli, 2017.

Marasco, Gerardo. **La rinegoziazione del contratto**: strumenti legali e convenzionali a tutela dell'equilibrio negoziale. Padova: CEDAM, 2006.

Marino, Francisco Paulo De Crescenzo. **Interpretação do negócio jurídico**. São Paulo: Saraiva, 2011.

_____. Meios e limites da interpretação da lei: reflexões a partir do conceito legal de bem de família. **Revista Brasileira de Filosofia**, São Paulo, n. 236, p. 281-312, jan./jun. 2011.

MARTINEZ, Pedro Romano. **Cumprimento defeituoso em especial na compra e venda e na empreitada**. Coimbra: Almedina, 2000.

MARTINS, Samir José Caetano. A onerosidade excessiva no Código Civil: instrumento de manutenção da justa repartição dos riscos negociais. **Revista Forense**, Rio de Janeiro, n. 391, p. 209-237, maio/jun. 2007.

MARTINS-COSTA, Judith. **A boa-fé no direito privado**: critérios para a sua aplicação. São Paulo: Marcial Pons, 2015.

_____. A revisão dos contratos no Código Civil brasileiro. **Roma e America**: diritto romano comune, Modena, n. 16, p. 135-172, 2003.

_____. **Comentários ao novo Código Civil**: volume V, tomo I, do adimplemento e da extinção das obrigações, arts. 304 a 388. Rio de Janeiro: Forense, 2004 (Coleção **Comentários ao Novo Código Civil**, coordenada por Sálvio de Figueiredo Teixeira).

_____. Reflexões sobre o princípio da função social dos contratos. **Revista Direito GV**, São Paulo, n. 1, p. 41-66, maio 2005.

MAZZOCCHI, Pierluigi. La natura giuridica dell'offerta di 'reductio ad aequitatem' ed i poteri del giudice. **Nuova rivista di diritto commerciale, diritto dell'economia, diritto sociale**, Padova/Pisa, n. 9 (5-8), p. 49-53, 1956.

MELLO, Marcos Bernardes de. **Teoria do fato jurídico**: plano da existência. 16. ed. São Paulo: Saraiva, 2010.

MENCHINI, Sergio. **I limiti oggettivi del giudicato civile**. Milano: Giuffrè, 1987.

MENEZES CORDEIRO, António. **Da boa fé no direito civil**. Coimbra: Almedina, 2015.

_____. **Tratado de direito civil português**: volume I, parte geral, tomo I. 2. ed. Coimbra: Almedina, 2000.

_____. **Tratado de direito civil português**: volume II, direito das obrigações, tomo II, constituição das obrigações. Coimbra: Almedina, 2010.

MENEZES LEITÃO, Luís Manuel Teles de. **Cessão de créditos**. Coimbra: Almedina, 2005.

MESSINA, Giuseppe. Diritti potestativi. *In*: _____. **Scritti giuridici**: volume 5. Milano: Giuffrè, 1948, p. 41-57.

_____. Sui cosidetti diritti potestativi. *In*: _____. **Scritti giuridici**: volume 5. Milano: Giuffrè, 1948, p. 3-37.

MESSINEO, Francesco. **Dottrina generale del contratto**: artt. 1321-1469 cod. civ.. 3. ed. Milano: Giuffrè, 1948.

_____. **Il contratto in genere**: tomo I. Milano: Giuffrè, 1973. (Coleção **Trattato di diritto civile e commerciale**, dirigida por Antonio Cicu e Francesco Messineo, vol. XXI, t.1).

_____. **Manuale di diritto civile e commerciale**: volume 3. 9. ed. Milano: Giuffrè, 1959.

MIRABELLI, Giuseppe. **Dei contratti in generale**. Torino: UTET, 1961 (Coleção **Commentario del Codice Civile**, livro IV, t.2).

_____. **La rescissione del contratto**. 1. ed. Napoli: Jovene, 1951.

_____. **La rescissione del contratto**. 2. ed. Napoli: Jovene, 1962.

_____. **L'atto non negoziale nel diritto privato italiano**. Napoli: Jovene, 1955.

MIRANDA, Custódio da Piedade Ubaldino. **Comentários ao Código Civil**: volume 5, dos contratos em geral, arts. 421 a 480. São Paulo: Saraiva, 2013.

_____. **Teoria geral do negócio jurídico**. São Paulo: Atlas, 1991.

MIRANDA, Francisco Cavalcanti Pontes de: cf. PONTES DE MIRANDA, Francisco Cavalcanti

MORAES, Renato José de. Alteração das circunstâncias negociais. *In*: PEREIRA, Antonio Jorge; JABUR, Gilberto Haddad (coord.). **Direito dos contratos**. São Paulo: Quartier Latin, 2006, p.136-160.

_____. **Cláusula rebus sic stantibus**. São Paulo: Saraiva, 2001.

MOREIRA, José Carlos Barbosa: cf. BARBOSA MOREIRA, José Carlos.

MOREIRA ALVES, José Carlos. A boa-fé objetiva no sistema contratual brasileiro. **Roma e America**: diritto romano comune. Modena, n. 7, p. 187-204, 1999.

_____. **A parte geral do projeto de código civil brasileiro**: subsídios históricos para o novo código civil brasileiro. São Paulo: Saraiva, 1986.

_____. **A retrovenda**. Rio de Janeiro: Borsoi, 1967.

_____. As normas de proteção ao devedor e o favor debitoris – do Direito Romano ao Direito Latino-Americano. **Notícia do Direito Brasileiro**: nova série. Brasília, n. 3, p. 109-165, 1º semestre de 1997.

MOSCO, Luigi. **Gli effetti giuridici della svalutazione monetaria**. Milano: Giuffrè, 1948.

MOTA PINTO, Carlos Alberto da. **Cessão da posição contratual**. Coimbra: Almedina, 2003.

_____. **Teoria geral do direito civil**. 3. ed. Coimbra: Coimbra Editora, 1999.

MOTTO, Alessandro. **Poteri sostanziali e tutela giurisdizionale**. Torino: Giappichelli, 2012.

DE LA MOUTTE, Jacques Martin. **L'acte juridique unilatéral**: essai sur sa notion et sa technique en droit civil. Paris: Imprimerie Bernard Frères/Librairie du Recueil Sirey, 1951.

NASSER, Paulo Magalhães. **Onerosidade excessiva no contrato civil**. São Paulo: Saraiva, 2011.

REFERÊNCIAS

NERY, Carmen Lígia. **Decisão judicial e discricionariedade**: a sentença determinativa no processo civil. São Paulo: Revista dos Tribunais, 2014.

NERY JUNIOR, Nelson; NERY, Rosa Maria de Andrade. **Código Civil Comentado**. 5. ed. São Paulo: RT, 2007.

NEVES, Daniel Amorim Assumpção. Pretensão do réu de manter o contrato com modificação de suas cláusulas diante de pedido do autor de resolução por onerosidade excessiva – Pedido contraposto previsto pela lei material (art. 479, CC). *In*: HIRONAKA, Giselda Maria Fernandes Novaes; TARTUCE, Flávio (orgs.). **Direito contratual**: temas atuais. São Paulo: Método, 2007, p. 709-723.

NITSCHKE, Guilherme Carneiro Monteiro. Revisão, resolução, reindexação, renegociação: o juiz e o desequilíbrio superveniente de contratos de duração. **Revista Trimestral de Direito Civil**, São Paulo, n. 50, p. 135-159, 2012.

NOGUEIRA, Pedro Henrique. **Negócios jurídicos processuais**. 2. ed., Salvador: JusPodivm, 2016.

OERTMANN, Paul. **Introducción al derecho civil**. Traduzido por Luís Sancho Seral. Barcelona: Labor, 1933.

OSILIA, Elio. **Eccessiva onerosità ed impossibilità sopravvenute nella prestazione**. Genova: Stabilimento Tipografico Artigiano, 1950.

_____. La sopravvenienza contrattuale. **Rivista di diritto commerciale e del diritto generale delle obbligazioni**. Milano, n. 22 (1), p. 297-331, 1924.

OSTI, Giuseppe. Appunti per uma teoria della "sopravvenienza" (La così detta clausola "rebus sic stantibus" nel diritto contrattuale odierno). **Rivista di diritto civile**, Milano, n. 5 (4), p. 471-498 e 647-697, 1913.

_____. La così detta clausola "rebus sic stantibus" nel suo sviluppo storico. **Rivista di diritto civile**, Milano, n. 4 (1), p. 1-58, 1912.

_____. L'art. 61 cod. comm. e il concetto di sopravvenienza. **Rivista di diritto commerciale e del diritto generale delle obbligazioni**. Milano, n. 14 (1), p. 341-373, 1916.

_____. Revisione critica della teoria della impossibilità della prestazione. **Rivista di diritto civile**, Milano, n. 10 (3; 4; 5), p. 209-259, 313-360 e 417-471, 1918.

PACHECO, José da Silva. **Tratado das locações, ações de despejo e outras**. 11. ed. São Paulo: RT, 2000.

PALERMO, Antonio. **Il processo di formazione della sentenza civile**. Milano: Giuffrè, 1955.

PANUCCIO, Vincenzo. **Le dichiarazioni non negoziali di volontà**. Milano: Giuffrè, 1966.

PARÁ FILHO, Tomás. **Estudo sobre a sentença constitutiva**. São Paulo: Obelisco, 1973.

PASSARELLI, Francesco Santoro. **Dottrine generali del diritto civile**. 9. ed. Napoli: Jovene, 2012.

PASSOS, Carlos Eduardo da Rosa da Fonseca. Lide e pedido na ação revisional. **Revista de Direito do Tribunal de Justiça do Estado do Rio de Janeiro**. Rio de Janeiro, n. 14, p. 36-40, jan./mar. 1993.

PASSOS, Edilenice; LIMA, João Alberto de Oliveira. **Memória Legislativa do Código Civil**: volume 2, tramitação na Câmara dos Deputados, primeiro turno. Brasília: Senado Federal, 2012.

_____; _____. **Memória Legislativa do Código Civil**: volume 3, tramitação no Senado Federal. Brasília: Senado Federal, 2012.

PELUSO, Cezar (coord.). **Código Civil comentado**. 12. ed. Barueri: Manole, 2018.

PENNAZIO, Rossana. **Rischio e sopravvenienze**. Napoli: Edizioni Scientifiche Italiane, 2013.

PENTEADO, Luciano de Camargo. **Doação com encargo e causa contratual**. Campinas: Millennium, 2004.

PEREIRA, Caio Mário da Silva. **Instituições de direito civil**: volume III, contratos. 13. ed. Revista e atualizada por Regis Fichtner. Rio de Janeiro: Forense, 2009.

_____. **Lesão nos contratos**. 6. ed. Rio de Janeiro: Forense, 1999.

PEREIRA LIRA, José Ricardo. **A obrigação alternativa e a obrigação acompanhada de prestação facultativa**. Rio de Janeiro [s. ed.], 1970.

_____. A onerosidade excessiva no Código Civil e a impossibilidade de "modificação judicial dos contratos comutativos sem anuência do credor." *In*: TEPEDINO, Gustavo; FACHIN, Luiz Edson (coord.). **O direito e o tempo**: embates jurídicos e utopias contemporâneas, estudos em homenagem ao Professor Ricardo Pereira Lira. Rio de Janeiro/São Paulo/Recife: Renovar, 2008, p. 425-455.

PERFETTI, Ubaldo. **L'ingiustizia del contratto**. Milano: Giuffrè, 2005.

PETRELLI, Gaetano. **La condizione 'elemento essenziale' del negozio giuridico**: teoria generale e profili applicativi. Milano: Giuffré, 2000.

PINO, Augusto. **La eccessiva onerosità della prestazione**. Padova: CEDAM, 1952.

PINTO, Carlos Alberto da Mota: cf. MOTA PINTO, Carlos Alberto da

PISU, Alessandra. **L'adeguamento dei contratti tra ius variandi e rinegoziazione**. Napoli: Edizioni Scientifiche Italiane, 2017.

PISU, Luciana Cabella. I rimedi contro l'eccessiva onerosità sopravvenuta. *In*: VISINTINI, Giovanna (org.). **Trattato della responsabilità contrattuale**: volume 1, inadempimento e rimedi. Padova: CEDAM, 2009, p. 537-570.

PONTES DE MIRANDA, Francisco Cavalcanti. **Tratado de direito privado**. 2. ed. Rio de Janeiro: Borsoi, 1963. 60 volumes.

_____. **Tratado de direito privado**. 3. ed. Rio de Janeiro: Borsoi, 1970. 60 volumes.

POTTER, Nelly. **Revisão e resolução dos contratos no Código Civil conforme perspectiva civil-constitucional**. Rio de Janeiro: Lumen Juris, 2009.

PROSPERETTI, Marco. Sulla riduzione ad equità del contratto rescindibile. **Rivista trimestrale di diritto e procedura civile**, Milano, n. 4 (4), p. 1217-1251, dez. 1966.

PUGLIESE, Antonio Celso Fonseca. Teoria da imprevisão e o novo Código Civil. **Revista dos Tribunais**. São Paulo, n. 830, p. 11-26, dez. 2004.

PUGLIESE, Giuseppe. Laesio superveniens. **Rivista di diritto commerciale e del diritto generale delle obbligazioni**, Milano, n. 23, p. 1-21, 1925.

PULEO, Salvatore. **I diritti potestativi**: individuazione della fattispecie. Milano: Giuffrè, 1959.

PUTTI, Pietro Maria. **La nullità parziale**: diritto interno e comunitario. Napoli: Edizioni Scientifiche Italiane, 2002.

QUADRI, Enrico. **La rettifica del contratto**. Milano: Giuffrè, 1973.

RÁO, Vicente. **Ato jurídico**. 4. ed.. São Paulo: RT, 1999.

REDENTI, Enrico. L'offerta di riduzione ad equità. **Rivista trimestrale di diritto e procedura civile**, Milano, n. 1 (1), p. 576-583, mar. 1947.

_____. Sulla nozione di eccessiva onerosità. **Rivista trimestrale di diritto e procedura civile**, Milano, n. 13, p. 344-350, 1959.

RENNER, Rafael. **Novo direito contratual**: a tutela do equilíbrio contratual no Código Civil. Rio de Janeiro: Freitas Bastos, 2007.

RESCIGNO, Pietro. **Incapacità naturale e adempimento**. Reimpressão (Napoli: Jovene, 1950). Napoli: Edizioni Scientifiche Italiane, 1982.

_____. L'abuso del diritto. **Rivista di diritto civile**, Padova, n. 11 (1), p. 205-290, 1965.

_____. L'adeguamento del contratto nel diritto italiano. *In*: DRAETTA, Ugo; VACCA, Cesare (coord.). **Inadempimento, adattamento, arbitrato**: patologie dei contratti e rimedi. Milano: EGEA, 1992, p. 299-322.

RICCIO, Angelo. **Dell'eccessiva onerosità**. Bologna: Zanichelli; Roma: Il Foro Italiano, 2010 (Coleção **Commentario del Codice Civile Scialoja-Branca**, organizada por Francesco Galgano).

ROCCO, Alfredo. **La sentenza civile**: studi. Milano: Giuffrè, 1962.

RODRIGUES JUNIOR, Otavio Luiz. **Revisão judicial dos contratos**: autonomia da vontade e teoria da imprevisão. 2. ed. São Paulo: Atlas, 2006.

Roppo, Vincenzo. **Il contratto**. Milano: Giuffrè, 2001 (Coleção **Trattato di diritto privato**, organizada por Giovanni Iudica e Paolo Zatti).

_____. **Il contratto**. 2. ed. Milano: Giuffrè, 2011 (Coleção **Trattato di diritto privato**, organizada por Giovanni Iudica e Paolo Zatti).

Roppo, Vincenzo (org.). **Trattato del contratto**: volume 5. Rimedi – 2. Milano: Giuffrè, 2006.

Rosenvald, Nelson. Comentário ao art. 478 do Código Civil. *In*: Peluso, Cezar (coord.). **Código Civil comentado**: doutrina e jurisprudência. 12. ed. Barueri: Manole, 2018, p. 517-520.

_____. Comentário ao art. 479. *In*: Peluso, Cezar (coord.). **Código Civil comentado**: doutrina e jurisprudência. 12. ed. Barueri: Manole, 2018, p. 520-521.

Rubino, Domenico; Iudica, Giovanni. **Dell'appalto**: artt. 1655-1677. 4. ed. Bologna: Zanichelli, 2007 (Coleção **Commentario del Codice Civile Scialoja-Branca**, organizada por Francesco Galgano).

Rubino-Sammartano, Mauro. **Appalti di opere e contratti di servizi**: in diritto privato. Padova: CEDAM, 2006.

Russo, Domenico. **Sull'equità dei contratti**. Napoli: Edizioni Scientifiche Italiane, 2001.

Sá, Fernando Augusto Cunha de. **Abuso do direito**. Coimbra: Almedina, 1997.

Sacco, Rodolfo; De Nova, Giorgio. **Il contratto**. 4. ed. Torino: UTET, 2016.

Salomão Filho, Calixto. Função social do contrato: primeiras anotações. **Revista dos Tribunais**, São Paulo, n. 823, p. 67-86, maio 2004.

Santoro-Passarelli, Francesco. **Dottrine generali del diritto civile**. 9. ed. Napoli: Jovene, 1997.

Satta, Salvatore. **L'esecuzione forzata**. 4. ed. Torino: UTET, 1963.

Satta, Salvatore; Punzi, Carmine. **Diritto processuale civile**. 13. ed. Padova: CEDAM, 2000.

von Savigny, Friedrich Karl. **Sistema del diritto romano attuale**: volume 1. Tradução de Vittorio Scialoja. Torino: Unione Tipografico-Editrice, 1886.

Scalfi, Gianguido. **Corrispettività e alea nei contratti**. Milano-Varese: Istituto Editoriale Cisalpino, 1960.

Scarpello, Aldo. **La modifica unilaterale del contratto**. Padova: CEDAM, 2010.

Schlesinger, Piero. Poteri unilaterali di modificazione ("ius variandi") del rapporto contrattuale. **Giurisprudenza commerciale**, Milano, n. 19 (1), jan./fev. 1992, p. 18-24.

Schmiedel, Raquel Campani. **Negócio jurídico**: nulidades e medidas sanatórias. 2. ed. São Paulo: Saraiva, 1985.

SCHUNCK, Giuliana Bonanno. **A onerosidade excessiva superveniente no Código Civil**: críticas e questões controvertidas. São Paulo: LTr, 2010.
SCIALOJA, Vittorio. **Negozi giuridici**. 3. ed. Roma: Foro Italiano, 1933.
SCOGNAMIGLIO, Renato. **Contratti in generale**. 3. ed. Milano: Vallardi, 1961. (Coleção **Trattato di diritto civile**, dirigida por Giuseppe Grosso e Francesco Santoro-Passarelli, vol. 4, fasc. 2).
_____. **Contributo alla teoria del negozio giuridico**. Napoli: Jovene, 1969.
SEABRA, André Silva. **As consequências do desequilíbrio contratual superveniente no direito brasileiro**. Coimbra, 2009. Dissertação (Mestrado em Ciências Jurídico-Civilísticas II). Universidade de Coimbra.
SERPA LOPES, Miguel Maria da. **Exceções substanciais**: exceção de contrato não cumprido, exceptio non adimpleti contractus. Rio de Janeiro: Freitas Bastos, 1959.
SERRA, Adriano Paes da Silva Vaz. Resolução ou modificação dos contratos por alteração das circunstâncias. **Boletim do Ministério da Justiça**, Lisboa, n. 68, p. 293-385, jul. 1957.
SICA, Heitor Vitor Mendonça. **Preclusão processual civil**. 2. ed. São Paulo: Atlas, 2008.
SICCHIERO, Gianluca. La rinegoziazione. **Contratto e impresa**. Padova, n. 18 (2), p. 774-815, 2002.
SICCHIERO, Gianluca; D'AURIA, Massimo; GALBUSERA, Francesca. **Risoluzione dei contratti**. Napoli: Edizioni Scientifiche Italiane, 2013 (Coleção **Trattato di diritto civile del Consiglio Nazionale del Notariato**, dirigida por Pietro Perlingieri, IV-11).
SILVA, Almiro do Couto e: cf. COUTO E SILVA, Almiro do
SILVA, Clóvis do Couto e: cf. COUTO E SILVA, Clóvis do
SILVA, Jorge Cesa Ferreira da. **A boa-fé e a violação positiva do contrato**. Rio de Janeiro: Renovar, 2002.
SILVA, Luís Renato Ferreira da. Revisão de contratos no Código Civil: reflexões para uma sistematização das duas causas à luz da intenção comum dos contratantes. *In*: LOTUFO, Renan; NANNI, Giovanni Ettore; MARTINS, Fernando Rodrigues (coord.). **Temas relevantes do Direito Civil contemporâneo**: reflexões sobre os 10 anos do Código Civil. São Paulo: Atlas, 2012, p. 378-400.
SIMÃO, José Fernando. **Prescrição e decadência**: início dos prazos. São Paulo: Atlas, 2013.
SIRENA, Pietro. Le modificazioni unilaterali. *In*: ROPPO, Vincenzo (org.). **Trattato del contratto**: tomo 3, effetti, 2. Milano: Giuffrè, 2006, p. 141-149.
SOUZA, Ilton Carmona de. O pedido genérico na ação de revisão contratual. *In*: MAZZEI, Rodrigo (coord.). **Questões processuais do novo Código**

Civil. Barueri: Minha Editora; Vitória: Instituto Capixaba de Estudos, 2006, p. 278-302.

Souza, Sylvio Capanema de. **Da locação do imóvel urbano**: direito e processo, Rio de Janeiro: Forense, 1999.

Souza Neto, José Soriano de. **Da novação**. Recife, 1935. Tese (Cátedra de Direito Civil). Faculdade de Direito do Recife.

Speziali, Paulo Roberto. **Revisão contratual**. Belo Horizonte: Del Rey, 2002.

Tartaglia, Paolo. **Eccessiva onerosità ed appalto**. Milano: Giuffrè, 1983.

Tepedino, Gustavo; Barboza, Heloisa Helena; Moraes, Maria Celina Bodin de. **Código Civil interpretado conforme a Constituição da República**: volume I. 2. ed. São Paulo: Renovar, 2011.

Tercier, Pierre; Pichonnaz, Pascal. **Le droit des obligations**. 5. ed. Genève/Zurich/Bâle: Schulthess, 2012.

Terranova, Carlo. **L'eccessiva onerosità nei contratti**. Milano: Giuffrè, 1995 (Coleção **Il Codice civile**: commentario, organizada por Piero Schlesinger).

Theodoro Júnior, Humberto. **Comentários ao Novo Código Civil**: volume III, tomo I. 2. ed. Rio de Janeiro: Forense, 2003 (Coleção **Comentários ao Novo Código Civil**, coordenada por Sálvio de Figueiredo Teixeira).

_____. **Comentários ao novo Código Civil**: volume III, tomo II. 3. ed. Rio de Janeiro: Forense, 2006 (Coleção **Comentários ao Novo Código Civil**, coordenada por Sálvio de Figueiredo Teixeira).

_____. Distinção científica entre prescrição e decadência: um tributo à obra de Agnelo Amorim Filho. **Revista dos Tribunais**, São Paulo, n. 836, p. 49-68, jun. 2005.

_____. **O contrato e sua função social**. 2. ed. Rio de Janeiro: Forense, 2004.

Thon, Augusto. **Norma giuridica e diritto soggettivo**. Tradução de Alessandro Levi. 2. ed. Padova: CEDAM, 1951.

Tiujo, Edson Mitsuo. **Da onerosidade excessiva nos contratos**. Londrina, 2006. Dissertação (Mestrado em Direito Negocial). Centro de Estudos Sociais Aplicados, Universidade Estadual de Londrina.

Tomasetti Jr., Alcides. Comentários ao art. 1º. *In*: Oliveira, Juarez de (coord.). **Comentários à lei de locação de imóveis urbanos**: lei n. 8.245, de 18 de outubro de 1991. São Paulo: Saraiva, 1992, p. 2-38.

_____. **Execução do contrato preliminar**. São Paulo, 1982. Tese (Doutorado em Direito Civil). Faculdade de Direito, Universidade de São Paulo.

Torrente, Andrea. Comentário a acórdão (sem título). **Il foro italiano**. Roma, n. 70 (1), p. 566-568, 1947.

Torrente, Andrea; Schlesinger, Piero. **Manuale di diritto privato**. 23. ed. Atualizado por Franco Anelli e Carlo Grenelli. Milano: Giuffrè, 2017.

TRABUCCHI, Alberto. **Istituzioni di diritto civile**. 39. ed. Padova: CEDAM, 1999.

TRAISCI, Francesco Paolo. **Sopravvenienze contrattuali e rinegoziazione nei sistemi di civil e di common law**. Napoli: Edizioni Scientifiche Italiane, 2003.

TRIMARCHI, Pietro. Commercial impracticability in contract law: an economic analysis. **International Review of Law and Economics**, Amsterdam, n. 11, p. 63-82, 1991.

_____. **Istituzioni di diritto privato**. 11. ed.. Milano: Giuffrè, 1999.

TUCCI, José Rogério Cruz e. Natureza e objeto das convenções processuais. *In*: CABRAL, Antonio do Passo; NOGUEIRA, Pedro Henrique (orgs.). **Negócios processuais**. 3. ed. Salvador: JusPodivm, 2017, p. 23-29 (Coleção Grandes temas do novo CPC, vol. 1, coordenada por Fredie Didier Jr.).

VON TUHR, Andreas. **Derecho civil**: teoría general del derecho civil alemán, volume 1, tomo 1. Tradução de Tito Ravá. Buenos Aires: Depalma, 1946.

VARELA, João de Matos Antunes: cf. ANTUNES VARELA, João de Matos.

VENOSA, Sílvio de Salvo. **Lei do Inquilinato comentada**: doutrina e prática, Lei nº 8.245, de 18-10-1991. 12. ed. São Paulo: Atlas, 2013.

VIANA, Rui Geraldo Camargo. **A novação**. São Paulo: Revista dos Tribunais, 1979.

VIDAL, Ludmilla Camacho Duarte. **Convenções processuais no paradigma do processo civil contemporâneo**. Rio de Janeiro: Gramma, 2017.

VIDE, Carlos Rogel. **Favor debitoris**: análisis crítico. Buenos Aires: Zavalia; Bogotá: Temis; Cidade do México: UBIJUS; Madrid: Reus, 2010.

VIEGAS, Cláudia Mara de Almeida Rabelo. **A revisão judicial dos contratos sob a ótica do direito contemporâneo**. Curitiba: Juruá, 2012.

VIONNET, Guillaume. **L'exercice des droits formateurs**. Genève/Zurich/Bâle: Schulthess, 2008.

WINTER, Marcelo Franchi. Cédula de produto rural e teoria da imprevisão. **Revista de direito bancário e do mercado de capitais**, São Paulo, n. 57, p. 171-199, 2012.

YAMASHITA, Hugo Tubone. **Contratos interempresariais**: alteração superveniente das circunstâncias fáticas e revisão contratual. Curitiba: Juruá, 2015.

YARSHELL, Flávio Luiz. YARSHELL, Flávio Luiz. Convenção das partes em matéria processual: rumo a uma nova era? *In*: CABRAL, Antonio do Passo; NOGUEIRA, Pedro Henrique (orgs.). **Negócios processuais**. 3. ed. Salvador: JusPodivm, 2017, p. 75-92 (Coleção Grandes temas do novo CPC, vol. 1, coordenada por Fredie Didier Jr.).

_____. Resolução do contrato por onerosidade excessiva: uma nova hipótese de "ação dúplice"? *In*: YARSHELL, Flávio Luiz; ZANOIDE DE MORAES, Maurício (org.). **Estudos em homenagem à Professora Ada Pellegrini Grinover**. São Paulo: DPJ, 2005, p.563-574.

_____. **Tutela jurisdicional específica nas obrigações de declaração de vontade**. São Paulo: Malheiros, 1993.

ZANETTI, Cristiano de Sousa. A conservação dos contratos nulos por defeito de forma, São Paulo: Quartier Latin, 2013.

_____. **Direito contratual contemporâneo**: a liberdade contratual e sua fragmentação. Rio de Janeiro: Forense; São Paulo: Método, 2008.

ZULIANI, Ênio Santarelli. Resolução do contrato por onerosidade excessiva. **Revista Síntese Direito Civil e Processual Civil**, São Paulo, n. 70, p. 27-47, mar./abr. 2011.